Angela Carter

Füchsin, Dummerchen und Zauberin

Märchen aus aller Welt

rororo

Rowohlt

Die Originalausgabe erschien 1990 unter dem Titel
“The Virago Book of Fairy Tales” bei Virago Press, London
Deutsche Erstausgabe
Umschlaggestaltung Nina Rothfos unter Verwendung
einer Illustration von Corinna Sargood
Foto der Autorin: Virago Press

Die Übersetzer sind jeweils unter dem Titel genannt.

Veröffentlicht im Rowohlt Taschenbuch Verlag GmbH
Reinbek bei Hamburg, Februar 1991

Illustrationen von Corinna Sargood
Gesetzt aus der Sabon, Jung SatzCentrum, Lahnau, PM 4.0, Linotronic 300
Druck und Bindung Clausen & Bosse, Leck
Printed in Germany

1280 ISBN 3 499 12889 6

Inhalt

Einleitung

Märchen sind – so gebrauche ich das Wort – Geschichten ohne bekannten Verfasser, die von jeder Person, die sie erzählt, neu gestaltet werden können, die immer wieder aufgefrischte Unterhaltung der Armen.

Bis zur Mitte des 19. Jahrhunderts konnten die meisten armen Europäer nicht (oder kaum) lesen und schreiben, und die meisten Europäer waren arm. Noch 1931 waren 20 Prozent der erwachsenen Italiener Analphabeten, im Süden 40 Prozent. Der westliche Wohlstand ist eine neue Errungenschaft. Große Teile von Afrika, Lateinamerika und Asien sind heute ärmer denn je, und es gibt noch Sprachen, die nicht in schriftlicher Form existieren oder, wie das Somalische, erst vor kurzem zur Schriftsprache geworden sind. Und doch gibt es eine großartige, mündlich tradierte somalische Literatur, deren Wesen sich unweigerlich völlig verändern wird, sobald sie in schriftliche Formen übertragen wird, denn Sprechen ist öffentliches Handeln, und Lesen ist privates Handeln. Die längste Zeit in der Geschichte der Menschheit ist «Literatur» – Prosa wie Dichtung – gesprochen, nicht geschrieben worden; man hörte sie, las sie nicht. Daher sind Märchen, Volkserzählungen, mündlich überlieferte Geschichten unsere stärkste Verbindung zur Phantasiewelt der gewöhnlichen Männer und Frauen, deren Arbeit unsere Welt geschaffen hat.

In den letzten zwei- bis dreihundert Jahren sind Märchen und Volkssagen aufgezeichnet und aus vielerlei Gründen – aus Altertümelei oder wegen ideologischer Überlegungen – geschätzt worden. Indem man sie aufzeichnete und vor allem druckte, erhielt man sie, veränderte sie jedoch auch. Ich habe in diesem Buch bereits gedruckte Geschichten versammelt, Zeugnisse einer Vergangenheit, die uns in vieler Hinsicht fremd ist und täglich fremder wird. «Schicke Pferd und Pflug über die Knochen der Toten», sagte William Blake. Als Mädchen hielt ich alles, was Blake gesagt hat, für heilig, aber jetzt, da ich älter bin und mehr vom Leben gesehen habe, behandle ich seine Aphorismen mit der liebevollen Skepsis, die einem Mann gegenüber angebracht ist, der behauptet, er habe ein Feenbegräbnis miterlebt. Die Toten wissen etwas, was wir nicht wissen, wenn sie es auch für sich behalten. Je unähnlicher die Vergangenheit der Gegenwart wird (und in Entwicklungsländern schwindet sie noch rascher dahin als in industrialisierten Ländern), desto dringlicher und detaillierter müssen wir wissen, wer wir einmal waren, um mutmaßen zu können, was wir sein könnten.

Die uns durch Märchen vermittelte Soziologie, Psychologie und Geschichte ist völlig inoffiziell – sie schenken nationalen und internationalen Fragen noch weniger Aufmerksamkeit als Jane Austens Romane. Sie sind überdies anonym und geschlechtslos. Manchmal kennen wir den Namen und das Geschlecht der Person, die eine bestimmte Geschichte erzählt, einfach weil der Sammler deren Namen aufgeschrieben hat, aber nie können wir den Namen der Person ausfindig machen, deren Erfindung die Geschichte ursprünglich war. Wir leben in einer hochindividualisierten Kultur mit starkem Glauben an das Kunstwerk als einzigartiges Produkt und an den Künstler als gottähnlichen, inspirierten Schöpfer einzigartiger Werke. Doch Märchen sind so nicht, und ihre Schöpfer auch nicht. Wer hat ursprünglich die Frikadelle erfunden? In welchem Land? Gibt es ein patentiertes Rezept für Kartoffelsuppe? Man denke an die Grundsätze der Küchenkunst – «*Ich* koche Kartoffelsuppe *so.*»

Aller Wahrscheinlichkeit nach wurde das Märchen in der uns vorliegenden Form vor langer Zeit und an einem weitentfernten Ort aus allerlei Stücken anderer Geschichten zusammengefügt; man hat daran herumgebastelt, etwas eingebaut, etwas anderes weggelassen, die Geschichte mit anderen verwechselt, bis unsere Informantin sie für ihre eigenen Bedürfnisse zurechtgeschneidert hatte, für ihr Publikum, das vielleicht aus Kindern bestand, aus Betrunkenen bei einer Hochzeit, aus wenig zimperlichen alten Damen oder aus Trauernden bei einer Totenwache. Vielleicht hat die Informantin die Geschichte auch einfach nur so erzählt, wie sie ihr selbst am besten paßte.

Ich sage «sie», weil es in Europa die konventionelle Vorstellung von einer archetypischen Märchenerzählerin gibt, «Mother Goose» im englischen Sprachbereich, «Ma Mère l'Oie» in Frankreich, eine alte Frau, die am Feuer sitzt und wortwörtlich «spinnt» – wie sie auf einer der ersten stolzen europäischen Märchensammlungen abgebildet ist, die Charles Perrault 1697 in Paris unter dem Titel *Histoires ou Contes du Temps Passé* veröffentlicht hat. (Schon damals hatten die Gebildeten das Gefühl, die Volkskultur gehöre der Vergangenheit an oder sollte der Vergangenheit angehören, wo sie keine Bedrohung darstellte; und es stimmt mich traurig, daß auch ich dieses Gefühl teile, nur ist es heute vielleicht wahr.)

Offenbar war es Mother Goose, die sämtliche «Altweibergeschichten» erfunden hat, auch wenn sich Altweiber jeden Geschlechts an diesem endlosen Recycling-Prozeß beteiligen können, denn jeder kann sich eine Geschichte vornehmen und sie neu erzählen. Altweibergeschichten – wertlose, unwahre Geschichten also, triviales Geschwätz. Man erklärt die Kunst des Geschichtenerzählens zur weiblichen und nimmt ihr damit zugleich jeden Wert.

Nichtsdestoweniger ist es gewiß ein Merkmal des Märchens,

daß es nicht eifrig die Ungläubigkeit zu überwinden versucht wie etwa der Roman des 19. Jahrhunderts. Laut Vladimir Propp bedeutet «Geschichte» in den meisten Sprachen auch zugleich «Lüge» oder «Verstellung». «Die Geschichte ist aus; mehr lügen kann ich nicht» – so beenden russische Erzähler ihren Vortrag.

Andere Märchenerzähler sind weniger deutlich. Der englische Zigeuner, der «Moosmantel» (S. 95) erzählt hat, sagte, er habe bei dem Fest zum 21. Geburtstag von Moosmantels Sohn gefiedelt. Doch damit stellt er nicht eine Glaubwürdigkeit her, wie es George Eliot in einem Roman täte; es ist ein verbaler Schnörkel, eine Formel. Jede Person, die diese Geschichte erzählt hat, mag eine entsprechende Bemerkung eingefügt haben. Am Schluß von «Das Mädchen ohne Hände» (S. 190) sagt der Erzähler: «Dort war auch ich, Met und Wein trank ich, übern Schnurrbart floß es mir, in den Mund nicht kam es mir.» So wird's gewesen sein.

Obwohl das Märchen manchmal unbehaglich getreu das reale Leben der namenlosen Armen wiedergibt – die Armut, den Hunger, die wackligen Familienbeziehungen, die allgegenwärtige Grausamkeit und gelegentlich auch die gute Laune, die Kraft, den schlichten Trost eines warmen Feuers und eines vollen Bauchs –, ist das Märchen gewöhnlich nicht so gebaut, als solle es dem Publikum das Gefühl vermitteln, an einer gelebten Erfahrung teilzuhaben. Die «Altweibergeschichte» stellt ihren Mangel an Wahrscheinlichkeit geradezu aus. «Da war und war auch wieder nicht, da war ein Junge», so lautet einer der bei armenischen Märchenerzählern beliebten Anfänge. Die armenische Variante des europäischen «Es war einmal» lautet, zugleich völlig präzis und absolut mysteriös: «Es war eine Zeit und keine Zeit ...»

Wenn wir die Formel «Es war einmal» oder eine entsprechende hören, wissen wir im voraus, daß nichts, was wir hören werden, als wahr ausgegeben wird; Mother Goose mag ja Lügen erzählen, aber in *dieser* Weise lügt sie nicht. Nein. Sie wird uns unterhalten, uns helfen, die Zeit vergnüglich zu verbringen – eine der ältesen und ehrenwertesten Funktionen von Kunst. Am Schluß sagt der armenische Märchenerzähler: «Vom Himmel fielen drei Äpfel, einer für mich, einer für den Märchenerzähler und einer für den, der euch unterhalten hat.» Märchen sind dem Lustprinzip verpflichtet, obwohl, da es so etwas wie reine Lust nicht gibt, immer noch mehr vorgeht, als man auf den ersten Blick sieht.

Wir sagen zu schwindelnden Kindern: «Erzähl mir keine Märchen!» Und doch neigen Kinderschwindeleien ebenso wie Altweibergeschichten dazu, allzu großzügig mit der Wahrheit umzugehen, nicht etwa zu sparsam. Oft werden wir, wie von mogelnden Kindern, dazu eingeladen, die Erfindung ihrer selbst wegen zu bewundern. «Zufall ist die Mutter der Erfindung», bemerkte Lawrence Millman in der Arktis angesichts einer üppigen erzählerischen Erfindungskraft. «Erfindung», fügte er hinzu, «ist ebenfalls die Mutter der Erfindung.»

Dies ist eine Sammlung von Altweibergeschichten, zusammengestellt mit der Absicht, Vergnügen zu bereiten – und mit großem eigenen Vergnügen. Die Geschichten haben nur eines gemeinsam – sie handeln alle von einer weiblichen Hauptfigur; ob sie nun schlau, tapfer, gut, albern, grausam, finster oder furchtbar unglücklich ist, immer gibt es eine Heldin, lebensgroß oder, wie Sermerssuaq (S. 27), überlebensgroß.

In Anbetracht der Tatsache, daß Frauen auf dieser Welt immer in mindestens so großer Zahl existiert haben wie Männer und an der mündlichen Überlieferung mindestens zu gleichen Teilen beteiligt waren, sind sie seltener die Hauptfigur von Märchen, als man vermuten würde. Dies mag mit der Herkunft und dem Geschlecht der Sammler zu tun haben, mit ihren Erwartungen, ihrer Verlegenheit, ihrem Bedürfnis zu gefallen. Gleichwohl fühlen sich Frauen, wenn sie Geschichten erzählen, nicht immer gedrängt, sich zu Heldinnen zu machen, und sind absolut imstande, höchst unschwesterliche Geschichten zu erzählen, wie zum Beispiel die über die alte Frau und den gleichgültigen jungen Mann (S. 150). Die auffällig starken Frauenfiguren, die Lawrence Millman in der Arktis entdeckte, werden von Männern ebensooft beschrieben wie von Frauen, und ihre Aggressivität, Autorität und ihr sexuelles Selbstbewußtsein sind wahrscheinlich eher gesellschaftlich zu erklären als mit dem Bedürfnis einer arktischen Mother Goose, positive Rollenmodelle zu liefern.

Susie Hoogasian-Villa stellte erstaunt fest, daß ihre Informantinnen aus der armenischen Gemeinde in Detroit, Michigan, Geschichten über sich erzählten, die «sich über Frauen lustig machen, sie als lächerlich und zweitrangig hinstellen». Diese Frauen stammten ursprünglich aus kräftig patriarchalischen Dorfgemeinschaften und verinnerlichten unweigerlich die Werte dieser Gemeinschaften, in denen eine junge Braut «in der Abwesenheit von Männern und älteren Frauen mit niemandem sprechen konnte als mit den Kindern. Mit ihrem Ehemann konnte sie unter vier Augen sprechen». Nur gewaltige soziale Veränderungen konnten in diesen Gemeinschaften die Beziehungen umgestalten, und die Geschichten, die Frauen erzählten, konnten ihre Lebensumstände materiell in keiner Weise verändern.

Doch die letzte Geschichte in diesem Buch, «Wie der Mann seiner Frau das Märchenhören verleidete» (S. 280), zeigt, wie sehr Märchen die Wünsche einer Frau verändern konnten und wie sehr ein Mann diese Veränderung fürchten kann, so daß er alles einsetzt, um ihr Vergnügen vorzuenthalten, als würde Vergnügen an sich seine Autorität bedrohen.

Was es natürlich einmal tat. Und noch immer tut.

Die hier versammelten Märchen stammen aus Europa, den USA, der Arktis, Afrika, dem Mittleren Osten und Asien; ich hatte dabei bewußt das Modell jener von Andrew Lang um die Jahrhundertwende zusammengestellten Anthologien vor Augen, die mir einst soviel Freude geschenkt haben, das rote, blaue, violette, grüne etc. Märchenbuch – quer durchs Spektrum, Geschichten aus vielen Ländern. Ich habe diese Sammlung nicht aus so verschiedenartigen Quellen zusammengestellt, um zu zeigen, daß wir unter unserer Haut alle Schwestern sind, trotz einiger oberflächlicher Unterschiede alle der gleichen menschlichen Familie angehören. Daran glaube ich ohnehin nicht. Wir mögen unter der Haut wohl Schwestern sein, aber das bedeutet nicht, daß wir viel gemeinsam hätten. (siehe Teil VI, UNGLÜCKLICHE FAMILIEN). Vielmehr möchte ich die außerordentliche Fülle und Vielfalt der Reaktionen auf das gleiche, geteilte Los – lebendig zu sein – vorführen und die Fülle und Vielfalt, in der gelebtes Frausein in der «inoffiziellen» Kultur dargestellt wird: weibliche Strategien, weibliche Listen, die schwere Arbeit von Frauen.

Die meisten der hier versammelten Geschichten existieren nicht nur in dieser einen Form, sondern in vielen verschiedenen Fassungen, und unterschiedliche Gesellschaften verleihen einer im wesentlichen gleichen Geschichte unterschiedliche Bedeutungen. Die «Märchenhochzeit» bedeutet in einer polygamen Gesellschaft etwas anderes als in einer monogamen. Auch ein Erzählerwechsel kann einen Bedeutungswandel herbeiführen. Die Geschichte «Der Fellburger» (S. 139) hat ursprünglich ein einundzwanzigjähriger Pfadfinderführer einem anderen jungen Mann erzählt; ich habe nicht ein Wort darin verändert, aber ihre ganze Bedeutung ist eine andere, nun da *ich* sie *Ihnen* erzähle.

Die Geschichten haben sich um die ganze Welt verbreitet, nicht, weil wir alle die gleichen Phantasien und Erfahrungen

hätten, sondern weil Geschichten transportabel sind, Teil des unsichtbaren Gepäcks, das Menschen mitnehmen, wenn sie von zu Hause fortgehen. Die armenische Geschichte «Nourie Hadig», die «Schneewittchen» so gleicht, dem durch die Brüder Grimm und Walt Disney berühmt gewordenen Märchen, wurde in Detroit aufgezeichnet, nicht weit von den Siedlungen, in denen Richard M. Dorson Geschichten von Afroamerikanern aufnahm, in denen sich afrikanische und europäische Elemente zu etwas Neuem vereinen. Und doch ist eine dieser Geschichten, «Die Katzenhexe», in Europa wenigstens seit dem 16. Jahrhundert und den Werwolf-Prozessen in Frankreich geläufig gewesen. «Die Katzenhexe» gewinnt im Zusammenhang mit der Sklaverei völlig neue Untertöne.
Landmädchen brachten Märchen in die Stadt mit, um sie bei endlosen, langweiligen Küchenarbeiten auszutauschen oder um anderer Leute Kinder damit zu unterhalten. Eroberungsarmeen nahmen Märchenerzähler mit in die Heimat. Seit im 17. Jahrhundert billige Druckverfahren verbreitet wurden, sind Märchen aus der Druckfassung entlehnt und wieder in eine solche überführt worden. Meine Großmutter hat mir «Rotkäppchen» in der Version erzählt, die von ihrer eigenen Mutter stammte, und folgte darin fast Wort für Wort der in England erstmals 1729 gedruckten Fassung. Die Informanten der Brüder Grimm im Deutschland des frühen 19. Jahrhunderts zitierten oft Perraults Geschichten, zum Ärger der Grimms, die doch dem wahren deutschen Geist auf der Spur waren.
Freilich findet eine ganz spezifische Auswahl statt. Manche Geschichten – Geistergeschichten, komische Geschichten, Geschichten, die bereits als Volkserzählungen existieren – gehen über die Druckfassung ins Gedächtnis und die gesprochene Sprache ein. Doch obwohl die Romane von Dickens und anderen bürgerlichen Schriftstellern des 19. Jahrhunderts vorgelesen worden sein mögen, wie heute die Romane von Gabriel

García Mârquez in lateinamerikanischen Dörfern vorgelesen werden, haben die Geschichten über David Copperfield und Oliver Twist nie ein Eigenleben gewonnen und sind nie zu Märchen geworden – es sei denn, es ist, wie Mao Tse-tung es von den Auswirkungen der französischen Revolution behauptete, noch zu früh für ein abschließendes Urteil.

Obwohl man keiner Geschichte eine Urheimat zuschreiben kann und die Handlungsbestandteile des uns als «Aschenputtel» bekannten Märchens überall zwischen China und Nordengland auftauchen (man lese «Schönheit und Pockengesicht», S. 278, dann «Moosmantel», S. 95), entsprang der Impuls, mündliches Material zu sammeln, im 19. Jahrhundert dem wachsenden Nationalismus und der Idee des Nationalstaats mit seiner eigenen, exklusiven Kultur, welche wiederum in enger Verbindung mit dem jeweiligen Volk stehen sollte. Das Wort «Folklore» wurde erst 1846 von William J. Thomas geprägt, um frühere Begriffe mit lateinischen oder griechischen Wurzeln wie «Popularliteratur» zu ersetzen. (Im ganzen 19. Jahrhundert glaubten sich die Engländer geistig und «rassisch» den teutonischen Stämmen des Nordens näher als den dunklen mediterranen Typen, denen man schon von Dunkirk an begegnete; damit hatte man praktischerweise auch gleich die Schotten, Waliser und Iren aus dem Bild gedrängt.)

Jacob Ludwig Grimm und sein Bruder Wilhelm Carl, Philologen, suchten die kulturelle Einheit des deutschen Volks über seine Sprache und Traditionen zu etablieren; ihre «Hausmärchen» wurden für ein Jahrhundert zu dem in Deutschland nach der Bibel am weitesten verbreiteten Buch. Märchen zu sammeln war ihr Beitrag zu dem Kampf um die deutsche Vereinigung, die erst 1871 stattfand. Für ihr Vorhaben, bei dem sie sich ein gewisses Maß an herausgeberischer Zensur zugestanden, betrachteten sie die Volkskultur als eine unerschlossene Quelle von Phantasie für das Bürgertum; «sie (die

Grimms) wollten, daß die reiche kulturelle Tradition des Volks von der aufsteigenden Mittelschicht benutzt und anerkannt würde», sagt Jack Zipes.

Ungefähr um die gleiche Zeit sammelten, von den Grimms angeregt, Peter Christen Asbjornsen und Jorgen Moe Märchen in Norwegen und veröffentlichten 1841 eine Sammlung, die, laut John Gade, «mithalf, die norwegische Sprache aus der dänischen Fessel zu befreien, indem sie die Sprache des gewöhnlichen Volks formte und verbreitete». Mitte des 19. Jahrhunderts ging J. F. Campbell ins schottische Hochland, um die in schottischem Gälisch erzählten alten Märchen aufzuzeichnen und zu retten, bevor die anrollende Welle der englischen Sprache sie wegspülen würde.

Die Ereignisse, die zu der irischen Revolution von 1916 führten, gingen mit einer leidenschaftlichen Zuwendung zur heimischen irischen Dichtung, Musik und Erzählkunst einher, woraufhin schließlich das Irische offiziell zur Nationalsprache erklärt wurde. (W. B. Yeats stellte eine berühmte Anthologie von irischen Märchen zusammen.) Dieser Vorgang dauert an; zum Beispiel gibt es gegenwärtig ein lebendiges Volkskunst-Institut an der Universität von Bir Zeit: «Das Interesse an der Bewahrung der örtlichen Kultur ist im West Bank besonders stark, da Palästina immer noch Gegenstand internationaler Verhandlungen ist und die Identität eines getrennten palästinensisch-arabischen Volks in Frage gestellt wird», sagt Inea Bushnaq.

Daß ich und viele andere Frauen in Büchern auf die Suche nach Märchen-Heldinnen gehen, ist eine Variante des gleichen Prozesses – der Wunsch, meinen Anspruch auf einen fairen Anteil an der Zukunft zu sichern, indem ich Anspruch auf meinen Anteil an der Vergangenheit erhebe.

Doch obwohl die Geschichten selbst Ausdruck des angeborenen Volksgenies sein mögen, beweisen sie weder die überlegene Begabung eines bestimmten Volks oder einer bestimmten Person; und obwohl fast alle Märchen in diesem Buch nach dem Erzählen lebendiger Menschen aufgeschrieben worden sind, können Sammler es selten lassen, daran herumzubasteln, sie zu redigieren, zwei Texte zu einem einzigen besseren zu machen. J. F. Campbell zeichnete die Geschichten in schottischem Gälisch auf und übersetzte sie wörtlich; etwas daran zu verändern, meinte er, sei, als ob man einen Dinosaurier mit Flitter verzierte. Doch da auf das Material niemand Urheberrechte hat, können die meisten Sammler und vor allem Lektoren ihre Hände nicht davon lassen.

«Grobe» Ausdrücke zu schönen war ein Lieblingssport des 19. Jahrhunderts, Teil des Plans, die weitverbreitete Unterhaltung der Armen zum raffinierten Vergnügen der Mittelschicht zu machen, vor allem der Kinderstube der Mittelschicht. Indem man alles, was mit Sexualität und Ausscheidung zu tun hatte, strich, sexuelle Situationen abmilderte und zögerte, «Unfeines», das heißt: schmutzige Witze, wiederzugeben, denaturierte man das Märchen und seine Ansicht vom Alltagsleben. Natürlich spielte hier nicht nur die soziale Herkunft und das Geschlecht der Sammler eine Rolle, sondern auch ihre Persönlichkeit. Der lebenslustige Vance Randolph ließ sich mitten im Bible Belt von Arkansas und Missouri mit «unfeinen» Geschichten im Überfluß unterhalten, häufig von Frauen. Es ist schwer vorstellbar, daß die strengen, gelehrten Brüder Grimm ein ähnliches Verhältnis zu ihren Informantinnen entwickelt hätten – oder dies gewünscht haben könnten.

Ironischerweise hat das Märchen – wenn man es als mündlich überlieferte Erzählung mit einer gelockerten Einstellung zum Realitätsprinzip und ständig neu ausgeschmückter Handlung definiert – sich bis ins 20. Jahrhundert einen Großteil seiner Vitalität, Schmutzigkeit und Witzigkeit erhalten, und alles weist darauf hin, daß es inoffiziell und am Rande auch im 21.

Jahrhundert und in einer Welt der Massen, universaler Kommunikation und Rund-um-die-Uhr-Unterhaltung blühen und gedeihen wird.

Ich habe möglichst Geschichten gemieden, die offensichtlich von Sammlern «verbessert» oder «literarisch» gemacht worden sind; ich habe selbst nichts umgeschrieben, wie stark die Versuchung auch sein mochte, nichts gekürzt und nie zwei Fassungen kombiniert, weil ich den Eindruck von vielen verschiedenen Stimmen in der Sammlung erhalten wollte. Natürlich mischt sich die Persönlichkeit des Sammlers oder Übersetzers ständig ein, oft unbewußt; ebenso die Persönlichkeit des Herausgebers. Und ich war auf Material angewiesen, das auf englisch vorliegt – eine Sprache, die eine eigene Form von Kulturimperialismus entwickelt hat.

An der Oberfläche haben diese Geschichten die Tendenz, eine normative Funktion zu erfüllen – die Bindungen, die Menschen aneinanderketten, eher zu verstärken als in Frage zu stellen. Das Leben am Rand des ökonomischen Abgrunds ist schwierig genug ohne ständigen existentiellen Kampf. Doch die Eigenschaften, welche die Geschichten Frauen zum Überleben und zum Erreichen von Wohlstand empfehlen, sind niemals diejenigen der passiven Unterordnung. Von Frauen wird oft verlangt, daß sie in einer Familie das Denken übernehmen (siehe «Ein Quart Verstand», S. 144) und epische Reisen unternehmen («Östlich von der Sonne und westlich vom Mond», S. 176). Dennoch ist die Lösung, die in «Die zwei Frauen, die ihre Freiheit fanden» S. 279 vorgeführt wird, selten; die meisten Märchen und Volkserzählungen ranken sich um die Beziehung zwischen Männern und Frauen, ob nun auf magisch-romantische oder auf grob häuslich-realistische Weise. Das unausgesprochene Ziel ist gewöhnlich Fruchtbarkeit und Beständigkeit. Aber wenn auch viele Geschichten mit einer

Hochzeit enden, sollte man nicht vergessen, wie viele mit einem Todesfall beginnen – dem Tod eines Vaters, einer Mutter oder von beiden, Ereignisse, welche die Überlebenden geradewegs in die Katastrophe stürzen. Die Geschichten in Teil VI, UNGLÜCKLICHE FAMILIEN, zielen direkt aufs Herz menschlicher Erfahrung. In der traditionellen Erzählung, gleich welcher Herkunft, ist die Familie stets nur einen Schritt vom Untergang entfernt.

Märchenfamilien sind in der Hauptsache schlecht funktionierende Verbände, in denen Eltern und Stiefeltern Kinder bis zum Mord vernachlässigen und Rivalität bis zum Mord unter Geschwistern die Regel ist. Ein Profil der typischen europäischen Märchenfamilie liest sich wie der Bericht eines heutigen Großstadt-Sozialarbeiters über «Risikofamilien», und die hier vertretenen afrikanischen und asiatischen Familien deuten darauf hin, daß in ganz unterschiedlichen Typen von Familienstrukturen unverzeihliche Verbrechen zwischen Menschen vorfallen, die zu eng zusammenleben. Und ein Todesfall in der Familie erzeugt mehr Not als eine Scheidung.

Die immer wiederkehrende Gestalt der Stiefmutter belegt, daß die in den Geschichten beschriebenen Haushalte mit hoher Wahrscheinlichkeit enormen inneren Veränderungen und Rollenumkehrungen ausgesetzt sind. Die Allgegenwärtigkeit der Stiefmutter mag sich historisch mit Zeiten erklären lassen, in denen die Müttersterblichkeit hoch war und ein Mädchen zwei, drei oder noch mehr Stiefmütter erleben konnte, bevor es sich selbst in die gefährliche Mutterlaufbahn begab; doch in der «Grausamkeit» und Gleichgültigkeit, die der Stiefmutter fast überall zugeschrieben wird, spiegelt sich vielleicht auch unsere Ambivalenz unseren eigenen leiblichen Müttern gegenüber. Man beachte, daß es in «Nourie Hadig» (S. 238) die leibliche Mutter ist, die dem Mädchen den Tod wünscht.

Für Frauen ist die rituelle Hochzeit am Ende der Geschichte

womöglich nicht mehr als das Vorspiel zu dem quälenden Dilemma, in dem sich die Mutter von Grimms Schneewittchen befand, die sich von ganzem Herzen ein Kind «so weiß wie Schnee, so rot wie Blut, so schwarz wie Ebenholz» wünschte und starb, als dieses Kind geboren wurde, als wäre der Preis für die Tochter das Leben der Mutter. Wenn wir eine Geschichte hören, bringen wir unsere gesamte eigene Erfahrung in diese Geschichte ein. «So ging alles aufs beste aus, und jedermann war voll Freuden», heißt es am Ende von «Katharina Nußknackerin» (S. 46). Kreuzen wir die Finger, klopfen wir an Holz. Die arabischen Geschichten aus Inea Bushnaqs Anthologie schließen mit einer Würde, welche in der Idee vom Happy-End immer mitschwingt: «Sie lebten glücklich und zufrieden, bis der Tod, der Partner der wahren Liebenden, sie schied.» («Die Prinzessin im Lederanzug», S. 83).
In der genannten Geschichte sind «sie» eine Prinzessin und ein Prinz. Warum spielt königliches Geblüt eine so große Rolle in den Unterhaltungsgeschichten gewöhnlicher Leute? Aus den gleichen Gründen, nehme ich an, aus denen das englische Königshaus so ausgiebig in den Illustrierten erscheint – Glanz, Könige und Königinnen sind immer unvorstellbar reich, Prinzessinnen unbeschreiblich hübsch – und doch können sie in einem Reihenhaus-Palast wohnen, was darauf hindeutet, daß der Erzähler mit dem Lebensstil des wahren Hochadels nicht sonderlich vertraut war. «Der Palast hatte viele Zimmer, und ein König bewohnte die eine Hälfte davon und der zweite die andere Hälfte», heißt es in einem hier nicht abgedruckten griechischen Märchen. In «Die drei Maß Salz» (S. 118) behauptet der Erzähler kühn: «Zu jener Zeit war jeder König.»
Susie Hoogasian-Villa, deren Geschichten von armenischen Einwanderern in einer hochindustrialisierten Gegend der (republikanischen) USA stammen, rückt zurecht, was es mit den Königskindern der Märchen auf sich hat: «Häufig sind Köni-

ge nur Häuptlinge ihrer Dörfer; Prinzessinnen erledigen die niedrigen Arbeiten.» Juleidah, die Prinzessin im Lederanzug, kann einen Kuchen backen und eine Küche mit demokratischer Tüchtigkeit putzen, doch wenn sie sich herausputzt, sieht Prinzessin Di ordinär neben ihr aus. «Groß wie eine Zypresse, mit dem Gesicht einer Rose und den Seidengewändern und Juwelen einer Königsbraut, schien sie den Raum mit Licht zu erfüllen.» Wir haben es mit königlichen Phantasie-Hoheiten und einer Phantasie-Mode zu tun, mit Schöpfungen der Phantasie und Wunscherfüllung, weswegen sich die lockere symbolische Struktur von Märchen so gut für psychoanalytische Deutungen eignet, als wären sie nicht formale Erfindungen, sondern informelle, öffentlich geträumte Träume.
Diese Eigenschaft, öffentlicher Traum zu sein, ist ein Merkmal von Volkskunst, selbst dann noch, wenn sie durch kommerzielle Interessen vermittelt wird, wie in ihren heutigen Erscheinungsformen Horrorfilm, Schundroman, Fernsehserie. Als Erzählung hat das Märchen weit weniger mit modernen bürgerlichen Formen wie dem Roman und dem Dokumentarfilm gemein als mit den zeitgenössischen populären Formen, besonders mit den «weiblichen» wie dem Liebesheftroman. Der hohe Rang und gewaltige Reichtum mancher Gestalten, die äußerste Armut anderer, die Extreme von Glück und Häßlichkeit, von Klugheit und Dummheit, Laster und Tugend, Schönheit, Glanz und Tücke, der Tumult von Ereignissen, die Gewalttätigkeit, die intensiven, unharmonischen persönlichen Beziehungen, die Lust am Streit um seiner selbst willen, die Erfindung eines Geheimnisses um seiner selbst willen – all diese Merkmale des Märchens bringen es direkt mit den zeitgenössischen Fernsehserien in Verbindung.
Die jetzt verblichene amerikanische Serie «Dynasty», deren Erfolg in den frühen achtziger Jahren so phänomenal war, arbeitete mit einem Personal, das mit fast verächtlicher Durch-

sichtigkeit dem der Grimmschen Märchen entstammte – die böse Stiefmutter, die im Stich gelassene Braut, der immer beschränkte Ehemann und Vater. In den wuchernden Nebenhandlungen ging es um verlassene Kinder, willkürliche Reisen, unerklärliches Mißgeschick – alles Kennzeichen des Genres (siehe dazu «Die drei Maß Salz», S. 118). Eine Geschichte kann mühelos in eine andere übergehen, wenn noch Zeit bleibt und das Publikum begeistert ist; genau wie in den Fernsehserien die Erzählung endlos vor- und zurückschwappt wie Ebbe und Flut, einmal auf eine Art befriedigender Lösung zusteuernd, dann wieder gerissen umdrehend, als hätte man sie daran erinnert, daß es im wirklichen Leben kein Ende gibt, weder ein glückliches noch sonst eines, daß das «Ende» nur als formales Mittel in der gehobenen Kunst existiert. Der Erzähltrieb wird entfacht durch die Frage: «Und was ist dann passiert?»

Das Märchen ist benutzerfreundlich; es liefert auf diese Frage stets eine Antwort. Das Märchen mußte benutzerfreundlich sein, um überleben zu können. Es überlebt heute, weil es sich in ein Medium für Klatsch, Anekdoten, Gerüchte verwandelt hat; es bleibt handgestrickt, selbst in einer Epoche, in der das Fernsehen die Mythen der hochentwickelten Industriestaaten in jeden Winkel der Erde trägt, wo es ein Fernsehgerät gibt und den Saft aus der Dose, der es zum Flackern bringt.

«Die Menschen des Nordens verlieren ihre Geschichten zugleich mit ihrer Identität», sagt Lawrence Millman, nicht viel anders als vor anderthalb Jahrhunderten J. F. Campbell in den West Highlands. Doch diesmal dürfte Millman recht haben: «In der Nähe von Gjoa Haven im Nordwest-Territorium wohnte ich in einem Eskimozelt, das ungeheizt war, aber mit den neusten Stereo- und Videogeräten ausgestattet.»

Nun haben wir Maschinen, die das Träumen für uns erledigen. Doch in dem «Video-Spuk» könnte die Quelle des Fortbestehens, sogar einer Transformation von Geschichtenerzählen und Geschichtenwirksamkeit stecken. Die menschliche Phantasie ist unendlich zäh; sie überlebt Kolonisierung, Verpflanzung, unfreiwillige Knechtschaft, Gefängnishaft, Sprachverbote, die Unterdrückung von Frauen. Dennoch hat im vergangenen Jahrhundert die einschneidendste Veränderung in der Kulturgeschichte des Menschen seit der Eisenzeit stattgefunden – die endgültige Trennung vom Land. (John Berger beschreibt dies erzählerisch mit visionärer Wucht in seiner Trilogie *In ihre Arbeit.*)

Jeder Epoche ist der Glaube eigen, sie sei einzigartig, unsere Erfahrung stelle alles in den Schatten, was zuvor stattgefunden hat. Manchmal ist dieser Glaube zutreffend. Als Thomas Hardy vor mehr als einem Jahrhundert *Tess* schrieb, schilderte er eine Frau vom Land, Tess' Mutter, deren Empfinden, Lebensgefühl und Ästhetik noch praktisch die gleichen waren wie zwei Jahrhunderte zuvor. Damit beschrieb er vollkommen bewußt eine Lebensform in just dem Moment, wo starker Wandel einsetzte. Tess und ihre Schwestern werden selbst von diesem ländlichen, zutiefst in der Vergangenheit wurzelnden Leben fortgewirbelt in eine städtische Welt endloser, schwindelerregend sich beschleunigender Veränderungen und Neuerungen, wo alles, einschließlich unserer Vorstellungen vom weiblichen und männlichen Wesen – oder besonders diese Vorstellungen –, in den Schmelztiegel gerät, weil sich die Vorstellung von dem, was die «menschliche Natur» ausmacht, selbst im Schmelztiegel befand.

Fast ausnahmslos haben die Geschichten in diesem Buch ihre Wurzeln in der vorindustriellen Vergangenheit und in noch ungebrochenen Vorstellungen von der menschlichen Natur. In dieser Welt kommt Milch von der Kuh, Wasser aus dem Brunnen, und nur das Eingreifen übernatürlicher Mächte kann das Verhältnis von Frauen zu Männern und vor allem dasjenige von Frauen zu ihrer eigenen Fruchtbarkeit verändern. Ich lege diese Geschichten nicht mit Wehmut vor; jene Vergangenheit war hart, grausam und besonders feindlich Frauen gegenüber, welche verzweifelten Taktiken wir auch einsetzen mochten, um unsern Willen wenigstens ein bißchen zur Geltung zu bringen. Aber ich lege sie in Abschiedsstimmung vor, als Erinnerung daran, wie weise, schlau, durchblickend, manchmal poetisch, exzentrisch, gelegentlich glatt verrückt unsere Urgroßmütter und deren Urgroßmütter waren; und als Erinnerung an den Beitrag, den Mother Goose und ihre kleinen Gänschen zur Literatur beigesteuert haben.

Vor vielen Jahren hat mich der verstorbene Volksmusikforscher und Sänger A. L. Lloyd gelehrt, daß ich den Namen eines Künstlers nicht kennen muß, um zu erkennen, daß ein solcher am Werk gewesen ist. Dieses Buch ist jenem Gedanken gewidmet und somit der Erinnerung an A. L. Lloyd.

Angela Carter, London 1990

Sermerssuaq

(Eskimo)

Sermerssuaq war so stark, daß sie ein Kajak mit drei Fingerspitzen aufheben konnte. Sie konnte einen Seehund töten, indem sie einfach mit der Faust auf seinen Kopf hämmerte. Sie konnte einen Fuchs oder Hasen entzweireißen. Einmal rang sie mit Qasordlanguaq, einer anderen starken Frau, und schlug sie so leicht, daß sie sagte: «Die arme Qasordlanguaq konnte nicht einmal eine ihrer eigenen Läuse beim Ringen schlagen.» Die meisten Männer konnte sie besiegen, und dann erzählte sie ihnen: «Wo warst du, als die Hoden verteilt wurden?» Manchmal zeigte diese Sermerssuaq ihre Klitoris vor. Sie war so groß, daß die Haut eines Fuchses sie nicht ganz bedecken konnte. Ah ja, und sie war auch noch die Mutter von neun Kindern!

Aus dem Englischen von Gerhard Döhler

I

Tapfer, kühn und eigenwillig

Die Suche nach dem Glück

(Griechisch)

*U*m fortzufahren und mit der Geschichte fortzufahren: Es gab einmal eine alte Frau, die hatte eine Henne. Wie sie selbst, war die Henne bereits älter und eine gute Arbeiterin. Jeden Tag legte sie ein Ei. Die alte Frau hatte einen Nachbarn, einen alten Mann, einen von Krankheiten geschlagenen alten Burschen, und wann immer die alte Frau fortging, pflegte er ihr das Ei zu stehlen. Die arme alte Frau hielt Ausschau nach einer Möglichkeit, den Dieb zu fangen, aber es gelang ihr nie, und sie wollte auch niemanden beschuldigen, so daß sie auf die Idee kam, die unsterbliche Sonne zu fragen. Als sie auf dem Weg dorthin war, traf sie drei Schwestern. Alle drei waren sie alte Jungfern. Als sie sie sahen, rannten sie ihr nach, um herauszufinden, wo sie hinginge. Sie erzählte ihnen, was ihr Problem gewesen war. «Und nun», sagte sie, «bin ich auf dem Weg, die unsterbliche Sonne zu befragen und herauszufinden, welcher Schweinehund das sein kann, der meine Eier stiehlt und einer armen, alten, müden Frau so etwas Grausames antut.»

Als die alten Jungfern dies hörten, schlugen sie einander auf die Schultern. «Ach Tantchen, ich bitte dich, frag die Sonne wegen uns, frag sie, woran es liegt, daß wir uns nicht verheiraten können.»

«Einverstanden», sagte die alte Frau. «Ich werde die Sonne fragen, und vielleicht hört sie auf das, was ich sage.» So ging sie weiter und weiter, und sie traf eine alte Frau, die vor Kälte zitterte. Als die alte Frau sie sah und hörte, wo sie hingehen wollte, begann sie zu bitten: «Ich bitte dich, alte Frau, frag die Sonne auch wegen mir – was mit mir los ist, und warum ich nie warm werden kann, obwohl ich drei Pelzmäntel trage, einen über dem anderen.»

«Einverstanden», sagte die alte Frau, «ich werde die Sonne

fragen, aber wie kann ich dir helfen?» So ging sie weiter und weiter, und sie kam an einen Fluß. Der floß aufgewühlt dahin und war dunkel wie Blut. Von weitem hörte sie ihn rauschen, und ihr zitterten die Knie vor Angst. Als der Fluß sie sah, fragte auch er sie mit wilder, wütender Stimme, wohin sie gehe. Sie sagte ihm, was sie zu sagen hatte. Der Fluß sagte zu ihr: «Wenn das so ist, frage die Sonne auch wegen mir, unter welcher Seuche leide ich, so daß ich nie gelassen dahinfließen kann?»

«Einverstanden, mein lieber Fluß, das will ich tun», sagte die alte Frau in solcher Panik, daß sie kaum wußte, wie sie weiterkommen sollte. So ging sie weiter und weiter und kam zu einem ungeheuer großen Felsen. Der hatte viele Jahre in der Schwebe gehangen und konnte weder fallen noch nicht fallen. Der Felsen bat die alte Frau, die Sonne zu fragen, was ihn so bedrücke, daß er nicht fallen und seine Ruhe haben konnte und die Vorbeigehenden ohne Angst sein konnten.

«Einverstanden», sagte die alte Frau, «ich will die Sonne fragen, es ist nicht viel verlangt, und ich werde es auf mich nehmen.» Als sie so sprach, stellte die alte Frau fest, daß es schon sehr spät war, und so hob sie die Füße und rannte, so schnell sie konnte. Als sie zum Kamm des Gebirges kam, sah sie da die unsterbliche Sonne ihr Haar mit einem goldenen Kamm kämmen. Sobald die Sonne sie sah, sagte sie ihr guten Tag und bot ihr einen Hocker an und fragte sie dann, warum sie gekommen sei. Die alte Frau erzählte der Sonne, was sie mit den Eiern ihrer Henne alles erlebt hatte. «Und ich werfe mich dir zu Füßen», sagte sie. «Sag mir, wer der Dieb ist, ich wünschte, ich wüßte es, denn dann würde ich ihn nicht so wahnsinnig verfluchen und eine Last auf meine Seele laden. Außerdem schau bitte her, ich habe dir ein Tuch voll Birnen aus meinem Garten mitgebracht und einen Korb frischer Brötchen.»

Da sagte die unsterbliche Sonne zu ihr: «Der Mann, der deine

Eier stiehlt, ist dieser Nachbar von dir, aber sieh zu, daß du nichts zu ihm sagst. Überlasse es Gott, und dem Mann wird zustoßen, was er verdient hat.»

«Unterwegs», sagte die alte Frau zur unsterblichen Sonne, «bin ich drei Mädchen begegnet, die waren unverheiratet. Und wie sie mich gebeten haben! Frage wegen uns, was ist los mit uns, daß wir keine Ehemänner finden.»

«Ich weiß, was du sagen willst, es sind Mädchen, die keiner heiraten will. Wahrscheinlich sind sie faul. Sie haben keine Mutter, die sie anleitet, und auch keinen Vater, und so passiert es, daß sie jeden Tag anfangen, das Haus zu fegen, ohne Wasser zu sprengen, und dann nehmen sie den Besen und fegen mir Staub in die Augen und machen mich ganz krank. Ich kann sie nicht ertragen. Erzähle ihnen, daß sie von nun an vor der Morgendämmerung aufstehen müssen und das Haus sprengen und dann fegen, und sehr bald werden sie Männer finden. Du brauchst nicht weiter über sie nachzudenken.»

«Dann hat mich noch eine alte Frau um etwas gebeten: ‹Frag die Sonne für mich, was mit mir los ist, warum ich nicht warm werden kann, obwohl ich drei Pelzmäntel, einen über dem anderen, trage.›»

«Du mußt ihr sagen, sie soll um ihrer Seele willen zwei Pelzmäntel an Arme verschenken, dann wird sie warm bleiben.»

«Auch habe ich einen Fluß gesehen, der aufgewühlt war und so dunkel wie Blut. Sein Lauf war voller Strudel. Der Fluß bat mich: ‹Frage die Sonne nach mir – was kann ich tun, um gelassen dahinzufließen?›»

«Der Fluß muß einen Mann ertränken, dann wird er Gelassenheit finden. Wenn du wieder hinkommst, überquere den Fluß zuerst und erzähle ihm dann, was ich dir gesagt habe, sonst wählt der Fluß dich zur Beute.»

«Ich bin auch einem Felsen begegnet: Viele Jahre sind vorbei-

gegangen, und die ganze Zeit hat er in der Schwebe gehangen und kann nicht fallen.»
«Auch dieser Felsen muß einen Menschen zu Tode bringen, dann wird er Ruhe finden. Wenn du wieder hinkommst, gehe erst an dem Felsen vorbei, und sag ihm erst dann, was ich dir gesagt habe.»
Die alte Frau stand auf und küßte der Sonne die Hände und sagte auf Wiedersehen und stieg vom Berg herunter. Auf ihrem Heimweg kam sie zu dem Felsen, und der Felsen wartete auf sie, als hätte er fünf Augen. Sie eilte sich und ging unter ihm vorbei, und dann sagte sie, was die Sonne ihr aufgetragen hatte. Als der Felsen hörte, er müsse fallen und dabei einen Menschen zu Tode bringen, wurde er wütend – er wußte nicht, was er tun sollte. «Ah», sagte er zu der alten Frau, «wenn du mir das vorher gesagt hättest, hätte ich mir dich als Beute ausgesucht.»
«Alle meine Probleme mögen deine sein», sagte die alte Frau und schlug sich – ich bitte um Entschuldigung – auf den Hintern.
Auf ihrem Weg kam sie in die Nähe des Flusses, und an dem Krach, den er machte, erkannte sie, wie aufgewühlt er war und daß er nur darauf wartete zu hören, was die unsterbliche Sonne zu ihr gesagt hatte. Eilig überquerte sie den Fluß, und dann erzählte sie ihm, was die Sonne ihr gesagt hatte. Als der Fluß dies hörte, geriet er in Wut, und so schlecht war seine Laune, daß das Wasser aufgewühlter war als je. «Ah», sagte der Fluß, «warum wußte ich das nicht vorher? Dann hätte ich dir das Leben genommen, die du eine alte Frau bist, die keiner will.» Die alte Frau fürchtete sich so, daß sie sich nicht einmal mehr umsah, um auf den Fluß zu blicken.
Als sie noch ein Stückchen weitergegangen war, konnte sie von den Dächern des Dorfes den Rauch aufsteigen sehen, und der Duft von kochenden Speisen stieg ihr in die Nase. Sie hielt sich

nicht lange auf, sondern ging zu der alten Frau, die nie warm werden konnte, und sagte ihr, was die Sonne ihr aufgetragen hatte. Der Tisch war frisch gedeckt, und sie setzte sich hin und aß mit den Leuten. Es gab ein feines Pfingstessen, und du hättest mitgegessen und dir die Finger geleckt, so gut war es. Dann machte sie sich auf den Weg, um die alten Jungfern zu finden. Seit die alte Frau sie verlassen hatte, dachten sie an nichts anderes als an sie – weder machten sie Feuer in ihrem Haus, noch löschten sie es, die ganze Zeit hielten sie die Straße im Auge, um die alte Frau zu sehen, wenn sie vorbeikäme. Sobald die alte Frau die alten Jungfern sah, ging sie zu ihnen und setzte sich und erklärte ihnen, was sie tun müßten – was die unsterbliche Sonne ihr aufgetragen hatte, ihnen zu erzählen. Von da an standen sie immer auf, wenn es noch dunkel war, und besprengten den Fußboden und fegten ihn anschließend, und dann kamen wieder Bewerber zu ihnen, manche aus diesem Dorf und andere aus jenem, alle aber mit einem Heiratsantrag. So fanden sie Ehemänner und lebten weiter und waren glücklich.

Was die alte Frau anging, die nie warm werden konnte, so gab sie zwei ihrer Pelzmäntel fort, zum Segen ihrer Seele, und sofort merkte sie, daß ihr immer warm war. Der Fluß und der Felsen nahmen jeder einem Menschen das Leben und fanden so ihre Ruhe.

Als die alte Frau wieder nach Hause kam, fand sie den alten Mann am Tor des Todes vor. Nachdem sie fortgegangen war, um die unsterbliche Sonne zu finden, hatte er sich so gefürchtet, daß ihm etwas Entsetzliches geschehen

war: Die Federn der Henne wuchsen ihm aus dem Gesicht. Nicht viel Zeit verging, bevor er zu jenem großen Dorf abreiste, von wo kein Mensch je mehr zurückkehrt. Danach fehlten nie wieder Eier, und die alte Frau aß sie, bis sie starb. Und als sie starb, starb auch die Henne.

(Aus dem Englischen von Gerhard Döhler)

Herr Fox

(Englisch)

Lady Mary war jung, und Lady Mary war schön. Sie hatte zwei Brüder, und Liebhaber hatte sie mehr, als sie zählen konnte. Aber der ansehnlichste und ritterlichste unter ihnen allen war ein Herr Fox, den hatte sie getroffen, als sie drunten in ihres Vaters Landhaus gewesen war. Niemand wußte, wer Herr Fox war; aber er war gewiß ansehnlich und sicherlich reich, und von all ihren Verehrern mochte Lady Mary nur ihn allein. Schließlich kamen sie überein, daß sie heiraten wollten. Lady Mary fragte Herrn Fox, wo sie leben würden, und er beschrieb ihr sein Schloß und sagte, wo es sei. Aber so seltsam es auch klingt, er forderte weder sie noch ihre Brüder auf, hinzukommen und es anzusehen.

Eines Tages nun, kurz vor dem Hochzeitstag, als ihre Brüder ausgegangen waren und Herr Fox für ein oder zwei Tage in Geschäften unterwegs war, wie er sagte, machte sich Lady Mary auf den Weg nach dem Schloß von Herrn Fox. Und nach langem Suchen kam sie auch endlich hin. Es war ein schönes, festes Haus mit hohen Mauern und einem tiefen Wassergraben darum herum. Und als sie nun zum Brückentor kam, sah sie, daß darüber geschrieben stand:

Hab Mut, hab Mut.

Da aber das Brückentor offen war, ging sie hindurch und sah, daß niemand da war. So ging sie den Torweg hinauf und fand dort über der Eingangstür geschrieben:

Hab Mut, hab Mut, doch zuviel ist nicht gut.

Sie ging immer weiter, bis sie in die Halle kam. Und sie ging die breite Treppe hinauf, bis sie zu einer Tür in der Galerie kam, und darüber war geschrieben:

Hab Mut, hab Mut, doch zuviel ist nicht gut,
Sonst könnt dir im Herzen gerinnen das Blut.

Aber Lady Mary war wirklich ein tapferes Mädchen, und sie öffnete die Tür. Und was meint ihr, was sie da sah? Nun, Leichen und Gerippe von schönen jungen Damen, und alle blutbefleckt. Da dachte Lady Mary, es sei höchste Zeit, von diesem entsetzlichen Ort wegzukommen, und sie schloß die Tür, ging durch die Galerie, und gerade wollte sie die Treppe hinuntergehen und durch die Halle hinaus, da sah sie durch das Fenster keinen anderen als Herrn Fox, und der schleppte eine schöne junge Dame den Torweg entlang zur Tür. Lady Mary eilte die Treppe hinunter, und gerade noch rechtzeitig konnte sie sich hinter einem großen Faß verbergen, als Herr Fox auch schon hereinkam mit der armen jungen Dame. Sie schien ohnmächtig geworden zu sein. Gerade als er in die Nähe von Lady Mary kam, da sah Herr Fox einen Diamantring glitzern am Finger der jungen Dame, die er daherschleppte, und er versuchte, ihn abzuziehen. Aber er saß zu fest und ging nicht ab. Da fluchte Herr Fox mit bösen Worten und zog sein Schwert, hob es auf und ließ es auf die Hand der armen Dame niedersausen. Das Schwert schlug die Hand ab, daß sie durch die Luft geschleudert wurde, und sie fiel ausgerechnet in Lady Marys Schoß. Herr Fox schaute ein bißchen herum, aber es fiel ihm nicht ein, auch hinter das Faß zu sehen, so ging er schließlich weiter und schleppte die junge Dame die Treppe hinauf in die Blutkammer. Sobald Lady Mary hörte, wie er durch die Galerie ging, schlüpfte sie zur Tür hinaus, lief durch das Brückentor und nach Hause, so schnell sie konnte.

Nun geschah es, daß am nächsten Tag der Ehevertrag zwischen Lady Mary und Herrn Fox unterzeichnet werden sollte, und davor gab es ein festliches Frühstück. Und als Herr Fox an der Tafel Lady Mary gegenübersaß, blickte er sie an. «Wie blaß Ihr heute morgen seid, meine Teure.»

«Ja», sagte sie, «ich habe in der letzten Nacht schlecht geschlafen. Ich hatte entsetzliche Träume.»

«Träume sind Schäume», sagte Herr Fox, «aber erzählt uns Euren Traum. Eure liebliche Stimme wird uns die Zeit vertreiben, bis die Stunde unseres Glücks da ist.»

«Ich träumte», sagte Lady Mary, «daß ich gestern nachmittag zu Eurem Schloß ging. Und ich fand es in den Wäldern, es hatte hohe Mauern und einen tiefen Graben, und über dem Brückentor stand:

Hab Mut, hab Mut.

«Aber das ist nicht so, noch war es so», sagte Herr Fox.

«Und als ich zur Eingangstür kam, war darüber geschrieben:

Hab Mut, hab Mut, doch zuviel ist nicht gut.

«Das ist nicht so, noch war es so», sagte Herr Fox.

«Und dann ging ich die Treppe hinauf und kam zu einer Galerie. An ihrem Ende war eine Tür, und darüber stand:

Hab Mut, hab Mut, doch zuviel ist nicht gut,
Sonst könnt dir im Herzen gerinnen das Blut.

«Das ist nicht so, noch war es so», sagte Herr Fox.
«Und dann – und dann öffnete ich die Tür, und der Raum war angefüllt mit Leichen und Gerippen armer toter Frauen, und alle waren von ihrem Blut befleckt.»

«Das ist nicht so, noch war es so. Und Gott verhüte, es wäre so», sagte Herr Fox.
«Ich träumte weiter, daß ich die Galerie entlangeilte, und als ich gerade die Treppe hinuntergehen wollte, sah ich Euch, Herr Fox, wie Ihr zur Tür der Halle kamt, und Ihr schlepptet hinter Euch her eine arme junge Dame, schön und reich.»
«Das ist nicht so, noch war es so. Und Gott verhüte, es wäre so», sagte Herr Fox.
«Ich eilte die Treppe hinunter und konnte mich gerade noch rechtzeitig hinter einem großen Faß verbergen, als auch schon Ihr, Herr Fox, hereinkamt und die junge Dame am Arm daherschlepptet. Und ich glaube, Herr Fox, als Ihr an mir vorbei-

gingt, sah ich, wie Ihr versuchtet, ihren Diamantring abzuziehen. Und in meinem Traum, Herr Fox, da schien mir, es gelang Euch nicht, und Ihr zogt Euer Schwert und hacktet der armen Dame die Hand ab, um den Ring zu bekommen.»
«Das ist nicht so, noch war es so. Und Gott verhüte, es wäre so», sagte Herr Fox. Und als er sich erhob, wollte er noch etwas anderes sagen, aber da rief Lady Mary aus:
«Aber das ist so, und das war so. Hier ist die Hand mit dem Ring – ich habe sie noch und kann sie zeigen», und aus ihrem Gewand zog sie die Hand der Dame und zeigte damit auf Herrn Fox.
Und sogleich zogen ihre Brüder und ihre Freunde die Schwerter heraus und schlugen Herrn Fox in tausend Stücke.

(Aus dem Englischen von Uta Schier)

Kakuarshuk

(Eskimo)

Vor langer Zeit bekamen Frauen ihre Kinder, indem sie in der Erde herumgruben. Sie zerrten die Kinder aus dem Erdreich hervor. Sie brauchten nicht weit zu gehen, um kleine Mädchen zu finden, aber Jungen waren schwieriger aufzuspüren – oft mußten die Frauen sehr tief graben, um an die Jungen heranzukommen. So kam es, daß starke Frauen viele Kinder hatten und faule Frauen sehr wenige oder gar keine Kinder. Natürlich gab es auch unfruchtbare Frauen. Und Kakuarshuk war eine solche unfruchtbare Frau. Sie verbrachte fast ihre ganze Zeit damit, in der Erde zu graben. Die halbe Welt schien sie schon durchstöbert zu haben, aber sie fand einfach keine Kinder.

Schließlich ging sie zu einem *angakok,* der zu ihr sagte: «Geh zu der folgenden Stelle, grabe dort, und du findest ein Kind ...» Nun, Kakuarshuk ging zu der genannten Stelle, die ein ganzes Stück von zu Hause entfernt lag, und grub dort. Tiefer und tiefer grub sie, bis sie zur andern Seite der Welt durchstieß. Auf dieser andern Seite war offenbar alles verkehrt herum. Es gab dort weder Schnee noch Eis, und Babies waren viel größer als Erwachsene. Kakuarshuk wurde von zwei dieser Babies adoptiert, einem Mädchen und einem Jungen. Sie trugen sie in einem *amaut*-Sack mit sich herum, und das weibliche Baby reichte ihr die Brust. Sie schienen Kakuarshuk sehr lieb zu haben. Nie blieb sie unbeachtet oder ohne Nahrung. Eines Tages sagte ihre Baby-Mutter: «Gibt es etwas, was du gern möchtest, meine liebe Kleine?»
«Ja», antwortete Kakuarshuk, «ich hätte gern ein eigenes Baby.»
«In diesem Fall», antwortete ihre Baby-Mutter, «mußt du an eine bestimmte Stelle hoch in den Bergen gehen und dort anfangen zu graben.» Und so reiste Kakuarshuk zu jener Stelle in den Bergen. Sie grub. Tiefer und tiefer wurde das Loch, bis es sich mit vielen andern Löchern vereinte. Keines dieser Löcher schien irgendeinen Ausgang zu haben. Auch fand Kakuarshuk unterwegs nirgendwo Kinder. Aber sie wanderte dennoch weiter. Nachts wurde sie von Klauen-Trollen heimgesucht, die an ihrem Körper zerrten. Dann kam ein Peitschen-Troll, der ihr einen lebendigen Seehund über Brust und Lenden schlug. Schließlich konnte sie nicht mehr weitergehen und legte sich nun hin, um zu sterben.
Plötzlich kam ein kleiner Fuchs zu ihr und sagte: «Ich werde dich retten, Mutter. Du brauchst mir nur zu folgen.» Und der Fuchs nahm sie bei der Hand und führte sie durch sein Gewirr von Löchern ans Tageslicht auf der andern Seite.
Kakuarshuk konnte sich an nichts mehr erinnern. Ach ja, an

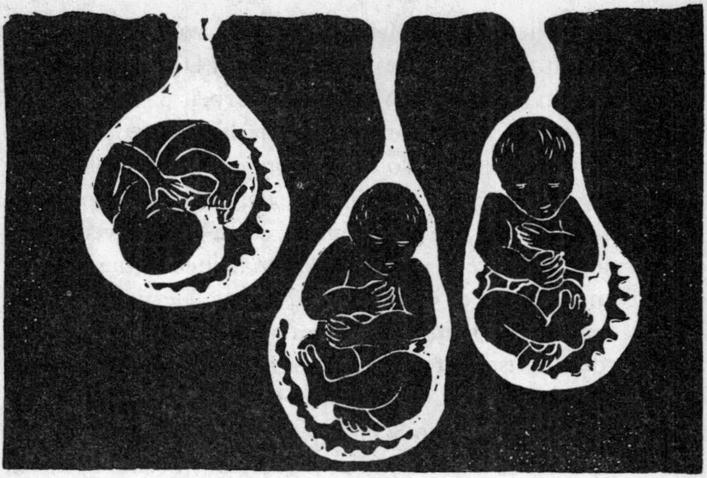

überhaupt nichts. Doch als sie aufwachte, ruhte sie bei sich zu Hause, und in ihren Armen lag ein männliches Baby.

Aus dem Englischen von Gerhard Döhler

Das Versprechen

(Burmesisch)

Einst studierte die schöne Tochter eines reichen Mannes an einer Universität. Sie war eine sehr eifrige Studentin, und eines Tages saß sie im Unterrichtsraum an einem Fenster und schrieb mit dem Griffel eine wertvolle Formel auf ein Palmblatt, die der unterichtende Gelehrte der Klasse vortrug, als ihr der Griffel aus den müden Fingern glitt und durchs Fenster auf den Boden fiel. Sie hätte es respektlos gefunden, den Lehrer zu bitten, einen Augenblick innezuhalten, doch wenn sie ihren Platz verließ, um den Griffel zu holen, würde sie die Formel verpassen. Während sie sich in diesem Dilemma befand, ging vor ihrem Fenster ein Mitstudent vorbei, und sie bat ihn flüsternd, den Griffel für sie aufzuheben. Nun war der Vorbeigehende aber ein Königssohn und ein junger Schalk. Zum Spaß antwortete er: «Versprich mir, daß du mir deine erste Blume in der ersten Nacht schenken wirst.» Ganz vertieft in die Formel des Lehrers, verstand das Mädchen in diesem Augenblick nur das Wort «Blume» und nickte. Der junge Mann hatte seinen Scherz bald vergessen; das Mädchen dachte später über den Zwischenfall nach, begriff die ganze Bedeutung der Worte des Prinzen, hielt sich aber nicht lange dabei auf und hoffte, er habe sie im Scherz gesagt.

Als sie beide ihr Studium an der Universität beendet hatten, kehrte der Prinz ins Königreich seines Vaters zurück und wurde bald darauf dessen Nachfolger auf dem Thron, und das Mädchen reiste zurück in ihre Heimat in einem benachbarten Königreich und heiratete wenig später den Sohn eines reichen Mannes. In der Hochzeitsnacht flog ihre Erinnerung zurück zu dem Zwischenfall mit dem Griffel, und von ihrem Gewissen gequält, gestand sie ihrem Mann ihr Versprechen, äußerte aber auch, sie glaube, der junge Mann habe damals nur gescherzt. «Meine Liebe», erwiderte der Ehemann, «ob es ein Scherz war oder nicht, das muß er sagen. Ein unter ehrenhaften Umständen gegebenes Versprechen darf man nie brechen.» Das Mädchen verneigte sich also vor ihrem Mann und begab sich sogleich auf die Reise in das benachbarte Königreich, um ihr Versprechen zu erfüllen, falls der König darauf bestehen sollte. Als sie allein durch die Dunkelheit wanderte, ergriff sie ein Räuber und sagte: «Was ist das für eine Frau, die nachts unterwegs ist, mit Gold und Juwelen geschmückt? Übergib mir deine Juwelen, dein seidenes Kleid.»

«Ach, Räuber», antwortete das Mädchen, «nimm meine Ju-

welen, aber laß mir mein seidenes Kleid, denn nackt und beschämt kann ich den Königspalast nicht betreten.»
«Nein», sagte der Räuber, «dein seidenes Kleid ist so kostbar wie deine Juwelen. Gib mir auch das Kleid.» Da erklärte das Mädchen dem Räuber, warum es allein in der Nacht unterwegs war. «Ich bin von deinem Ehrgefühl beeindruckt», sagte der Räuber, «und wenn du nur versprichst, hierher zurückzukehren, nachdem du dem König die erste Blume geschenkt hast, lasse ich dich gehen.» Das Mädchen versprach es und durfte seine Reise fortsetzen. Sie wanderte weiter, bis sie unter einem Banyan-Baum hindurchkam. «Was für eine Frau, die so frisch und zart ist, wandert denn da allein durch die Nacht?» sagte der Geist des Baums. «Ich werde dich aufessen, alle, die in den Stunden der Dunkelheit unter meinem Baum hindurchgehen, gehören mir.»
«Oh, Geist», bat das Mädchen, «verschone mich bitte, denn wenn du mich jetzt aufißt, kann ich das Versprechen, das ich dem Prinzen gegeben habe, nie erfüllen.» Nachdem sie ihm den Grund ihrer nächtlichen Reise erklärt hatte, sagte der Geist: «Ich bin von deinem Ehrgefühl beeindruckt, und wenn du nur versprichst, hierher zurückzukommen, nachdem du dem König begegnet bist, lasse ich dich gehen.»
Das Mädchen versprach es und durfte seine Reise fortsetzen. Endlich traf sie, ohne weiteres Abenteuer, in der Stadt ein und klopfte bald an die Tore des Königspalasts. «Was für eine Sorte Frau bist denn du?» fragten die Palastwächter. «Was soll das, zu dieser mitternächtlichen Stunde zum Palast zu kommen und Einlaß zu begehren?»
«Es handelt sich um eine Ehrenangelegenheit», antwortete das Mädchen. «Bitte geht und meldet dem König, meinem Gebieter, daß seine Mitstudentin von der Universität gekommen ist, um ihr Versprechen zu halten.» Als der König die Geräusche draußen hörte, schaute er aus seinem Schlafzimmerfenster

und sah das Mädchen im Schein der Fackeln der Wächter stehen, in der vollen Blüte seiner Schönheit. Er erkannte sie wieder und begehrte sie, doch als er ihre Geschichte gehört hatte, bewunderte er sie für ihre Treue zum geleisteten Schwur und für ihren Mut, sich Gefahren und Schwierigkeiten auszusetzen, um ihr Versprechen zu halten. «Meine Freundin», sagte er, «du bist eine wunderbare Frau, denn deine Ehre bedeutet dir sogar noch mehr als deine Sittsamkeit. Das Versprechen habe ich dir im Scherz abverlangt, und ich hatte es ganz vergessen. Kehre also zu deinem Mann zurück.» Also ging das Mädchen zurück zu dem Geist des Banyan-Baums und sagte: «Oh, Geist, verspeise meinen Körper, aber wenn du gegessen hast, nimm mein seidenes Kleid und meine Juwelen und gib sie dem Räuber, der nur ein paar Schritte von hier auf mich wartet.» Der Geist sagte: «Freundin, du bist eine wunderbare Frau, denn deine Ehre bedeutet dir sogar noch mehr als dein Leben. Du bist frei zu gehen, ich befreie dich von deinem Versprechen.» Das Mädchen ging zu dem Räuber zurück und sagte: «Oh, Räuber, nimm meine Juwelen und mein seidenes Kleid. Obwohl ich dann nackt und beschämt zu meinem Mann zurückkehren muß, werden die Diener mich einlassen, denn sie erkennen mich.»

Der Räuber erwiderte: «Freundin, du bist eine wunderbare Frau, denn dein Versprechen bedeutet dir mehr als Juwelen und feine Kleider. Du bist frei zu gehen, ich befreie dich von deinem Versprechen.» Also kehrte das Mädchen zu seinem Mann zurück, der es mit Liebe und Achtung empfing, und sie lebten stets glücklich miteinander.

Meine Herren Richter, wen von diesen vier noblen Geschöpfen – Ehemann, Räuber, Geist oder König – betrachtet ihr als das nobelste? Dieses Problem sei euch eine Übung im Entscheiden schwieriger Fälle, mit denen ihr es von Zeit zu Zeit zu tun haben müßt. Der Ehemann verhielt sich in seiner Hochzeits-

nacht nobel und gestattete es dem Mädchen, zum König zu gehen und sein Versprechen zu erfüllen. Der König, edel und großmütig, erlöste das Mädchen von seinem Versprechen, obwohl dessen Schönheit ihn trunken machte und er es begehrte. Der Geist sah, wie üppig und zart das Fleisch des Mädchens war, und doch verzichtete er darauf, es zu essen. Der Räuber hatte unerhörte Schätze in Reichweite, die Juwelen und das seidene Kleid, welches das Mädchen trug, doch er nahm nichts, sondern ließ es ziehen.
Wer von diesen vieren, frage ich euch erneut, war der Nobelste? Meiner Meinung nach, meine Herren Richter, war der Räuber der Nobelste. Im Vergleich zur Gier sind Lüsternheit und Hunger nach Nahrung leichter zu beherrschen, und so hatte der Räuber, der seine Gier beherrschte, die schwierigste Aufgabe.

(Aus dem Englischen von Gerhard Döhler)

Katharina Nußknackerin

(Englisch)

Es war einmal ein König, dessen Frau war gestorben, sie hatte ihm eine einzige Tochter hinterlassen, die er zärtlich liebte. Die kleine Prinzessin hieß Sammetbäckchen, und sie war so gut und mild und herzig, daß sie alle Untertanen gern mochten. Aber da der König meist mit den Staatsgeschäften zu tun hatte, führte das kleine Mädel ein recht einsames Leben und wünschte sich oft, es hätte ein Schwesterchen, mit dem es spielen und das ihm Gesellschaft leisten könnte. Da der König das vernahm, entschloß er sich, eine Gräfin von mittleren Jahren zu heiraten, die er an einem benachbarten Fürstenhofe getroffen hatte. Sie hatte nämlich auch eine Tochter, Katharina, die ein wenig jünger als Sammetbäckchen war. Er glaubte, das gäbe einen lieben Spielgesellen für seine Tochter.

Die beiden Mädchen liebten sich innig und teilten alles miteinander, grad als ob sie wirkliche Schwestern wären.

Aber die neue Königin war eine grausame und ehrgeizige Frau, und sie wollte, ihre eigene Tochter sollte es einmal ebenso haben wie sie, eine prunkvolle Hochzeit feiern und Königin werden. Als sie aber sah, daß Sammetbäckchen zu einem sehr schönen jungen Mädchen heranwuchs – bei weitem schöner als ihre eigene Tochter –, da stieg in ihr der Haß auf, und sie wünschte, Sammetbäckchen verlöre auf irgendeine Weise ihre Schönheit.

Denn, so dachte sie bei sich, welcher Freier wird sich um meine Tochter kümmern, solange ihr die Stiefschwester zur Seite steht?

Nun war unter den Dienern und Gefolgsleuten in ihres Gatten Schloß ein altes Hühnerweib, von dem die Leute glaubten, es sei mit den bösen Geistern im Bunde und geübt in der Bereitung von Zaubermitteln, Säften und Liebestränken.

Vielleicht kann sie mir bei meinen Absichten behilflich sein, dachte die böse Königin; und eines Nachts, als es schon schummrig wurde, hüllte sie sich in einen weiten Mantel und machte sich auf den Weg zur Hütte des alten Hühnerweibes.

«Schickt mir die Dirne morgen früh, bevor sie gefrühstückt hat», erwiderte die Alte, als sie erfuhr, was ihre Besucherin von ihr wollte. «Ich will schon ein Mittel finden, ihre Schönheit zu zerstören.» Und die böse Königin ging befriedigt wieder heim.

Am nächsten Morgen in der Frühe trat sie in das Zimmer der Prinzessin, die gerade beim Anziehen war, und gab ihr den Auftrag, noch vor dem Frühstück loszugehen und die Eier zu holen, welche die Hühnerfrau gesammelt hätte. «Und sieh zu», mahnte sie, «daß du vor dem Weggehen keinen Bissen issest, denn nichts malt die Wangen eines jungen Mädchens rosiger, als wenn es einen Fastengang in die frische Morgenluft hinaus unternimmt.»

Prinzessin Sammetbäckchen versprach, alles getreulich zu befolgen und die Eier zu holen, wie ihr geheißen war. Aber da sie nie gern aus der Tür ging, ohne einen Happen zu essen, und da sie außerdem befürchtete, ihre Stiefmutter könnte einen arglistigen Grund für den ungewöhnlichen Rat haben – denn sie traute den versteckten Absichten ihrer Stiefmutter nicht –, schlüpfte sie erst noch in die Speisekammer treppabwärts und versah sich mit einem großen Stück Kuchen.

Als sie es aufgegessen hatte, machte sie sich stracks auf den Weg zur Hütte der alten Hühnerfrau und fragte nach den Eiern.

«Hebt einmal den Deckel von jenem Topf dort auf, Eure Hoheit, und Ihr werdet die Eier darin sehen», sagte die alte Frau und wies auf einen breitbauchigen Topf in der Ecke, in dem sie sonst ihr Hühnerfleisch kochte.

Die Prinzessin tat es und fand einen Haufen Eier darin liegen,

die sie in ihren Korb tat, während die alte Frau sie mit seltsamem Lächeln beobachtete.
«Geh heim zu deiner Mutter, mein Honigkind», sagte sie schließlich, «und bestelle ihr von mir, sie solle die Schranktür besser verwahren.»
Die Prinzessin ging heim und richtete ihrer Stiefmutter die sonderbare Botschaft aus; sie war selbst neugierig, was das wohl bedeuten mochte.
Aber wenn sie die Worte der Hühnerfrau nicht verstand, die Königin verstand sie nur zu gut. Denn sie entnahm daraus, daß die Prinzessin auf irgendeine Weise dem Zauber der alten Hexe entgangen war.
So schickte sie am nächsten Morgen ihre Stieftochter noch einmal mit dem gleichen Auftrag fort, begleitete sie aber persönlich bis zum Schloßtor, so daß das arme Mädchen keine Gelegenheit mehr fand zu einem Besuch in der Speisekammer.
Aber als sie auf der Landstraße, die zur Hütte führte, dahinzog, spürte sie solchen Hunger, daß sie beim Vorübergehen ein paar Landleute, die am Wegrande Erbsen pflückten, um eine Handvoll Erbsen bat.
Sie gaben sie ihr, und sie aß die Erbsen. Und so kam es, daß schließlich dasselbe geschah wie gestern.
Die Hühnerfrau ließ sie nach den Eiern schauen; aber sie vermochte mit ihrem Zauber nichts auszurichten, weil sie ihr Fasten gebrochen hatte. So ließ die alte Frau sie wieder heimgehen und gab der Königin die gleiche Botschaft mit.
Als die Königin das vernahm, wurde sie sehr ärgerlich, denn sie fühlte, daß das Mädchen sie durch diese Unachtsamkeiten überlistete. Sie beschloß also, obwohl sie kein Freund vom Frühaufstehen war, Sammetbäckchen am nächsten Morgen persönlich zu begleiten, um sich zu vergewissern, daß sie unterwegs nichts zu essen bekam.
So lief sie am nächsten Morgen mit der Prinzessin zur Hütte

des Hühnerweibes, und wie schon zweimal zuvor schickte die Alte die Königstochter zu dem Topf in der Ecke, damit sie den Deckel abnähme und die Eier herausholte.
Aber als das die Prinzessin befolgte, sprang ihr das liebliche Haupt vom Halse, und ein grober Schafskopf setzte sich an dessen Stelle.
Dann dankte die böse Königin der grausamen alten Hexe für den Dienst, den sie ihr geleistet hatte, und ging nach Haus, hoch erfreut über das glückliche Gelingen ihres Anschlages.
Indes hob die arme Prinzessin ihr eigen Haupt vom Boden auf und legte es mit den Eiern zusammen in den Korb und ging weinend heim.
Sie verbarg sich unterwegs überall hinter Hecken, so sehr schämte sie sich über ihren Schafskopf, und war ängstlich darum besorgt, daß sie niemand sah.
Nun erzählte ich schon, wie sehr Katharina, die Stiefschwester, die Prinzessin liebte, und als sie sah, was für eine grausame Tat gegen sie verübt worden war, war sie so erregt, daß sie erklärte, sie würde keine Stunde mehr in dem Schlosse bleiben. Sie sagte: «Wenn meine Mutter eine solche Tat vollführen lassen kann, was sollte sie daran hindern, eine andere folgen zu lassen. Daher dünkt es mich, es ist besser für uns beide, dahin zu gehen, wo sie uns nicht erreichen kann.»
Sie wickelte ihrer armen Stiefschwester ein schönes Tuch um den Kopf, daß niemand mehr erkennen konnte, wie sie aussah, legte den rechten Kopf in den Korb, nahm sie bei der Hand, und sie machten sich auf, ihr Glück zu versuchen.
Sie wanderten und wanderten, bis sie einen strahlenden Palast erreichten, und als sie herangekommen waren, wollte Katharina gleich beherzt hinaufgehen und an das Tor pochen.
«Vielleicht finde ich hier eine Arbeit», erklärte sie, «und verdiene Geld genug, um uns beide zu ernähren.»
Am liebsten hätte die arme Prinzessin sie zurückgehalten. «Sie

werden nichts von dir wissen wollen», flüsterte sie, «wenn sie sehen, du hast eine Schwester mit einem Schafskopf.»
«Und wer sollte das erfahren, daß du einen Schafskopf hast?» fragte Katharina. «Nur mußt du deinen Mund halten und dir das Tuch dicht um den Kopf wickeln, das übrige kannst du mir überlassen!»
So stieg sie hinauf und pochte an die Küchentür, und als die Hausmeisterin kam, um nachzusehen, fragte sie, ob sie nicht irgendeine Arbeit für sie hätte. «Denn ich habe», so sagte sie, «eine kranke Schwester, die so arg von Kopfschmerzen geplagt wird, und ich würde gern ein ruhiges Unterkommen für sie finden, wo sie zur Nacht bleiben könnte.»
«Verstehst du etwas von Krankheiten?» fragte die Hausmeisterin, die recht betroffen war über Katharinas sanfte Stimme und edle Art.
«Gewiß», erwiderte Katharina, «denn wenn man eine Schwester hat, die von Kopfschmerzen geplagt wird, dann lernt man leise auftreten und jeden Lärm vermeiden.»
Nun wollte es der Zufall, daß des Königs ältester Sohn, der Kronprinz, im Palast an einer seltsamen Krankheit darniederlag, die sein Gehirn in Mitleidenschaft gezogen zu haben schien. Denn er war so aufgeregt, besonders des Nachts, daß immer jemand bei ihm Wache halten mußte, damit er sich kein Leid antat. Und dieser Zustand hatte nun schon so lange angehalten, daß jedermann ganz erschöpft war.
Da dachte die alte Hausmeisterin, es wäre eine gute Gelegenheit, wieder zu ruhigem Nachtschlaf zu kommen, wenn man diese Fremde mit der Wache beim Prinzen betrauen könnte.
Sie ließ sie also an der Tür stehen und ging zum König, um sich Rat zu holen. Und der König kam heraus und sprach mit Katharina. Auch er freute sich recht über die Stimme und ihr Auftreten und gab deshalb die Anweisung, es sollte für sie und ihre kranke Schwester im Schlosse ein abgelegenes Zimmer

hergerichtet werden. Dazu versprach er ihr für den nächsten Morgen als Belohnung einen Beutel voll Silbertaler, wenn sie in der Nacht beim Prinzen Wache halten und ihn vor allem Harm schützen wollte.
Katharina willigte gern in den Handel. Denn, dachte sie, wenigstens ist's ein Unterkommen zur Nacht für die Prinzessin; und einen Beutel voll Silbergeld bekommt man auch nicht alle Tage. So ging die Prinzessin schlafen in dem schmucken Zimmer, das für sie hergerichtet war, und Katharina bereitete sich zur Nachtwache bei dem kranken Prinzen vor.
Er war ein hübscher, stattlicher Jüngling, der in einer Art Fieber zu liegen schien. Denn sein Geist war nicht ganz klar, und er warf und wälzte sich von einer Seite auf die andere. Dabei starrte er ängstlich vor sich hin und streckte die Hände aus, als ob er etwas greifen wollte.
Und um zwölf Uhr mitternachts, gerade als Katharina glaubte, er würde nun in erfrischenden Schlaf fallen, erhob er sich zu ihrem größten Schrecken aus dem Bett, kleidete sich eilends an, öffente die Tür und schlüpfte die Treppe hinunter, als ob er nach jemandem Ausschau halten wollte.
«Das muß etwas Seltsames sein», sagte sich das Mädchen. «Mir scheint, ich tue gut daran, ihm zu folgen, um zu sehen, was geschieht.»
So stahl sie sich aus dem Zimmer, und heimlich folgte sie dem Prinzen unbehellligt treppabwärts. Wie groß war aber ihr Erstaunen, als sie entdeckte, daß er augenscheinlich einen weiteren Weg vorhatte. Denn er griff zu Hut und Reitstock, schloß die Tür auf, wandte sich über den Hof zum Stalle und begann, sein Pferd zu satteln.
Als er damit fertig war, führte er es heraus, stieg auf, pfiff leise nach einem Hunde, der in der Ecke schlief, und machte sich auf, davonzureiten.
«Ich muß auch mitgehen und das Weitere beobachten», sagte

Katharina mutigen Herzens, «denn es scheint mir, er ist verhext. Ein Kranker vermag das nicht.»
Als das Pferd gerade lostraben wollte, schwang sie sich leicht auf seinen Rücken und richtete sich ganz behaglich bei dem Reiter ein, der sie gar nicht bemerkt hatte.
Dann ritt dieses seltsame Paar fort, und unterwegs pflückte Katharina die Haselnüsse, die in dichten Stauden ihr Gesicht streiften. Denn, sagte sie sich, weiß der Himmel, wo ich wieder etwas zu essen bekomme.
Weiter und weiter ritten sie, bis sie den grünen Wald hinter sich ließen und an ein offenes Moorgelände kamen. Alsbald erreichten sie einen Hügel, und dort zog der Prinz die Zügel an, sprang herab und rief in einem seltsamen, unheimlichen Flüsterton: «Grüner Hügel, tu dich auf, tu dich auf und laß uns ein, den Prinzen, Pferd und Hund.»
«Und», flüsterte Katharina schnell hinterher, «laß auch seine Frau hinter ihm ein.» Zu ihrer größten Verwunderung schien sich der Gipfel des Erdhügels im Nu aufzukippen, und es blieb für die kleine Gesellschaft eine genügend große Öffnung zum Eintreten. Dann schloß er sich wieder allmählich hinter ihnen.
Sie befanden sich in einer prächtigen weiten Halle, und Hunderte von strahlenden Kerzen steckten in Leuchtern an den Wänden. In der Mitte des Gemaches stand eine Gruppe der schönsten Mädchen, die Katharina jemals in ihrem Leben gesehen hatte. Alle waren in schimmernde Festgewänder gekleidet und trugen Kränze von Rosen und Veilchen im Haar. Auch waren da muntere Herren, die mit diesen schönen Mädchen zum Takt einer feenhaften Musik getanzt hatten.
Als die Mädchen den Prinzen sahen, rannten sie ihm entgegen und führten ihn mitten in ihre Lustbarkeiten. Und zwischen ihnen schien sogleich seine Schwermut zu schwinden, er wurde der Heiterste in der ganzen Schar und lachte und tanzte und sang, als ob er nie gewußt hätte, was Krankheit heißt.

Da sich niemand um Katharina kümmerte, setzte sie sich ruhig auf einen Felsvorsprung und wartete, was geschehen würde. Und als sie so wartete, gewahrte sie ein ganz kleines Kindchen, das dicht vor ihren Füßen mit einer zierlichen Rute spielte.

Es war ein herziges kleines Kind, und gerade dachte sie daran, sich mit ihm anzufreunden, da kam eins von den schönen Mädchen vorüber, und als es die Rute sah, sagte es bedeutsam zu seinem Gefährten: «Drei Streiche mit jener Rute geben jedem ein hübsches Gesicht.»

Das war aber eine Kunde! Katharina atmete schwer und hastig, mit zitternden Fingern holte sie ein paar Nüsse aus ihrer Tasche und rollte sie wie unabsichtlich dem Kinde zu. Das schien nicht oft Nüsse zu bekommen; denn sofort ließ es seine Rute los und streckte die zierlichen Händchen nach den Nüssen aus.

Eben das hatte sie erwartet. Katharina ließ sich von ihrem Sitz auf den Boden herabgleiten und rückte ein wenig näher heran. Dann warf sie wieder ein oder zwei Nüsse ihm in den Weg, und als das Kind sie aufsammelte, brachte sie es fertig, ihm die Rute unbemerkt zu entwenden und unter ihrer Schürze zu verbergen. Danach kroch sie vorsichtig wieder zu ihrem Platz zurück. Und das war auch nicht einen Augenblick zu früh, denn gerade krähte ein Hahn, und bei dem Geschrei verschwanden sämtliche Tänzer – alle außer dem Prinzen, der schleunigst zu seinem Pferde eilte und es so rasch mit dem Aufbruch hatte, daß Katharina sich alle Mühe geben mußte, hinter ihm aufzusitzen, bevor sich der Hügel auseinandertat, und schleunig ritt er wieder in die Welt draußen hinein. Doch es gelang ihr noch, und während sie im grauen Morgenlicht heimwärts ritten, knackte sie ihre Nüsse und aß sie gierig auf; denn ihre Abenteuer hatten sie erstaunlich hungrig gemacht.

Als sie mit ihrem seltsamen Prinzen wieder das Schloß erreicht hatte, wartete sie nur noch, bis er zu Bett ging und sich wieder zu wälzen und werfen begann wie vorher; dann aber stürzte sie zu ihrer Stiefschwester ins Zimmer und fand sie im tiefsten Schlafe. Ihr armer mißgestalteter Kopf ruhte friedlich auf dem Kissen. Sie versetzte ihm nun drei kleine scharfe Schläge mit der Feenrute, und seht und schaut: der Schafskopf war verschwunden, und dafür hatte die Prinzessin ihr eigenes schönes Antlitz wieder.

Am Morgen kamen der König und die alte Hausmeisterin, um nachzuforschen, wie der Prinz die Nacht verbracht hätte. Katharina berichtete, er hätte eine treffliche Nacht gehabt. Denn sie war ängstlich darauf bedacht, noch länger bei ihm zu bleiben. Hatte sie nun herausgefunden, daß die Elfenmädchen in dem grünen Hügel einen Zauber über ihn verhängt hatten, so war sie auch entschlossen, herauszufinden, wie der Zauber zu brechen war.

Und das Glück war ihr günstig: der König war erfreut darüber, daß er eine so treffliche Wärterin für den Prinzen gefunden hatte, und er war auch von den holden Blicken ihrer Stiefschwester gebannt, die so blank und hehr wie in alten Tagen aus ihrer Kammer trat und erklärte, ihr Kopfschmerz sei nun ganz gewichen und auch sie täte jetzt gern jede Arbeit, die ihr die Hausmeisterin aufgeben würde, so daß er Katharina inständig bat, noch ein wenig länger bei seinem Sohn zu verweilen. Er fügte hinzu, wenn sie dazu willens wäre, würde er ihr einen Beutel voll goldener Dukaten schenken.

Gern war Katharina bereit. Und in der Nacht wachte sie wieder beim Prinzen wie zuvor. Und um zwölf Uhr stand er auf, kleidete sich an und ritt zu dem Feenhügel, gerade so, wie sie es erwartet hatte; denn sie war sich dessen nun ganz gewiß, daß der Jüngling verzaubert war und nicht am Fieber litt, wie alle anderen dachten. Und seid gewiß, sie begleitete ihn wieder, ritt unbemerkt hinter ihm mit und pflückte sich Nüsse unterwegs. Als sie den Feenhügel erreichten, sprach er die gleichen Worte wie die Nacht zuvor: «Grüner Hügel, tu dich auf, tu dich auf, und laß uns ein, den Prinzen, Pferd und Hund!» Und als sich der grüne Hügel öffnete, fügte Katharina leise hinzu: «Laß auch seine Frau hinter ihm ein.» So kamen sie alle zusammen hinein.

Katharina setzte sich auf einen Stein und schaute sich um. Dieselben Lustbarkeiten wie in der Vornacht huben an, und der Prinz war bald im tollsten Getriebe, er tanzte und lachte wild. Das Mädchen beobachtete ihn scharf, voller Erwartung, ob sie herausbekommen könnte, wie man ihn wieder zu gesunden Sinnen bringen könnte. Und wie sie ihn so beobachtete, kam wieder das Kindchen, das mit der Zauberrute gespielt hatte, zu ihr. Nur spielte es diesmal mit einem Vögelchen.

Und als es damit spielte, kam eine der Tänzerinnen vorüber, wandte sich zu ihrem Gefährten und sagte leichthin: «Drei Bissen von jenem Vögelchen würden dem Prinzen die Krankheit nehmen und ihn so munter machen, wie er jemals war.» Dann kehrte sie wieder in das Getriebe der Tanzenden zurück. Katharina aber saß hoch aufgerichtet auf dem Steine und bebte vor Erregung.

Wenn sie nur des Vogels habhaft werden konnte, dann war der Prinz geheilt! Ganz vorsichtig schüttete sie wieder einige Nüsse aus ihrer Tasche und rollte sie über den Boden dem Kinde zu. Das hob sie eifrig auf und ließ dabei den Vogel fahren; blitzschnell hatte ihn Katharina gefaßt und verbarg ihn unter ihrer Schürze.

Nicht lange danach krähte der Hahn, und sie und der Prinz machten sich auf den Heimritt. Aber an diesem Morgen knackte sie keine Nüsse, sondern tötete und rupfte den Vogel, dessen Federn sie über die Straße verstreute. Und sowie sie das Zimmer des Prinzen erreicht hatte und ihn wohlbehalten im Bett wußte, steckte sie den Vogel über dem Feuer auf einen

Spieß und briet ihn. Und alsbald begann er zu brutzeln und braun zu werden und köstlich zu duften, so daß der Prinz in seinem Bett in der Ecke die Augen aufschlug und ihr zuraunte: «Wie sehr wünsche ich ein Stückchen von jenem Vogel zu bekommen!»

Als Katharina diese Worte hörte, hüpfte ihr Herz vor Freude, und sobald der Vogel gebraten war, schnitt sie ein Stückchen aus seiner Brust und steckte es dem Prinzen in den Mund. Als er es gegessen hatte, schien ein wenig von seiner alten Kraft zurückzukehren, er stützte sich auf den Ellbogen und sah seine Pflegerin an. «Oh, hätt ich doch noch ein Stück von dem Vogel!» sagte er. Und seine Stimme klang schon kräftiger.

Da gab ihm Katharina ein zweites Stück, und als er es gegessen hatte, saß er aufrecht in seinem Bett.

«Oh, hätte ich doch noch ein drittes Stück von dem Vogel!» rief er. Und schon kehrte seine Gesichtsfarbe zurück, und seine Augen fingen an zu leuchten.

Diesmal brachte ihm Katharina alles übrige von dem Vogel. Gierig aß er es auf und löste mit den Fingern auch den letzten Fetzen Fleisch von den Knochen. Als er fertig war, sprang er aus dem Bette, kleidete sich an und setzte sich ans Feuer.

Und als morgens der König und hinter ihm die alte Hausmeisterin kamen, um zu sehen, wie es mit dem Prinzen stünde, fanden sie ihn, wie er zusammen mit seiner Pflegerin Nüsse knackte, denn Katharina hatte in ihrer Schürzentasche eine ganze Menge mitgebracht.

Der König war so voll Freude über die Heilung seines Sohnes, daß er der Katharina Nußknackerin, wie er sie nannte, die höchsten Ehren angedeihen ließ und sofort Befehl gab, daß der Prinz sie heiraten sollte.

«Denn», so schloß er, «ein Mädchen, das so gut zu pflegen versteht, wird auch eine gute Königin sein.»

Der Prinz war auch willens, nach dem Befehl seines Vaters zu

tun. Und während sie miteinander plauderten, kam sein jüngerer Bruder herein; er führte Prinzessin Sammetbäckchen bei der Hand, deren Bekanntschaft er erst gestern gemacht hatte, und erklärte, er wäre so verliebt in sie, daß er sie sofort heiraten wolle.
So ging alles aufs beste aus, und jedermann war voll Freude. Die beiden Hochzeiten fanden sogleich statt, und wenn die beiden Paare noch nicht gestorben sind, so leben sie heute noch.

Das Fischermädchen und der Krebs

(Indisch)

Ein alter Kuruk und seine Frau hatten keine Kinder. Der alte Mann säte Reis auf seinem Feld, und als nach einigen Tagen der Reis gesprossen war, nahm er seine Frau mit zum Feld, damit sie es ansähe.
Am Rand des Felds wuchs ein Kürbis, und den nahmen sie zum Essen mit nach Hause. Doch als der alte Mann ihn aufschneiden wollte, sagte der Kürbis: «Schneide mich vorsichtig, ganz vorsichtig, Großvater!» Der alte Mann erschrak so, daß er den Kürbis fallen ließ. Er lief zu seiner Frau und sagte: «Das ist ein sprechender Kürbis.»
«Unsinn», sagte die alte Frau und griff selbst zum Messer. Aber der Kürbis sagte: «Schneide mich vorsichtig, ganz vorsichtig, alte Mutter!»
So schnitt die alte Frau den Kürbis sehr behutsam auf, und aus dem Innern kam ein Krebs. Sie holten einen neuen Topf und steckten den Krebs hinein. Die Frau band sich einen Korb vor den Bauch und bedeckte ihn mit Stoff. Dann ging sie auf den

Basar und erzählte den Nachbarn: «Schaut her, auf meine alten Jahre hat Mahapurub mir einen Sohn geschenkt.»
Nach einiger Zeit legte sie den Korb ab und nahm den Krebs aus dem Topf und erzählte allen: «Schaut her, ich habe diesen Krebs geboren.»
Als der Krebs erwachsen war, gingen sie ihm eine Frau suchen. Sie fanden ein nettes Mädchen für ihn, aber als es ins Haus kam, wurde es wütend, daß man es mit einem solchen Geschöpf verheiratet hatte. Jede Nacht wartete es auf ihn, aber was kann ein Krebs schon tun? Da dachte das Mädchen: «Ich muß einen andern Mann finden.» Jedesmal, wenn der Krebs zu dem Mädchen sprach, trat es nach ihm.
Eines Tages wollte das Mädchen einen Mann in einem andern Dorf besuchen gehen. Sie wartete, bis ihre Schwiegereltern und der Krebs eingeschlafen waren, und schlich dann aus dem Haus. Aber der Krebs sah sie fortgehen und schlüpfte durch einen andern Ausgang aus dem Haus und ging neben der Straße vor ihr her. Am Straßenrand stand ein Banyan-Baum; zu dem sagte der Krebs: «Bist du mein Baum, oder wessen Baum bist du?» Der Baum sagte: «Ich bin dein Baum.» Da sagte der Krebs: «Fall um.» Der Baum fiel um. Nun wohnte in diesem Baum eine Jünglingsgestalt. Die nahm der Krebs an und steckte seine Krebsgestalt dafür in den Baum. Er ging die Straße ein Stückchen weiter und befahl dann dem Baum, sich wieder aufzurichten.
Nach einer Weile kam das Mädchen vorbei. Als es den schönen Jungen in der Nähe des Baums sitzen sah, war es sehr erfreut und sagte: «Wohin gehst du?»
Er sagte: «Nirgendwohin, ich gehe nach Haus.»
Sie sagte: «Komm, schlaf mit mir.»
Er sagte: «Nein, ich habe Angst. Dein Mann wird mich schlagen. Aber ich komme ein anderes Mal.»
Enttäuscht ging das Mädchen weiter. Es traf ein Chamar-

Mädchen und zwei hübsche Mahara-Mädchen. Sie suchten auch nach Männern. Das Kuruk-Mädchen erzählte ihnen ihre Geschichte, und sie nahmen es zu einem Tanzfest mit und versprachen ihm einen feinen Verehrer. Als sie dort hinkamen, war der Krebs-Jüngling bereits da. Als sie ihn sahen, sehnte sich jedes Mädchen danach, ihn zum Geliebten zu haben. Er ging zu dem Kuruk-Mädchen, und es zog ihn beiseite. Aber er unternahm nichts. Sie schenkte ihm ihren Schmuck, und er ging davon.

Als er den Baum erreichte, bat er ihn umzufallen, nahm seine Krebsgestalt wieder an und gab dem Baum die Jünglingsgestalt zurück. «Richte dich wieder auf», befahl er dem Baum und ging nach Hause. Nach einer Weile kam auch das Mädchen nach Hause. Der Krebs fragte sie, wo sie gewesen sei, aber sie war schlechter Laune und stieß ihn aus dem Bett. Da gab der Krebs ihr ihren Schmuck zurück. Das Mädchen erschrak und behauptete, das seien nicht ihre Sachen.

Am nächsten Tag gab das Mädchen wieder allen zu essen und wartete, bis sie sich schlafen gelegt hatten. Diesmal versteckte

es sich am Straßenrand, um zu beobachten, was der Krebs tun würde. Der Krebs kam zum Banyan-Baum und fragte: «Bist du mein Baum, oder wessen Baum bist du?» Der Baum sagte: «Ich bin dein Baum.» Da sagte der Krebs: «Wenn du mein Baum bist, dann fall um.» Der Baum fiel um, und der Krebs nahm die Gestalt des schönen Jünglings an und hieß den Baum sich wieder aufrichten.

Das Mädchen nahm alles wahr, was geschah. Als der Junge sich auf seinen Weg begeben hatte, ging sie zu dem Baum und fragte: «Bist du mein Baum, oder wessen Baum bist du?»

Der Baum sagte: «Ich bin dein Baum.»

Sie sagte: «Wenn du mein Baum bist, dann fall um.»

Der Baum fiel um, und das Mädchen zog die Krebsgestalt heraus und tötete sie und warf sie in ein Feuer. Dann verbarg sie sich hinter dem Baum und wartete.

Der Jüngling ging zum Tanz, konnte aber sein Mädchen nicht finden, also kehrte er zum Baum zurück. Das Mädchen sprang hinter dem Baum hervor und fing ihn ein und nahm ihn mit nach Hause. Danach lebten sie glücklich zusammen.

(Aus dem Englischen von Gerhard Döhler)

II

Schlaue Frauen, findige Mädchen, gewitzte Lösungen

Maol a Chliobain

(Schottisch)

Es war einmal eine Witwe, die drei Töchter hatte; und die sagten zu ihr, sie wollten fortgehen, ihr Glück suchen. Sie buk drei Gerstenkuchen. Sie sagte zu der größten Tochter: «Was möchtest du lieber, die kleinere Hälfte und meinen Segen oder die größere Hälfte und meinen Fluch?»
«Ich möchte lieber die größere Hälfte und deinen Fluch», sagte die größte Tochter.
Sie fragte die mittlere: «Was möchtest du lieber, die größere Hälfte und meinen Fluch oder die kleinere Hälfte und meinen Segen?»
«Ich möchte lieber die größere Hälfte und deinen Fluch», sagte die mittlere.
Die Frau fragte die kleinste: «Was möchtest du lieber, die größere Hälfte und meinen Fluch oder die kleinere Hälfte und meinen Segen?»
«Ich möchte lieber die kleinere Hälfte und deinen Segen.» Das gefiel der Mutter, und sie gab ihr die beiden andern Kuchen obendrein. Sie gingen davon, aber die beiden ältesten wollten die jüngste Tochter nicht bei sich haben und banden sie an einen Felsbrocken. Sie zogen weiter; doch der Segen der Mutter befreite die Jüngste. Und als die beiden andern zurückblickten, wen anders sahen sie da als die Jüngste mit dem Felsen auf dem Rücken. Sie ließen sie eine Weile in Ruhe, dann banden sie die Jüngste an einem Stapel von Torfstücken fest und zogen weiter. Doch der Segen der Mutter kam herbei und befreite die Jüngste, und die beiden andern blickten zurück, und wen sahen sie da nachkommen? Die Jüngste mit dem Torfstapel auf dem Rücken. Sie ließen sie eine Weile in Ruhe, bis sie zu einem Baum kamen, und sie banden die Jüngste an den Baum.

Sie zogen weiter, aber der Segen der Mutter kam und befreite die Jüngste, und als sie zurückblickten, wen sahen sie da anders als die jüngste Schwester mit dem Baum auf dem Rücken! Sie sahen ein, daß es nichts nützte zu versuchen, sie loszuwerden; sie befreiten sie und ließen sie mitkommen. Sie wanderten weiter, bis die Nacht sie überraschte.

Weit vor sich sahen sie ein Licht; und obwohl es so weit entfernt war, dauerte es nicht lange, und sie hatten es erreicht. Sie gingen hinein. Und wo waren sie da anders als im Haus eines Riesen! Sie baten um Erlaubnis, über Nacht bleiben zu dürfen. Die bekamen sie, und sie wurden zu den drei Töchtern des Riesen ins Bett gelegt.

Der Riese kam heim und sagte: «Hier riecht es nach fremden Mädchen.» Die Riesentöchter trugen Schnüre mit Bernsteinklumpen um die Hälse, und die Töchter der Witwe trugen Schnüre aus Pferdehaar. Alle schliefen, nur Maol a Chliobain schlief nicht. Während der Nacht wurde der Riese plötzlich durstig. Er rief seinen kahlen lederhäutigen Diener, er solle ihm Wasser bringen. Der lederhäutige Diener sagte, es sei kein Tropfen im Haus. «Schlachte eines der fremden Mädchen», sagte der Riese, «und bring mir sein Blut.»

«Woran erkenne ich sie?» fragte der kahle lederhäutige Diener. «Meine Töchter haben Schnüre mit Bernsteinklumpen um den Hals, die andern tragen Schnüre aus Pferdehaar.»

Maol a Chliobain hörte, was der Riese sagte, und so schnell sie konnte, legte sie die Schnüre aus Pferdehaar, die sie und ihre Schwestern trugen, den Töchtern des Riesen um die Hälse und deren Bernsteinketten sich und ihren Schwestern um den Hals; und sie legte sich ganz still hin. Der böse lederhäutige Diener kam herein und tötete eine der Töchter des Riesen und brachte ihm ihr Blut. Der Riese verlangte nach MEHR; der Diener tötete die nächse. Die Riese verlangte nach MEHR; und der Diener tötete die dritte.

Maol a Chliobain weckte ihre Schwestern und setzte sie sich auf den Rücken und ging davon. Sie nahm ein goldenes Tuch mit, das auf dem Bett gelegen hatte, denn das lockte sie.
Der Riese entdeckte sie und folgte ihr. Die Funken, die sie mit ihren Fersen an den Steinen schlug, die flogen dem Riesen ans Kinn; und die Funken, die der Riese mit seinen Fußspitzen an den Steinen schlug, die trafen Maol a Chliobain am Hinterkopf.
Auf diese Weise bewegten sie sich voran, bis sie zu einem Fluß kamen. Sie riß sich ein Haar vom Kopf und machte eine Brücke daraus, und sie rannte über den Fluß, und der Riese konnte ihr nicht folgen. Maol a Chliobain überwand den Fluß, aber der Riese konnte den Fluß nicht überwinden.
«Du bist da drüben, Maol a Chliobain.»
«Das bin ich, auch wenn es hart für dich ist.»
«Du hast meine drei kahlen braunen Töchter getötet.»
«Das hab ich, auch wenn es hart für dich ist.»
«Und wann kommst du wieder?»
«Ich komme, wenn meine Geschäfte mich herführen.»
Sie gingen weiter, bis sie das Haus eines Bauern erreichten. Der Bauer hatte drei Söhne. Sie erzählten ihm, was ihnen geschehen war. Da sagte der Bauer zu Maol a Chliobain: «Hol mir den feinen Kamm aus Gold und den groben Kamm aus Silber, die dem Riesen gehören, und ich gebe meinen ältesten Sohn deiner ältesten Schwester zum Mann.»
«Mehr wird es dich nicht kosten», sagte Maol a Chliobain.
Sie ging fort; sie erreichte das Haus des Riesen; sie kam unbemerkt herein; sie nahm die Kämme mit, und fort war sie. Der Riese sah sie und war hinter ihr her, bis sie zum Fluß kam. Sie sprang über den Fluß, aber über den Fluß springen konnte der Riese nicht. «Du bist da drüben, Maol a Chliobain.»
«Das bin ich, auch wenn es hart für dich ist.»
«Du hast meine drei kahlen braunen Töchter getötet.»

«Das hab ich, auch wenn es hart für dich ist.»
«Du hast meinen feinen Kamm aus Gold und meinen groben Kamm aus Silber gestohlen.»
«Ich hab sie gestohlen, auch wenn es hart für dich ist.»
«Wann kommst du wieder?»
«Ich komme, wenn meine Geschäfte mich herführen.»
Sie gab die Kämme dem Bauern, und ihre älteste Schwester und der älteste Sohn des Bauern heirateten. «Hol mir das Lichtschwert des Riesen, und ich gebe deiner mittleren Schwester meinen mittleren Sohn zum Mann.»
«Mehr wird es dich nicht kosten», sagte Maol a Chliobain. Sie ging fort; sie erreichte das Haus des Riesen; sie stieg auf einen hohen Baum, der neben dem Brunnen des Riesen stand. In der Nacht kam der kahle, lederhäutige Diener mit dem Lichtschwert Wasser holen. Als er sich vorbeugte, um den Eimer heraufzuziehen, kletterte Maol a Chliobain hinunter, stieß ihn in den Brunnen, so daß er ertrank, und nahm das Lichtschwert an sich.
Der Riese verfolgte sie, bis sie zum Fluß kam; sie sprang über den Fluß, und der Riese konnte ihr nicht folgen. «Du bist da drüben, Maol a Chliobain.»
«Das bin ich, auch wenn es hart für dich ist.»
«Du hast meine drei kahlen braunen Töchter getötet.»
«Das hab ich, auch wenn es hart für dich ist.»
«Du hast meinen kahlen, lederhäutigen Diener getötet.»
«Das hab ich, auch wenn es hart für dich ist.»
«Du hast meinen feinen Kamm aus Gold und meinen groben Kamm aus Silber gestohlen.»
«Ich hab sie gestohlen, auch wenn es hart für dich ist.»
«Du hast mein Lichtschwert gestohlen.»
«Ich hab's gestohlen, auch wenn es hart für dich ist.»
«Wann kommst du wieder?»
«Ich komme, wenn meine Geschäfte mich herführen.»

Sie kam mit dem Lichtschwert im Haus des Bauern an; und ihre mittlere Schwester und der mittlere Sohn des Bauern heirateten. «Hol mir den Ziegenbock, der dem Riesen gehört, und ich gebe dir meinen jüngsten Sohn zum Mann», sagte der Bauer.
«Mehr wird es dich nicht kosten», sagte Maol a Chliobain. Sie ging fort; sie erreichte das Haus des Riesen; und als sie den Ziegenbock gestohlen hatte, fing sie der Riese. «Was würdest du mit mir machen», fragte der Riese, «wenn ich dir soviel Schaden zugefügt hätte wie du mir?»
«Ich würde dich mit Milchbrei füttern, bis du platzt! Dann würde ich dich in einen Sack stecken. Ich würde dich an den Dachbalken hängen; ich würde Feuer unter dir machen und würde mit Keulen auf dich einprügeln, bis du als Vogelscheuche aus trockenen Stöcken zu Boden fielst.»
Der Riese machte Milchbrei und gab ihn ihr zu schlürfen. Sie setzte den Milchbrei an den Mund und ließ sich rückwärts fallen, als wäre sie tot. Der Riese steckte sie in einen Sack und hängte sie an den Dachbalken; dann ging er mit seinen Männern fort, im Wald Holz holen. Die Mutter des Riesen war im Haus. Als der Riese fort war, fing Maol a Chliobain zu singen an: «Ich bin von Licht umgeben! Ich bin in der Stadt aus Gold!»
«Läßt du mich rein?» fragte die Mutter des Riesen.
«Ich laß dich nicht rein», antwortete Maol a Chliobain. Da holte die Mutter des Riesen schließlich den Sack herunter. Maol a Chliobain stieg heraus, steckte die Mutter des Riesen, die Katze, das Kalb und die Sahneschüssel in den Sack, nahm den Ziegenbock mit und ging davon. Als der Riese mit seinen Männern zurückkam, fingen sie alle an, mit ihren Keulen auf den Sack einzuschlagen. Die Mutter des Riesen rief: «Ich bin's, die hier drinsteckt!»
«Ich weiß, daß du da drinsteckst», sagte der Riese und prügel-

te weiter. Der Sack fiel runter, als wäre eine Vogelscheuche aus trockenen Stöcken drin, aber wer war drin? Die Mutter des Riesen. Als der Riese das entdeckte, rannte er Maol a Chliobain hinterher; er verfolgte sie, bis sie zum Fluß kam. Maol a Chliobain sprang über den Fluß, und der Riese konnte nicht rüberspringen. «Du bist da drüben, Maol a Chliobain.»
«Das bin ich, auch wenn es hart für dich ist.»
«Du hast meine drei kahlen braunen Töchter getötet.»
«Das hab ich, auch wenn es hart für dich ist.»
«Du hast meinen goldenen Kamm und meinen silbernen Kamm gestohlen.»
«Ich hab sie gestohlen, auch wenn es hart für dich ist.»
«Du hast mein Lichtschwert gestohlen.»
«Hab ich getan, auch wenn es hart für dich ist.»
«Du hast meine Mutter getötet.»
«Ich hab sie getötet, auch wenn es hart für dich ist.»
«Du hast meinen Ziegenbock gestohlen.»
«Ich hab ihn gestohlen, auch wenn es hart für dich ist.»
«Wann kommst du wieder?»
«Ich komme, wenn meine Geschäfte mich herführen.»
«Wenn du hier wärst und ich da drüben», fragte der Riese, «was würdest du machen, um mich zu verfolgen?»
«Ich würde mich auf den Bauch legen und würde trinken, bis der Fluß trocken ist.»
Der Riese legte sich auf den Bauch und trank, bis er platzte. Und Maol a Chliobain und der jüngste Sohn des Bauern heirateten.

(Aus dem Englischen von Gerhard Döhler)

Das kluge Mädchen

(Russisch)

Es lebten einmal zwei Brüder: der eine arm, der andere angesehen und reich; jeder von beiden hatte ein Pferd: der Arme eine Stute, der Angesehene und Reiche einen Wallach. Einmal hatten sie zur Nacht nebeneinander haltgemacht. Die Stute des Armen warf in der Nacht ein Füllen; das Füllen rollte unter den Wagen des Reichen. Der weckt am Morgen den Armen: «Steh auf, Bruder, mein Wagen hat in der Nacht ein Füllen geboren!»

Der Bruder steht auf und sagt: «Wie kann ein Wagen ein Füllen gebären! Das hat meine Stute geworfen!»

Der Reiche sagt: «Wenn deine Stute es geworfen hätte, wäre das Füllen bei ihr!» Sie stritten eine Weile und gingen dann zum Gericht; der Angesehene und Reiche besticht die Richter mit Geld, der Arme aber rechtfertigt sich mit Worten.

Die Sache kam bis vor den Zaren. Der ließ die beiden Brüder kommen und gab ihnen vier Rätsel auf: «Was ist am stärksten und schnellsten auf der Welt? Was ist am fettesten auf der Welt? Was am weichsten? Und was am lieblichsten?» Und er gab ihnen drei Tage Zeit: «Kommt am vierten Tag wieder und gebt Antwort!»

Der Reiche überlegte und überlegte, er erinnerte sich seiner Gevatterin und ging zu ihr, sie um Rat zu bitten. Sie setzte ihn an den Tisch, bewirtete ihn und fragte: «Warum so traurig, Gevatterchen?»

«Der Zar hat mir vier Rätsel aufgegeben und nur drei Tage Zeit gelassen.»

«Was ist es denn? Sag mir's!»

«Folgendes, Gevatterin: Das erste Rätsel – was ist am stärksten und schnellsten auf der Welt?»

«Was für ein Rätsel! Mein Mann hat eine braune Stute; nichts ist schneller als die: versetzt du ihr eins mit der Knute, holt sie einen Hasen ein.»

«Das zweite Rätsel: Was ist am fettesten?»

«Wir füttern das zweite Jahr einen verschnittenen Eber; der ist so fett geworden, daß er sich nicht mehr auf seine Beine stellen kann!»

«Das dritte Rätsel: Was ist am weichsten auf der Welt?»

«Das ist doch klar – ein Daunenbett, etwas Weicheres kann man sich nicht ausdenken!»

«Viertes Rätsel: Was ist am lieblichsten auf der Welt?»

«Am lieblichsten ist mein Enkel Iwanuschka!»

«Habe Dank, Gevatterin! Du hast mir gut geraten, ich werd's mein Lebtag nicht vergessen.»

Der arme Bruder aber vergoß bittere Tränen, ging nach Hause, da begegnet ihm seine siebenjährige Tochter (das war die ganze Familie, daß er die eine Tochter hatte). «Warum seufzt du so, Väterchen, und vergießt Tränen?»

«Wie soll ich nicht seufzen, wie soll ich nicht Tränen vergießen? Der Zar hat mir vier Rätsel aufgegeben, die ich im ganzen Leben nicht herausbekomme.»

«Sag mir, was sind es für Rätsel?»

«Folgende, Töchterchen: Was ist am stärksten und schnellsten auf der Welt, was am fettesten, was am weichsten und was am lieblichsten?»

«Geh, Väterchen, und sag dem Zaren: Am stärksten und schnellsten ist der Wind; am fettesten die Erde: Was auch immer wächst, was auch immer lebt – die Erde nährt's! Am weichsten ist die Hand: Worauf sich der Mensch auch legt, immer legt er seine Hand unter den Kopf; und etwas Lieblicheres als den Schlaf gibt es auf der ganzen Welt nicht!»

Beide Brüder kamen wieder zum Zaren: der reiche und der arme. Der Zar hörte sie an und fragte den Armen: «Bist du selber drauf gekommen, oder hat's dich jemand gelehrt?» Der

Arme antwortet: «Eure Kaiserliche Majestät! Ich habe eine siebenjährige Tochter, die hat's mich gelehrt.»
«Wenn deine Tochter so klug ist, so habe ich hier einen Seidenfaden für sie; sie soll mir bis morgen früh ein gemustertes Handtuch draus weben!» Der Bauer nahm den Seidenfaden und kommt traurig und bekümmert nach Hause: «Wir haben kein Glück!» sagt er zu seiner Tochter. «Der Zar hat befohlen, aus diesem Faden ein Handtuch zu weben.»
«Sei nicht traurig, Väterchen», antwortete die Siebenjährige, brach eine Rute aus dem Besen, gibt sie dem Vater und trägt ihm auf: «Geh zum Zaren und sage, er soll einen Meister finden, der aus dieser Rute einen Webstuhl machen kann: damit man weiß, worauf man das Handtuch weben soll!» Der Bauer meldete dies dem Zaren. Der Zar gibt ihm anderthalbhundert Eier: «Gib sie deiner Tochter», sagt er, «sie soll mir bis zum Morgen anderthalbhundert Küken ausbrüten!»
Der Bauer kehrte noch trauriger, noch bekümmerter nach Hause zurück: «Ach, Töchterchen! Einem Unglück weicht man aus, das andere sitzt einem schon auf dem Nacken!»
«Sei nicht traurig, Väterchen!» antwortete die Siebenjährige, buk die Eier und hob sie fürs Mittagessen und fürs Abendbrot auf, den Vater aber schickte sie zum Zaren: «Sage ihm, die Küken brauchen Eintagshirse zum Futter: Es muß an einem Tag das Feld gepflügt, die Hirse gesät, geschnitten und gedroschen werden; andere Hirse werden unsere Küken nicht einmal anpicken!» Der Zar hörte zu und sagt: «Wenn deine Tochter so klug ist, soll sie morgen früh selber bei mir erscheinen – nicht zu Fuß und nicht zu Pferd, nicht nackt und nicht angezogen, nicht mit einem Geschenk und doch nicht mit leeren Händen!»
Nun, denkt der Bauer, eine so schwere Aufgabe kann auch meine Tochter nicht lösen; jetzt sind wir ganz verloren!
«Sei nicht traurig, Väterchen!» sagte die siebenjährige Tochter

zu ihm. Geh zu den Jägern und kauf mir einen lebenden Hasen und eine lebende Wachtel.» Der Vater ging und kaufte ihr einen Hasen und eine Wachtel.
Am andern Morgen warf die Siebenjährige alle ihre Kleider ab, zog sich ein Netz über, nahm die Wachtel in die Hand, setzte sich rittlings auf den Hasen und ritt zum Schloß.

Der Zar erwartet sie am Tor. Sie verneigte sich vor dem Zaren: «Da hast du ein Geschenk, Zar!» Und sie hält ihm die Wachtel hin. Der Zar streckte schon die Hand aus: die Wachtel schlug mit den Flügeln – und war davongeflogen! «Schön», sagt der Zar, «wie ich's befohlen habe, so hast du's getan. Sage mir nun: Dein Vater ist doch arm, was habt ihr denn da zu essen?»
«Mein Vater tut auf dem Trocknen Fische fangen, er läßt die Reuse nicht ins Wasser hängen, ich trage die Fische im Rocksaum nach Haus, koche Fischsuppe draus!»
«Was redest du da, Närrin! Seit wann leben die Fische auf dem Trocknen? Fische schwimmen im Wasser!»
«Und bist du vielleicht klüger? Wo hat man das gesehen, daß ein Wagen ein Füllen geworfen hat? Nicht der Wagen, die Stute wirft!» Der Zar sprach das Füllen dem armen Bauern zu, seine Tochter aber nahm er zu sich; als die Siebenjährige erwachsen war, heiratete er sie, und sie wurde Zarin.

Aus dem Russischen von Günter Dalitz

Der Speckjunge

(Eskimo)

Es gab einmal ein Mädchen, dessen Freund in der See ertrank. Ihre Eltern konnten sie mit nichts trösten. Auch interessierte sie sich für keinen der andern jungen Männer, die um sie warben – sie wollte den haben, der ertrunken war, und keinen andern. Schließlich nahm sie ein großes Stück Walspeck und schnitzte daraus die Gestalt ihres ertrunkenen Freundes. Dann schnitzte sie sein Gesicht. Die Ähnlichkeit war sehr groß.

«Ach, wenn er nur echt wäre!» dachte sie.

Sie rieb die Speckfigur an ihrem Geschlecht, immer wieder, und plötzlich wurde die Figur lebendig. Ihr schöner Freund stand vor ihr. Wie entzückt sie war! Sie stellte ihn ihren Eltern vor mit den Worten:

«Wie ihr seht, ist er doch nicht ertrunken ...»

Der Vater des Mädchens gab seiner Tochter die Erlaubnis zu heiraten. Nun zog sie mit ihrem Speckjungen in eine kleine Hütte gleich außerhalb des Dorfs. Manchmal wurde es sehr warm in dieser Hütte. Dann begann der Speckjunge immer, ganz matt zu werden. Worauf er stets sagte: «Reib mich, meine Liebe.» Und dann rieb sie ihr Geschlecht an seinem ganzen Körper. Das belebte ihn wieder.

Eines Tages jagte der Speckjunge nach Seehunden, und die Sonne brannte grell auf ihn herunter. Während er in seinem Kajak heimpaddelte, fing er zu schwitzen an. Und vom Schwitzen wurde er kleiner. Bis er das Ufer erreichte, war er schon zur Hälfte dahingeschmolzen. Dann stieg er aus dem Kajak und fiel zu Boden, nur noch ein Haufen Walfett.

«Wie schade», sagten die Eltern des Mädchens. «Wo er doch so ein netter junger Mann war ...»

Das Mädchen begrub den Speck unter einem Steinhaufen. Dann begann sie zu trauern. Sie verstopfte sich das linke Na-

senloch. Sie nähte nicht. Sie aß weder die Eier von Seevögeln noch Walroßfleisch. Jeden Tag besuchte sie den Speck in seinem Grab und sprach zu ihm und ging dabei dreimal in Richtung der Sonne um das Grab herum.
Nach der Trauerzeit nahm sich das Mädchen wieder ein Stück Walspeck und begann erneut zu schnitzen. Wieder schnitzte sie daraus die Gestalt ihres ertrunkenen Freundes, und wieder rieb sie die fertige Figur an ihrem Geschlecht. Plötzlich stand ihr Freund neben ihr und sagte: «Reib mich noch mal, meine Liebe ...»

(Deutsch von Gerhard Döhler)

Das Mädchen, das sich im Baum aufhielt

(Westafrikanisch)

Das folgende hat eine Frau getan.
Sie lebte damals im Busch und zeigte sich nie jemandem. Bei ihr wohnte nur eine Tochter, die gern den ganzen Tag in der Astgabel eines Baums verbrachte und Körbe flocht.
Als die Mutter eines Tages auf der Jagd war, erschien ein

Mann. Er fand das Mädchen wie gewöhnlich beim Korbflechten vor. «Ach!» sagte er. «Es leben Menschen hier im Busch! Und dieses Mädchen da, welch eine Schönheit! Trotzdem lassen sie sie allein. Wenn der König sie heiraten würde, müßten nicht alle übrigen Königinnen fortgehen?»

Als er in die Stadt zurückkam, ging er geradewegs zum Haus des Königs und sagte: «Herr, ich habe eine Frau von solcher Schönheit entdeckt, daß alle Königinnen, die du hier hast, eiligst verschwinden werden.»

Am nächsten Morgen wurden Leute zusammengerufen und erhielten den Befehl, ihre Äxte zu schärfen. Dann brachen sie auf in den Busch. Als sie in Sichtweite der Stelle kamen, sahen sie, daß die Mutter erneut auf Jagd gegangen war. Bevor sie fortgegangen war, hatte sie für ihre Tochter Brei gekocht und ihr Fleisch hingehängt. Erst dann war sie aufgebrochen.

Die Leute sagten: «Laßt uns den Baum fällen, auf dem das Mädchen sitzt.»

Also setzten sie ihre Äxte an. Da begann das Mädchen dieses Lied zu singen:

«Mutter, komm wieder!
Mutter, hier fällt ein Mann unsern Schattenbaum!
Mutter, komm wieder!
Mutter, hier fällt ein Mann unsern Schattenbaum!
Ach! Hier fällt der Baum, in dem ich esse.
Nun fällt er!»

Da erschien die Mutter, wie vom Himmel gefallen:

«Soviele ihr auch seid, ich steche euch
Mit der großen Nadel.
Stich! Stich!»

Sofort fielen alle zu Boden. Nur einen verschonte die Frau, damit er zurückkehren und berichten konnte.
«Geh», sagte sie, «und berichte.» Er ging …
Als er in die Stadt kam, fragten die Leute: «Was ist geschehen?»
«Wo wir gewesen sind», sagte er, «da steht es sehr schlimm!»
Als er vor dem König stand, fragte der ebenso: «Was ist geschehen?»
«Herr», sagte er. «Wir sind vernichtet. Ich bin allein zurückgekehrt.»
«*Bakoo!* Ihr seid alle tot! Wenn das so ist, geh morgen zum Kraal und bring mehr Leute herbei. Laß sie morgen früh losgehen und mir die Frau bringen.»
Sie schliefen sich aus. Am nächsten Morgen schärften die Männer ihre Äxte und gingen zu der Stelle. Auch sie sahen, daß die Mutter fortgegangen, der Brei fertig, das Fleisch an den Baum gehängt war.
«Nehmt die Äxte.» Und sie gingen auf den Schattenbaum los. Doch das Lied hatte schon begonnen:

«Mutter, komm wieder!
Mutter, hier fällt ein Mann unsern Schattenbaum!
Mutter, komm wieder!
Mutter, hier fällt ein Mann unsern Schattenbaum!
Ach! Hier fällt der Baum, in dem ich esse.
Nun fällt er.»

Die Mutter landete mitten unter ihnen, ihrerseits singend:

«So viele ihr auch seid, ich steche euch
Mit der großen Nadel.
Stich! Stich!»

Sie waren tot. Die Frau und die Tochter sammelten die Äxte auf.
«Olo!» sagte der König, als er davon erfuhr. «Heute sollen alle, die schwanger sind, ihre Kinder gebären.»
So brachte eine Frau nach der andern ohne Umschweife ihr Kind zur Welt. Bald gab es eine ganze Reihe davon.
Dann zog die ganze Bande unter wirrem Geschrei hinaus.
Als das Mädchen das sah, sagte es: «Das ist jetzt kein Witz mehr. Da kommt ein rotes Heer an, und an jedem baumelt noch seine Nabelschnur.»
Sie fanden sie an ihrem gewohnten Platz in der Astgabelung des Baums.
«Geben wir ihnen ein bißchen Brei», dachte das Mädchen.
Sie klatschte ihnen einfach Brei an die Köpfe, aber die Kinder aßen ihn nicht. Das Letztgeborene kletterte den Schattenbaum hinauf, hob die Körbe hoch, an denen das Mädchen arbeitete, und sagte: «Jetzt bringt mir eine Axt.»
Ein weiteres Mal rief das Mädchen:

«Mutter, komm wieder!
Mutter, hier fällt ein Mann unsern Schattenbaum!
Mutter, komm wieder!
Mutter, hier fällt ein Mann unsern Schattenbaum!
Ach! Hier fällt der Baum, in dem ich esse.
Nun fällt er.»

Aber da zerrte der Trupp schon das Mädchen davon. Sie hatten sie mit ihren Nabelschnüren gefesselt, ja, mit ihren Nabelschnüren. Die Mutter fuhr fort mit ihrem Zaubergesang:

«So viele ihr auch seid, ich steche euch
Mit der großen Nadel.
Stich! Stich!»

Vergeblich! Der Trupp war bereits in den Feldern, und der *ngururu* hallte bis zu Gottes Wohnsitz hinauf, und bald waren die Kinder in der Stadt.

Als sie dort ankamen, sagte die Mutter: «Da ihr meine Tochter verschleppt habt, muß ich euch etwas sagen. Sie soll weder im Mörser Mehl stoßen noch nachts Wasser holen gehen. Wenn ihr sie schickt, eins von diesen Dingen zu tun, werde ich euch zu finden wissen, das sage ich euch!»

Dann ging die Mutter zurück zu ihrem Haus im Busch.

Am folgenden Tag sagte der König: «Laßt uns auf die Jagd gehen.» Und zu seiner Mutter sagte er: «Meine Frau soll nicht im Mörser Mehl stoßen. Sie kann nichts anderes, als Körbe flechten.»

Während der Ehemann auf der weiten Ebene unterwegs war, sagten die anderen Ehefrauen und auch die Schwiegermutter: «Warum kann sie nicht auch im Mörser mahlen?»

Als von dem Mädchen verlangt wurde, im Mörser Mehl zu mahlen, sagte sie: «Nein.»

Ein Korb voll Mohrenhirse wurde ihr gebracht.

Die Schwiegermutter persönlich nahm das Mehl aus dem Mörser, und dann brachten die andern Frauen eine nach der andern Hirse und schütteten sie hinein.

Also stieß das Mädchen Mehl und sang dabei:

«Stoßen! Zu Hause stoß ich nicht,
Hier stoß ich zur Feier meiner Hochzeit.
Yepu! Yepu!
Wenn ich stoße, geh ich zu Gott.»

Sie sank allmählich in den Boden, sang aber weiter:

«Stoßen! Zu Hause stoß ich nicht,
Hier stoß ich zur Feier meiner Hochzeit.
Yepu! Yepu!
Wenn ich stoße, geh ich zu Gott.»

Sie steckte nun bis zu den Hüften im Boden, dann bis zur Brust.

«Stoßen! Zu Hause stoß ich nicht,
Hier stoß ich zur Feier meiner Hochzeit.
Yepu! Yepu!
Wenn ich stoße, geh ich zu Gott.»

Bald war sie bis zum Hals im Boden versunken. Nun fing der Mörser von selbst an, Getreide zu stampfen, auf den Boden zu stampfen.
Schließlich verschwand das Mädchen ganz.
Als nichts mehr von ihm zu sehen war, stampfte der Mörser noch immer auf dem Boden herum.
Da sagten die Frauen: «Was sollen wir jetzt tun?»
Sie gingen einen Kranich rufen und sagten: «Geh, überbring ihrer Mutter die Nachricht. Aber laß uns erst hören, was du ihr sagen wirst.»
Der Kranich sagte: «*Wawani! Wawani!*»

Sie sagten: «Das bedeutet nichts, geh wieder fort. Laßt uns nach der Krähe schicken.»
Die Krähe wurde gerufen. «Nun, was wirst du sagen?»
Die Krähe sagte: *«Kwa! Kwa! Kwa!»*
«Die Krähe versteht keinen Besuch abzustatten. Geh du, Wachtel. Wie wirst du's sagen?»
Die Wachtel sagte: *«Kwalulu! Kwalulu!»*
«Die Wachtel kann es auch nicht. Laßt uns die Tauben rufen.»
Sie sagten: «Laßt uns hören, Tauben, was werdet ihr der Mutter des Mädchens zurufen?»
Und dann hörten sie:

> «Kuku! Ku!
> *Sie-die-Ernährerin-der-Sonne ist dahingegangen,*
> *Sie-die-Ernährerin-der-Sonne.*
> *Du, die du gräbst,*
> *Sie-die-Ernährerin-der-Sonne ist dahingegangen,*
> *Sie-die-Ernährerin-der-Sonne.»*

Die Frauen sagten: «Geht, ihr wißt, wie man es macht.»
Als die Mutter die Tauben hörte, machte sie sich auf. Sie ging auf die Stadt zu. Sie hatte auf einer Tonscherbe Medizin bei sich, auch Tierschwänze, mit denen sie in die Luft schlug.
Unterwegs begegnete sie einem Zebra:

> *«Zebra, was tust du?*
> – Nsenkenene.
> *Die Frau meines Vaters ist tot.*
> – Nsenkenene.
> *O Mutter! Du sollst sterben.*
> – Nsenkenene.»

Das Zebra starb. Die Frau ging weiter, ging weiter, ging weiter und traf dann auf grabende Leute:

«Ihr, die ihr grabt, was tut ihr?
– Nsenkenene.
Die Frau meines Vaters ist tot.
– Nsenkenene.
O Mutter! Ihr sollt sterben.
– Nsenkenene.»

Sie starben ebenfalls. Die Frau ging weiter und weiter, dann stieß sie auf einen Mann, der auf eine Tierhaut schlug:

«Du, der du schlägst, was tust du?
– Nsenkenene.
Die Frau meines Vaters ist tot.
– Nsenkenene.
O Mutter! Du sollst sterben.
– Nsenkenene.»

Als sie die Stadt erreichte:

«Laßt mich zusammentreiben
Die Herde meiner Mutter.
Mwinsa, erhebt euch.
Laßt mich zusammentreiben die Herde.
Laßt mich zusammentreiben
Die Herde meiner Mutter.
Mwinsa, erhebt euch.
Laßt mich zusammentreiben die Herde.»

Dann hörte sie den Mörser noch über dem Mädchen stampfen.

So streute sie eine Medizin, dann eine andere.
Da stieß das Kind von unter der Erde nach oben. Nach und nach kam der Kopf heraus. Dann der Hals, und wieder war das Lied zu hören:

«Stoßen! Zu Hause stoß ich nicht,
Hier stoß ich zur Feier meiner Hochzeit.
Yepu! Yepu!
Wenn ich stoße, gehe ich zu Gott.»

Jetzt war das Kind ganz zu sehen. Schließlich trat das Mädchen aus dem Loch.
Ich habe geendet.

(Aus dem Englischen von Gerhard Döhler)

Die Prinzessin im Lederanzug

(Ägyptisch)

Weder hier noch anderswo lebte ein König, der eine Frau hatte, die er von ganzem Herzen liebte, und eine Tochter, die seine Augen zum Strahlen brachte. Die Prinzessin war kaum zur jungen Frau herangewachsen, als die Königin krank wurde und starb. Ein ganzes Jahr lang hielt der König gebeugten Haupts neben ihrer Gruft Wache. Dann rief er die Heiratsvermittlerinnen herbei, ältere, lebenserfahrene Frauen, und sagte: «Ich wünsche mich wieder zu verheiraten. Hier ist das Fußkettchen meiner armen Königin. Findet mir ein Mädchen, arm oder reich, aus einfachem oder vornehmem Haus, um dessen Fußgelenk dieses Kettchen paßt. Denn als die Königin im Sterben lag, habe ich ihr versprochen, dieses Mädchen zu heiraten und sonst keines.»

Die Heiratsvermittlerinnen reisten im ganzen Königreich umher und suchten nach der neuen Braut für den Herrscher. Doch so eifrig sie auch suchten, sie fanden kein einziges Mädchen, um dessen Fußgelenk das Schmuckstück paßte; die Königin war eine unvergleichliche Frau gewesen. Schließlich sagte eine alte Frau: «Wir haben jedes Haus im Land aufgesucht, in dem ein junges Mädchen lebt, außer dem Haus der Königstochter. Laßt uns zum Palast gehen.»

Als sie der Prinzessin das Kettchen über den Fuß streiften, paßte es ihr wie maßgefertigt. Da liefen die Frauen in aller Eile aus dem Serail zum König und sagten: «Wir haben jedes Mädchen in deinem Reich besucht, aber keines war imstande, seinen Fuß in das Kettchen der ehemaligen Königin zu zwängen. Das heißt, kein Mädchen außer der Prinzessin, deiner eigenen Tochter. Sie schlüpft so mühelos hinein, als gehöre es ihr.» Da ergriff eine faltenreiche alte Dame das Wort: «Warum nicht die Prinzessin heiraten? Warum sie einem Fremden überlassen und sie dir selbst vorenthalten?» Kaum hatte sie diese Worte gesprochen, da rief der König schon nach dem Kadi, damit er den Ehevertrag aufsetzte. Der Prinzessin gegenüber erwähnte er seinen Plan nicht.

Nun gab es ein lebhaftes Kommen und Gehen im Palast, denn die Juweliere, Schneider und Möbelhändler bewarben sich darum, die Braut auszustatten. Die Prinzessin freute sich darüber, daß sie verheiratet werden sollte, aber sie hatte nicht die mindeste Ahnung, wer ihr künftiger Mann war. Bis zur «Nacht des Eintritts», in welcher der Bräutigam die Braut zum erstenmal sieht, blieb sie unwissend, obwohl tuschelnde Dienerinnen sie umschwärmten, sie kämmten und ihr die Gewänder anpaßten und sie schönmachten. Schließlich sagte die Ministertochter, die gekommen war, um die Prinzessin in ihrer

ganzen Pracht zu bewundern: «Warum runzelst du die Stirn? Sind Frauen nicht dazu geschaffen, mit Männern die Ehe einzugehen? Und gibt es einen Mann von höherem Rang als den König?»
«Was soll dieses Gerede bedeuten?» rief die Prinzessin.
«Das sage ich dir nicht», erwiderte das Mädchen, «oder nur, wenn du mir deinen goldenen Armreif schenkst.» Die Prinzessin streifte das Armband ab, und das Mädchen erklärte ihr, wie es gekommen war, daß der Bräutigam niemand anders war als der eigene Vater der Prinzessin.
Die Prinzessin wurde weißer als das Tuch auf ihrem Kopf und zitterte wie jemand, der am Vierzig-Tage-Fieber erkrankt ist. Sie erhob sich und schickte alle fort, die bei ihr waren. Sie wußte, sie mußte fliehen. Sie lief auf die Terrasse, sprang über die Palastmauer und landete im Hof eines Gerbers, der darunter lag. Sie drückte dem Gerber ein paar Goldmünzen in die Hand und sagte: «Kannst du mir einen Lederanzug machen, der mich von Kopf bis Fuß verhüllt und nichts freiläßt außer meinen Augen? Ich brauche ihn bis zur Morgendämmerung.» Der arme Mann war außer sich vor Freude über die Münzen, die er verdienen konnte. Mit Frau und Kindern begab er sich an die Arbeit. Sie schnitten und nähten die ganze Nacht hindurch und hatten den Anzug fertig, bevor es hell genug war, einen weißen Faden von einem dunklen zu unterscheiden. Wartet ein wenig! Da kommt schon unsere Dame, die Prinzessin, und zieht den Lederanzug an – ein so seltsames Schauspiel, daß jeder, der sie betrachtet, denken würde, er sähe nichts anderes als einen Haufen Leder. In dieser Verkleidung verließ sie den Gerber, legte sich am Stadttor nieder und wartete auf den Anbruch des Tages.
Kehren wir nun zurück zu Seiner Majestät dem König. Als er das Brautgemach betrat und sah, daß die Prinzessin fort war, sandte er seine Armee zur Suche nach ihr hinaus in die Stadt;

von Zeit zu Zeit stolperte ein Soldat über die am Stadtrand liegende Prinzessin und fragte: «Hast du die Tochter des Königs gesehen?» Und jedesmal antwortete sie:

«Ich heiße Juleidah, bin gekleidet in Leder.
Meine Augen sind schwach, das sieht fast jeder.
Ich kann kaum hören, meine Ohren sind taub,
Ich achte auf keinen, lieg nur im Staub.»

Als es Tag war und das Stadttor entriegelt wurde, schlich sie hinaus, bis sie jenseits der Mauern war. Dann kehrte sie der Stadt ihres Vaters den Rücken und floh.

Einen Fuß hob sie, und einen Fuß senkte sie; sie ging und ging, und eines Tages bei Sonnenuntergang kam die Prinzessin in eine andere Stadt. Zu müde, um noch einen Schritt weiter zu tun, fiel sie zu Boden.

Nun befand sich ihr Ruheplatz aber im Schatten der Mauer, die den Harem des Sultanspalasts umgab. Ein Sklavenmädchen, das sich aus dem Fenster beugte, um Krumen von der königlichen Tafel hinauszuwerfen, bemerkte den Haufen Leder auf der Erde und dachte sich nichts dabei. Doch als sie mitten aus dem Leder zwei blanke Augen zu sich hinaufblikken sah, fuhr sie erschrocken zurück und sagte zu der Königin: «Meine Herrin, da kauert ein Ungeheuer unter unserem Fenster. Ich hab's gesehen, und es sieht aus wie mindestens ein Afreet!»

«Bring es herauf zu mir, damit ich mir ein Urteil bilden kann», sagte die Königin.

Bebend vor Angst ging das Sklavenmädchen hinunter und wußte nicht, was leichter zu ertragen wäre – das Ungeheuer draußen oder der Zorn der Herrin, wenn ihr Befehl nicht erfüllt wurde. Doch die Prinzessin im Lederanzug gab keinen Ton von sich, als das Sklavenmädchen an einem Lederzipfel

zupfte. Da faßte das Mädchen Mut und zog sie bis vor die Frau des Sultans.
Noch nie war ein so erstaunliches Geschöpf in jenem Land gesichtet worden. Die Königin hob vor Verwunderung beide Hände und fragte ihre Dienerin: «Was ist das?» Dann wandte sie sich dem Ungeheuer zu und fragte: «Wer bist du?» Der Haufen Leder antwortete:

«Ich heiße Juleidah,
bin gekleidet in Leder.
Meine Augen sind schwach,
das sieht fast jeder.
Ich kann kaum hören,
meine Ohren sind taub,
Ich achte auf keinen,
lieg nur im Staub.»

Wie die Königin über diese komische Antwort lachte! «Bring unserm Gast zu essen und zu trinken», sagte sie und hielt sich die Seiten. «Wir behalten sie hier, zu unserer Erheiterung.» Als Juleidah gegessen hatte, sagte die Königin: «Erzähl uns, was du kannst, damit wir dir im Palast Arbeit zuteilen können.»
«Ich bin bereit, alles zu versuchen, was du von mir verlangst», sagte Juleidah. Da rief die Königin: «Oberköchin! Nimm diese Seele mit gebrochenen Flügeln mit in deine Küche. Vielleicht belohnt Gott uns dafür mit seinem Segen.»
So war unsere vornehme Prinzessin nun zur Küchenhilfe geworden, hielt das Feuer in Gang und trug die Asche hinaus.

Und immer wenn es der Königin an Gesellschaft fehlte und sie sich langweilte, rief sie Juleidah herbei und lachte über ihr Geplapper.
Eines Tages ließ der Wesir mitteilen, der gesamte Harem des Sultans sei zu einer Abendgesellschaft in sein Haus eingeladen. Den ganzen Tag über herrschte Aufregung in den Frauengemächern. Als die Königin schon am Gehen war, blieb sie noch bei Juleidah stehen und sagte: «Möchtest du heute abend nicht mitkommen? Alle Dienerinnen und Sklavinnen sind eingeladen. Fürchtest du dich nicht davor, allein zu bleiben?» Doch Juleidah wiederholte nur ihren Vers:

«Ich kann kaum hören, meine Ohren sind taub,
Ich achte auf keinen, lieg nur im Staub.»

Eine der Dienerinnen rümpfte die Nase und sagte: «Wie sollte sie sich auch fürchten? Sie ist blind und taub und würde einen Afreet nicht mal bemerken, wenn er im Dunkeln auf sie draufspränge!» Also gingen sie.
In dem Frauen-Empfangssaal im Haus des Wesirs gab es ein Festessen und Musik, und alle waren sehr vergnügt. Plötzlich, als die Gespräche und Lustbarkeiten in vollem Gang waren, trat eine Frau ein, die alle mitten im Wort verstummen ließ – groß wie eine Zypresse, mit dem Gesicht einer Rose und den Seidengewändern und Juwelen einer Königsbraut, schien sie den Saal mit Licht zu erfüllen. Wer war sie? Juleidah, die ihren Lederanzug abgestreift hatte, sobald die Frauen des Sultans aus dem Haus waren. Sie war ihnen zur Residenz des Wesirs gefolgt, und nun begannen die Damen, die so heiter gewesen waren, miteinander zu streiten, denn jede wollte neben der neu Angekommenen sitzen.
Als es schon fast tagte, nahm Juleidah eine Handvoll goldener Ziermünzen aus der Falte ihrer Schärpe und streute sie auf den

Boden. Die Damen bückten sich hastig, um welche davon aufzulesen. Während sie so beschäftigt waren, verließ Juleidah den Saal. Schnell lief sie zurück in die Palastküche und zog ihren Lederanzug an. Bald darauf kehrten die andern heim. Als sie den Haufen Leder auf dem Küchenboden sah, stieß die Königin ihn mit ihrer Schuhspitze an und sagte: «Ich wünschte, du wärst mitgekommen und hättest die Dame gesehen, die bei der Gesellschaft war.» Aber Juleidah murmelte nur: «Meine Augen sind schwach ...» Und sie gingen alle schlafen. Als die Königin am nächsten Tag erwachte, stand die Sonne hoch am Himmel. Wie es seine Gewohnheit war, kam der Sohn des Sultans herein, um seiner Mutter die Hand zu küssen und ihr einen guten Morgen zu wünschen. Aber sie konnte von nichts anderem sprechen als von der Besucherin auf dem Fest des Wesirs. «Oh, mein Sohn», seufzte sie, «das war eine Frau mit einem solchen Gesicht und Hals und Körper, daß alle, die sie sahen, sagten: ‹Sie ist weder die Tochter eines Königs noch eines Sultans, sondern von jemand noch Mächtigerem!›» Und so ausführlich pries die Königin jene Frau, daß das Herz des Prinzen entbrannte. Schließlich fügte seine Mutter noch hinzu: «Ich wünschte, ich hätte mich nach dem Namen ihres Vaters erkundigt, um sie als Braut für dich gewinnen zu können.» Und der Sohn des Sultans entgegnete: «Wenn du heute abend zur Fortsetzung des Fests gehst, werde ich vor der Tür des Wesirs stehen und warten, bis sie geht. Und dann frage ich sie nach ihrem Vater und ihrem Rang.»

Bei Sonnenuntergang kleideten sich die Frauen erneut an. In ihren gefältelten Gewändern, die nach Orangenblüten und Weihrauch dufteten, und mit klirrenden Armreifen gingen sie an Juleidah vorbei, die auf dem Küchenboden lag, und fragten: «Kommst du heute abend mit uns?» Doch Juleidah kehrte ihnen nur den Rücken zu. Als sie dann sicher aus dem Haus waren, warf sie ihren Lederanzug ab und eilte ihnen nach.

Im Saal des Wesirs drängten sich die Gäste um Juleidah, wollten sie sehen und fragen, wo sie herkam. Aber sie antwortete auf keine ihrer Fragen, nicht einmal mit Ja oder Nein, obwohl sie bis zum Morgengrauen bei ihnen blieb. Dann warf sie eine Handvoll Perlen auf die Marmorfliesen, und während die Frauen einander schubsten, um welche davon zu erhaschen, schlüpfte sie so mühelos davon, wie sich ein Haar aus dem Teig ziehen läßt.

Und wer stand da an der Tür? Der Prinz natürlich. Auf diesen Moment hatte er gewartet. Er vertrat ihr den Weg, faßte sie am Arm und fragte sie, wer ihr Vater sei und aus welchem Land sie komme. Doch die Prinzessin mußte zurück in ihre Küche, sonst würde ihr Geheimnis entdeckt werden. Sie kämpfte sich frei, und bei dem kleinen Handgemenge zog sie dem Prinzen den Ring vom Finger. «Sag mir wenigstens, woher du kommst!» rief er ihr nach, als sie davonlief, «bei Allah, sag es mir!» Und sie erwiderte: «Ich lebe im Land der Löffel und Töpfe.» Dann floh sie in den Palast und verbarg sich in ihrem Lederanzug.

Da kamen auch schon die andern, plaudernd und lachend. Der Prinz erzählte seiner Mutter, was vorgefallen war, und kündigte an, er habe vor, eine Reise zu unternehmen. «Ich muß ins Land der Löffel und Töpfe», sagte er. «Hab Geduld, mein Sohn», sagte die Königin, «gib mir Zeit, deinen Proviant vorzubereiten.» Ungern erklärte der Prinz sich bereit, seine Abreise um zwei Tage zu verschieben. «Aber nicht eine Stunde länger!»

Nun wurde die Küche zum geschäftigsten Winkel des Palasts. Das Mahlen und Sieben, das Kneten und Backen begann, und Juleidah stand da und sah zu. «Weg mir dir», schrie die Köchin, «das ist keine Arbeit für dich!»

«Ich möchte dem Prinzen, unserm Herrn, dienen wie alle übrigen auch!» sagte Juleidah. Widerwillig gab die Köchin ihr ein

Stück Teig, das sie formen sollte. Juleidah begann, einen Kuchen zu formen, und als niemand hinschaute, drückte sie den Ring des Prinzen hinein. Und als die Speisen verpackt wurden, legte Juleidah ihren kleinen Kuchen ganz oben drauf.

Am dritten Morgen wurden in aller Frühe die Proviantrationen in die Satteltaschen gepackt, und der Prinz ritt mit seinen Dienern und Gefährten davon. Unermüdlich ritt er weiter, bis die Sonne heiß zu scheinen begann. Da sagte er: «Lassen wir die Pferde ausruhen und nützen wir die Zeit dazu, einen Bissen zu essen.» Ein Diener sah Juleidahs winziges Backwerk oben auf dem übrigen Proviant liegen und warf es beiseite. «Warum hast du das weggeworfen?» fragte der Prinz. «Das hat diese Juleidah geformt, ich hab sie es kneten sehen», sagte der Diener. «Es ist so mißgestaltet wie sie selbst.» Der Prinz verspürte Mitleid mit der seltsamen Schwachsinnigen und bat den Diener, ihm den Kuchen zu bringen. Als er ein Stück davon abbrach, da war – sieh einer an! – sein eigener Ring darin, der Ring, den er in der Nacht des Fests beim Wesir eingebüßt hatte. Nun begriff der Prinz, wo sich das Land der Löffel und Töpfe befand, und gab Befehl umzukehren.

Als der Sultan und seine Frau ihn begrüßt hatten, sagte der Prinz: «Mutter, laß Juleidah mir mein Essen bringen.»

«Sie kann kaum sehen und hören», sagte die Königin, «wie kann sie dir da dein Essen bringen?»

«Ich rühre nichts an, was nicht Juleidah mir bringt», sagte der Prinz. Also richtete die Köchin, als es Essenszeit wurde, die Speisen auf einem Tablett an und half Juleidah, es sich auf den Kopf zu stellen. So stieg sie die Treppe hinauf, doch bevor sie das Zimmer des Prinzen erreichte, kippten ihr die Schüsseln um und brachen auf dem Boden scheppernd entzwei. «Ich habe dir ja gleich gesagt, sie kann nicht sehen», sagte die Königin zu ihrem Sohn. «Und ich werde nur essen, was Juleidah bringt», sagte der Prinz.

Die Köchin richtete ein zweites Tablett her, und als sie das beladene Tablett auf Juleidahs Kopf ausbalanciert hatten, schickte sie zwei Sklavenmädchen mit, die sie je an einer Hand hielten und zur Tür des Prinzen führten. «Geht», sagte der Prinz zu den beiden Sklavinnen, «und du, Juleidah, komm herein.» Juleidah begann zu sagen:

«Ich heiße Juleidah, bin gekleidet in Leder.
Meine Augen sind schwach, das sieht fast jeder.
Ich kann kaum hören, meine Ohren sind taub,
Ich achte auf keinen, lieg nur im Staub.»

Aber der Prinz befahl ihr: «Komm her und fülle mir den Becher.» Als sie näher trat, zog er den Dolch, der ihm am Gürtel hing, und schlitzte ihren Lederanzug vom Kragen bis zum Saum auf. Er fiel in einem Haufen zu Boden – und da stand das Mädchen, das seine Mutter beschrieben hatte; eines, das zum Mond sagen konnte: «Geh ruhig unter, ich leuchte statt deiner.»

Der Prinz versteckte Juleidah in einem Winkel seines Zimmers und ließ die Königin zu sich bitten.

Unsere Herrin schrie auf, als sie den Haufen Leder auf dem Fußboden liegen sah. «Warum, mein Sohn, hast du dir ihren Tod aufs Gewissen geladen? Das arme Ding verdiente dein Mitleid, nicht Bestrafung!»

«Komm herein, Mutter», sagte der Prinz. «Komm herein und sieh dir unsere Juleidah an, bevor du um sie trauerst.» Und er führte seine Mutter in den Winkel, in dem unsere schöne Prinzessin ohne ihre Lederhülle saß und wie ein Lichtstrahl den Raum mit Glanz erfüllte. Die Königin warf sich auf das Mädchen und küßte sie auf die eine und auf die andere Wange und bat sie, sich zu dem Prinzen zu setzen und zu essen. Dann riefen sie den Kadi, der den Vertrag schrieb, der unsern Herrn,

den Prinzen, mit der schönen Prinzessin verband, und danach lebten sie in süßem Glück zusammen.
Nun kehren wir zurück zu dem König, der Juleidahs Vater war. Als er das Brautgemach betreten hatte, um den Schleier vom Gesicht der eigenen Tochter zu lüften, und entdeckt hatte, daß sie verschwunden war, als er die Stadt vergeblich nach ihr hatte absuchen lassen, da rief er seinen Minister und seine Diener herbei und legte Reisekleidung an. Von Land zu Land reiste er, betrat eine Stadt und verließ die nächste und führte in Ketten die alte Frau mit sich, die ihm vorgeschlagen hatte, die eigene Tochter zu heiraten. Endlich erreichte er die Stadt, in der Juleidah mit ihrem Mann, dem Prinzen, lebte.
Nun saß die Prinzessin gerade an ihrem Fenster, als sie durchs Stadttor kamen, und sie erkannte sie, sobald sie die Ankömmlinge erblickte.
Sogleich schickte die Prinzessin eine Nachricht zu ihrem Mann, in der sie ihn drängte, die Fremden einzuladen. Unser Herr ging ihnen entgegen, und nur mit großer Beharrlichkeit gelang es ihm, sie aufzuhalten, denn sie waren sehr darauf erpicht, ihre Suche fortzusetzen. Sie speisten in der Empfangshalle des Prinzen, dankten sodann ihrem Gastgeber und nahmen Abschied mit den Worten: «Das Sprichwort sagt: Iß dich satt, aber dann aufgestanden und weiter!» Doch der Prinz hielt sie zurück mit dem Sprichwort: «Wo du dein Brot brichst, da bereite dein Nachtlager!»
Am Ende zwang die Freundlichkeit des Prinzen die ermüdeten Fremden, die Nacht als Gäste in seinem Haus zu verbringen.
«Aber warum legst du besonderen Wert gerade auf diese Fremden?» fragte der Prinz Juleidah. «Leih mir dein Gewand und das Tuch auf deinem Kopf und laß mich zu ihnen gehen», sagte sie. «Du wirst meine Gründe bald erfahren.»
So verkleidet setzte sich Juleidah zu ihren Gästen. Als die Kaffeebecher gefüllt und geleert worden waren, sagte sie: «Laßt

uns zum Zeitvertreib Geschichten erzählen. Willst du den Anfang machen, oder soll ich?»
«Überlaß uns unseren Sorgen, mein Sohn», sagte ihr Vater, der König. «Wir sind nicht in der Stimmung zum Erzählen von Geschichten.»
«Dann werde ich euch unterhalten und ablenken», sagte Juleidah. «Es war einmal ein König», hob sie an und erzählte dann die Geschichte ihrer eigenen Abenteuer vom Anfang bis zum Ende. Immer wieder unterbrach die alte Frau sie und sagte: «Weißt du keine bessere Geschichte als diese, mein Sohn?» Aber Juleidah ließ sich nicht beirren, und als sie geendet hatte, sagte sie: «Ich bin deine Tochter, die Prinzessin, für die all diese Mühen begannen nur wegen der Worte der alten Sünderin und Tochter der Schande dort!»
Am Morgen warfen sie die alte Frau von einer hohen Klippe in den Wadi. Dann übergab der König sein halbes Reich seiner Tochter und dem Prinzen, und sie lebten glücklich und zufrieden, bis der Tod, der Partner der wahrhaft Liebenden, sie schied.

(Aus dem Englischen von Gerhard Döhler)

Der Hase

(Suaheli)

*E*ines Tages ging der Hase zum Haus des Jägers, der auf der Jagd war. Der Hase sagte zur Frau des Jägers: «Komm mit zu meinem Haus und lebe mit mir; wir essen jeden Tag Fleisch und Gemüse.» Die Frau ging mit ihm, aber als sie das Lager des Hasen sah und mit ihm Gras gegessen und unter freiem

Himmel geschlafen hatte, war sie nicht zufrieden. Sie sagte: «Ich möchte zurück.»

Der Hase sagte: «Du bist aus eigener Wahl hierhergekommen.»

Die Frau kannte den Weg durch den Busch nicht, darum sagte sie: «Komm mit mir, dann koche ich dir ein gutes Abendessen.» Der Hase begleitete sie zu ihrem Haus. Dann sagte sie: «Besorg mir Feuerholz.» Der Hase ging in den Wald und sammelte eine Ladung Feuerholz. Die Frau entzündete ein Feuer und setzte einen Topf darauf. Als das Wasser kochte, steckte sie den Hasen in den Topf. Als der Jäger nach Hause kam, sagte sie: «Ich habe einen Hasen zum Abendessen gefangen.» Der Jäger erfuhr nie, was geschehen war. *Frauen sind niemals zufrieden.*

(Aus dem Englischen von Gerhard Döhler)

Moosmantel

(Englische Zigeuner)

*E*s gab einmal eine arme alte Witwe, die in einer kleinen Hütte wohnte. Sie hatte zwei Töchter; die jüngere war etwa neunzehn oder zwanzig und sehr schön. Ihre Mutter arbeitete fleißig jeden Tag daran, ihr einen Mantel zu spinnen.

Ein Händler machte diesem Mädchen den Hof; regelmäßig kam er vorbei und brachte ihr dies und das mit. Er war verliebt in sie und wollte sie unbedingt heiraten. Aber sie liebte ihn nicht; es klappte eben nicht, und sie fragte sich, wie sie sich ihm gegenüber verhalten sollte.

Also fragte sie eines Tages ihre Mutter um Rat. «Laß ihn ruhig kommen», sagte ihre Mutter, «und knöpf ihm ab, was du nur kannst, bis ich den Mantel hier fertig habe; danach brauchst du den Händler nicht mehr und seine Geschenke erst recht nicht. Drum erklär ihm, du heiratest ihn nur, wenn er dir ein weißes Satinkleid mit handtellergroßen gestickten Goldblumen drauf besorgt; und sag ihm auch, es muß passen wie angegossen.»
Als der Händler das nächste Mal vorbeikam und sie bat, ihn zu heiraten, sagte das Mädchen ihm das, was die Mutter vorgeschlagen hatte. Da nahm der Händler genau Maß an ihr, und binnen einer Woche war er mit dem Kleid zurück. Es entsprach genau der Beschreibung, und als das Mädchen mit seiner Mutter nach oben ging und es anprobierte, paßte es wie angegossen. «Was soll ich jetzt machen, Mutter?» fragte sie.
«Sag ihm, du heiratest ihn nur, wenn er dir ein Seidenkleid in den Farben sämtlicher Vögel in der Luft beschafft; und es muß so genau passen wie dieses.»
Das sagte das Mädchen dem Händler, und nach zwei oder drei Tagen war er wieder in der Hütte mit dem farbigen Seidenkleid, und da er ja noch vom ersten Kleid her die Maße des Mädchens hatte, paßte es natürlich wie angegossen.
«Und was mache ich jetzt, Mutter?» fragte sie.
«Sag ihm», riet ihre Mutter, «du heiratest nur, wenn er dir ein paar silberne Schuhe besorgt, die dir genau passen.»
Das sagte das Mädchen zu dem Händler, und ein paar Tage später kam er wieder zu Besuch und hatte die Schuhe dabei. Das Mädchen hatte winzige Füßchen, aber die Schuhe paßten ihm wie angegossen; sie waren weder zu eng noch zu weit. Wieder fragte das Mädchen seine Mutter, was es jetzt tun solle. «Ich kann den Mantel heute nacht fertig haben», sagte die Mutter, «also kannst du dem Händler sagen, du heiratest ihn morgen, und er soll um zehn Uhr hiersein.»

Das sagte das Mädchen dem Händler. «Denk dran, mein Lieber», sagte sie, «morgen früh um zehn Uhr.»
«Ich komme bestimmt, Liebste», sagte er, «bei Gott, ich werde kommen.»
In jener Nacht arbeitete die Mutter noch lange an dem Mantel, aber er wurde fertig. Aus grünem Moos und Goldfäden war er gemacht, nur aus diesen beiden Dingen. «Moosmantel» nannte sie ihn und gab diesen Namen auch der jüngeren Tochter, für die sie ihn gemacht hatte. Es sei ein Zaubermantel, ein Wunschmantel, erklärte sie ihrer Tochter; wenn sie ihn anhabe, brauche sie sich nur zu wünschen, irgendwo zu sein, und im Nu wäre sie da, und genauso, wenn sie sich wünsche, etwas anderes zu sein, ein Schwan zum Beispiel oder eine Biene.
Am nächsten Morgen war die Mutter beim ersten Sonnenstrahl auf. Sie rief ihre jüngere Tochter und sagte zu ihr, sie müsse nun in die Welt hinausgehen und ihr Glück suchen, und das werde nicht zu knapp ausfallen. Die alte Mutter konnte nämlich in die Zukunft sehen und wußte, was kommen würde. Sie gab ihrer Tochter den Moosmantel und ein Goldkrönchen zum Mitnehmen und riet ihr, auch die beiden Kleider und die Silberschuhe einzupacken, die sie von dem Händler hatte. Aber sie solle in den Kleidern fortgehen, die sie alle Tage trug, in ihren Arbeitskleidern also. Nun ist Moosmantel also zum Aufbruch bereit. Da trägt ihr die Mutter auf, sie soll sich hundert Meilen fortwünschen und dann weiterwandern, bis sie zu einem großen Herrenhaus kommt, und da soll sie nach Arbeit fragen. «Weit mußt du nicht gehen», sagt sie – ich meine natürlich die Mutter. «Und bestimmt haben sie in dem großen Herrenhaus Arbeit für dich.»
Moosmantel tat alles so, wie ihre Mutter es ihr gesagt hatte, und bald darauf stand sie vor einem großen Herrenhaus. Sie klopfte an die Haustür und sagte, sie suche Arbeit. Na, um's

kurz zu machen, es war die Hausherrin selbst, die an die Tür gekommen war, und der Dame gefiel das Äußere von Moosmantel.

«Welche Arbeit kannst du denn machen?» fragte die Dame.

«Ich kann kochen, gnädige Frau», sagte Moosmantel. «Ich bin sogar auf dem besten Wege, eine sehr gute Köchin zu werden, nach allem, was die Leute sagen.»

«Als Köchin kann ich dich nicht einstellen», erklärte ihr die Dame, «denn ich habe schon eine; aber ich bin bereit, dich als Hilfsköchin aufzunehmen, wenn du damit zufrieden bist.»

«Danke schön, gnädige Frau», sagte Moosmantel, «darüber wäre ich sehr froh.»

Also wurde sie als Hilfsköchin eingestellt. Und danach zeigte die Dame ihr eine Kammer und führte sie in die Küche und stellte sie den übrigen Dienstboten vor.

«Das hier ist Moosmantel», sagte sie zu ihnen, «und ich habe sie als Hilfsköchin eingestellt.»

Ich muß kaum erwähnen, daß die andern Küchenmädchen vor Eifersucht ganz außer sich waren; und daß die Neue verflucht viel schöner war als jede von ihnen, machte die Sache auch nicht besser. Da wurde dieser hergelaufene Putzlumpen über sie gestellt, wo sie doch allenfalls zur Tellerwäscherin taugte! Wenn schon jemand Hilfsköchin werden sollte, dann doch wohl vernünftigerweise eine von ihnen, nicht diese auf der Straße aufgelesene Lumpenschlampe. Aber sie würden ihr schon klarmachen, welches ihr Platz war, und ob sie das klarstellen würden! So zerrissen sie sich das Maul, wie es Frauen unter sich eben tun, bis Moosmantel herunterkam und beginnen wollte zu arbeiten. Da fielen sie über sie her. Was zum Teufel sie sich denn einbilde, sich über die anderen zu erheben? Hilfsköchin wolle sie sein? Nein, keine Angst, das würden sie schon hinbiegen. Was sie tun müsse und wozu sie überhaupt nur tauge, das sei Töpfe scheuern, Messer putzen, den

Herd saubermachen und so was; andere Arbeit bekäme sie nicht. Und schon knallte ihr die Schöpfkelle an den Kopf – popp, popp, popp. «Das hast du verdient», sagen sie ihr, «und was anderes haben Sie nicht zu erwarten, meine Dame!»
Und dabei blieb es. Moosmantel bekam die schmutzigste Arbeit zugeschoben, und bald steckte sie bis zu den Ohren in Fett, und ihr Gesicht war schwarz von Ruß. Und von Zeit zu Zeit ließ dieses und jenes Küchenmädchen die Schöpfkelle auf ihren Kopf niedersausen, popp, popp, popp, bis dem armen Mädchen der Kopf so weh tat, daß es kaum noch auszuhalten war.So ging es immer weiter; noch immer scheuerte Moosmantel ihre Töpfe, Messer und Herdroste; und immer noch klopften die Dienstboten ihr mit der Schöpfkelle auf den Kopf, popp, popp, popp. Nun stand ein großer Ball bevor, der drei Tage lang dauern sollte, mit Jagdpartien und andern Lustbarkeiten tagsüber. Alle feinen Leute aus der ganzen Umgebung wurden erwartet, und natürlich der Hausherr und die Hausherrin und der junge Herr – sie hatten nur ein Kind. Die Dienstboten redeten von nichts anderm als diesem Ball. Die eine wünschte sich, sie könnte dran teilnehmen; eine andere hätte gern mit ein paar von den jungen Lords getanzt; eine dritte hätte gern die Kleider der Damen gesehen – und so plapperten sie alle, außer Moosmantel. Wenn sie bloß die Kleider hätten, wäre schon alles in Ordnung, dachten sie, denn sie hielten sich für mindestens so fein wie adlige Damen. «Und du, Moosmantel, du würdest doch auch gern hingehen, oder? Eine komische Figur würdest du auf dem Ball machen, schmutzig und zerlumpt wie du bist.» Und schon hatte sie wieder die Schöpfkelle auf dem Kopf, popp, popp, popp. Dann lachten sie über sie, was zeigt, von was für einer niedrigen Sorte diese Leute waren.Nun war Moosmantel aber, wie ich schon sagte, sehr hübsch, und selbst Lumpen und Dreck konnten das nicht verbergen, obwohl die andern Dienstboten

das vielleicht dachten. Der junge Herr hatte ein Auge auf sie geworfen, und der Herr des Hauses und seine Frau beachteten sie immer besonders, weil sie so gut aussah. Als der große Ball bevorstand, dachten sie, es wäre nett, sie auch dazu einzuladen; drum ließen sie Moosmantel kommen und fragten sie, ob sie Lust hätte teilzunehmen. «Nein, danke», sagte sie, «das käme mir nie in den Sinn, ich weiß, wo ich hingehöre», sagte sie zu ihnen. «Außerdem würde ich die ganze Kutsche beschmieren und die Kleider von jedem, an dem ich vorbeistreife.»
Das erklärten sie für unwichtig, der Hausherr und seine Frau, und drängten sie weiter. Es sei sehr freundlich von ihnen, sagte Moosmantel, aber sie ginge nicht auf den Ball. Und dabei blieb sie. Als sie in die Küche zurückkam, wollten die andern Dienstboten wissen, weswegen sie gerufen worden war – darauf könnt ihr euch verlassen. Ob ihr gekündigt worden wäre? Also erzählte sie ihnen, der Herr und die Herrin hätten sie gefragt, ob sie gern mit ihnen zum Ball gehen wolle. «Was? Du?» sagten sie. «Das ist unglaublich. Wenn eine von uns gefragt worden wäre, dann wäre das was anderes. Aber du! Na, sie hätten dich nie reingelassen, du hättest ja jedem Herrn die Kleider fettig gemacht, wenn einer überhaupt mit einem Spülmädchen tanzen würde; und die Damen wären gezwungen, sich die Nase zuzuhalten, wenn sie an dir vorbeikämen, ganz bestimmt.» Nein, sie könnten es nicht glauben, daß der Herr und die Herrin *sie* eingeladen hätten, mit auf den Ball zu kommen; sie müsse lügen, und popp, popp, popp sauste ihr wieder die Schöpfkelle auf den Kopf.
Am nächsten Abend bitten der Herr und die Herrin und der junge Herr sie, diesmal doch mit auf den Ball zu kommen. Es sei am Abend zuvor ein großer Erfolg gewesen, und sie hätte dabeisein sollen. An diesem Abend würde es noch prachtvoller werden, sagten sie und baten sie, doch mitzukommen – besonders der junge Herr. Aber nein, wegen ihrer Lumpen und

des ganzen Fetts und Drecks könne und wolle sie nicht; und nicht mal der junge Herr konnte sie überreden, obwohl er sich wirklich Mühe gab. Die andern Dienstboten glaubten ihr einfach nicht, als sie ihnen erzählte, daß sie wieder zum Ball eingeladen worden war und der junge Herr sie sehr gedrängt hatte.

«Hört euch das an!» sagten sie. «Was macht uns die Angeberin da als nächstes weis? Und alles verdammte Lügen.» Dann greift sich eine mit einem Maul wie ein Schweinetrog und Beinen wie ein Karrengaul die Schöpfkelle und haut sie, popp, popp, popp, Moosmantel auf den Kopf.

An diesem Abend beschloß Moosmantel, daß sie zum Ball gehen würde, und zwar in Glanz und Gloria, ganz allein und ohne daß jemand davon wußte. Als erstes versetzt sie alle übrigen Dienstboten in Dämmerschlaf; sie berührt einfach unbemerkt eine nach der andern, und sobald sie das getan hat, schlafen sie alle wie verzaubert ein und können von selber nicht wieder aufwachen; der Zauber läßt sich nur von einem aufheben, der die Fähigkeit dazu hat, die sie zum Beispiel durch ihren Moosmantel besitzt. Als nächstes wäscht sich Moosmantel richtig gründlich; das durfte sie bisher nie, seit sie im Herrenhaus lebte, weil die andern Dienstmädchen es darauf abgesehen hatten, sie so schmutzig zu machen und zu halten wie nur möglich. Dann geht sie in ihre Schlafkammer hinauf, wirft ihre Arbeitskleider und Arbeitsschuhe ab und zieht ihr weißes Satinkleid mit der goldenen Stickerei an, ihre silbernen Schuhe und ihr goldenes Krönchen. Natürlich hatte sie darunter den Moosmantel an. Als sie fertig war, brauchte sie sich darum bloß zu wünschen, sie sei auf dem Ball – und kaum hatte sie den Wunsch ausgesprochen, war sie schon da. Sie spürte nur, daß sie vom Boden abhob und durch die Luft flog, aber nur einen Augenblick lang. Dann war sie im Ballsaal.

Der junge Herr sieht sie da stehen, und kaum hat er sie erblickt, kann er sie nicht mehr aus den Augen lassen; er hatte noch nie jemanden so Schönes und so herrlich Gekleidetes gesehen. «Wer ist sie?» fragt er seine Mutter; aber sie weiß es nicht, sagt sie zu ihm.

«Kannst du's nicht rausfinden, Mutter?» sagt er. «Kannst du nicht hingehen und mit ihr sprechen?»

Seine Mutter sieht, daß er keine Ruhe geben wird, bevor sie es nicht getan hat, und geht zu der jungen Dame hin und stellt sich vor und fragt sie, wer sie ist, wo sie herkommt und dergleichen; aber sie kriegt nur aus ihr heraus, sie komme von einem Ort, wo man mit der Schöpfkelle auf den Kopf geschlagen würde. Gleich darauf geht auch der junge Herr zu ihr hin und stellt sich vor, aber sie sagt ihm nicht ihren Namen und auch sonst nichts; und als er sie zum Tanzen auffordert, sagt sie, nein, sie wolle lieber nicht tanzen. Aber er bleibt in ihrer Nähe und fordert sie immer wieder auf, und schließlich willigt sie ein. Sie tanzen einmal, den Saal hinauf, den Saal hinunter; dann sagt sie, sie muß gehen. Er drängt sie, noch zu bleiben, aber es ist die reine Kraftverschwendung; sie ist entschlossen zu gehen, auf der Stelle.

«Nun gut», sagt er – was konnte er sonst noch sagen? «Ich begleite Sie.» Aber sie wünschte sich bloß, sie wäre zu Hause, und da war sie auch schon. Da war niemand mehr, den der junge Herr hätte begleiten können, wahrhaftig nicht – im Handumdrehen war sie von seiner Seite verschwunden und ließ ihn mit vor Staunen weit offenem Mund zurück. Er denkt, vielleicht ist sie in der Eingangshalle oder auf der Terrasse und wartet auf ihre Kutsche, und er geht nachschauen, aber nirgendwo drinnen oder draußen ist eine Spur von ihr, und keiner, den er fragt, hat sie gehen sehen. Er kehrt in den Ballsaal zurück, kann aber an nichts und niemand anders denken als an sie und möchte die ganze Zeit nur nach Hause.

Als Moosmantel heimkommt, vergewissert sie sich, daß alle

übrigen Dienstboten noch schlafen. Dann geht sie hinauf und zieht ihre Arbeitskleidung an; und danach geht sie in die Küche hinunter und berührt nacheinander sämtliche Dienstboten. Das weckt sie auf, könnte man sagen; jedenfalls schrecken sie zusammen, fragen sich, wieviel Uhr es ist und wie lange sie geschlafen haben. Moosmantel sagt es ihnen und deutet an, daß sie vielleicht der Hausherrin davon erzählen muß. Sie bitten Moosmantel, sie nicht zu verraten, und die meisten haben den Einfall, ihr etwas zu geben, wenn sie nichts verrät; alte Sachen waren das, aber noch zu gebrauchen – ein Rock, ein Paar Strümpfe, ein Korsett und solche Sachen. Also verspricht Moosmantel, sie nicht zu verraten. Und an diesem Abend schlagen sie ihr nicht die Schöpfkelle auf den Kopf.

Den ganzen nächsten Tag über ist der junge Herr ruhelos. Er kann nur an die junge Dame denken, in die er sich am Abend zuvor auf den ersten Blick verliebt hat, und fragt sich immer nur, ob sie an diesem Abend wiederkommen wird und ob sie wieder so spurlos verschwinden wird; und er überlegt, wie er sie zurückhalten oder einholen kann, falls sie es zum zweitenmal tut. Er muß herausfinden, wo sie wohnt, denkt er, wie soll er sonst weiter um sie werben, wenn der Ball vorüber ist? Er würde sterben, erzählt er seiner Mutter, wenn er sie nicht zur Frau bekäme; so wahnsinnig verliebt ist er in sie. «Tja», sagt seine Mutter, «sie kam mir wie ein nettes, bescheidenes Mädchen vor, nur wollte sie nichts über sich erzählen, nur daß sie von einem Ort käme, wo sie mit der Schöpfkelle auf den Kopf geschlagen würde.»

«Ich weiß, sie ist ziemlich geheimnisvoll», sagt der junge Herr, «aber das bedeutet nicht, daß ich sie deswegen weniger begehre. Ich muß sie haben, Mutter, wer und was sie auch sein mag; das ist bei Gott die Wahrheit, Mutter – schlag mich auf den Kopf, wenn's nicht stimmt.»

Weibliche Dienstboten haben lange Ohren und große Mäuler,

und ihr könnt sicher sein, daß es nicht lange dauerte, bis in der Küche über den jungen Herrn und die unheimlich hübsche Dame geklatscht wurde, in die er sich verliebt hatte.
«Stell dir das vor, Moosmantel, wenn man bedenkt, daß er doch ausdrücklich dich auf dem Ball dabeihaben wollte», sagten sie, fielen mit allen möglichen gemeinen, sarkastischen Bemerkungen richtiggehend über sie her und schlugen sie, popp, popp, popp, mit der Schöpfkelle auf den Kopf, weil Moosmantel sie angeblich belogen hatte. So ging es auch später zu, nachdem der Herr und die Herrin sie hatten rufen lassen und sie noch einmal baten, mit ihnen zum Ball zu gehen, und sie zum drittenmal ablehnte. Das sei ihre letzte Chance, sagten sie – die Dienstboten, meine ich – und noch alle möglichen Gemeinheiten, die wiederzugeben nicht lohnt. Und popp, popp, popp tanzte die Schöpfkelle auf Moosmantels Kopf. Da versetzte sie die ganze Teufelsbrut wie am Abend zuvor in Trance und richtete sich für den Ball her, nur daß sie diesmal das andere Kleid anzog, das seidene in den Farben sämtlicher Vögel in der Luft.
Da steht sie nun im Ballsaal, unsere Moosmantel. Der junge Herr wartet auf sie und hält nach ihr Ausschau. Sobald er sie sieht, bittet er seinen Vater, das schnellste Pferd aus seinem Stall kommen zu lassen und es fertig gesattelt an der Tür bereitzustellen. Dann bittet er seine Mutter, zu der jungen Dame zu gehen und sich ein bißchen mit ihr zu unterhalten. Das tut sie, kann aber nicht mehr aus ihr herausholen als am Abend zuvor. Dann hört der junge Herr, daß sein Pferd an der Tür bereitsteht; also geht er zu der jungen Dame und bittet sie zum Tanz. Wie am Abend zuvor sagt sie erst «nein», aber schließlich «ja», und dann, als sie gerade einmal den Saal hinauf und hinunter getanzt haben, sie müsse gehen. Doch diesmal behält er sie im Auge, bis sie draußen sind. Dann wünscht sie sich nach Hause und ist schon dort, kaum daß sie den Wunsch

ausgesprochen hat. Der junge Herr spürte sie in die Luft aufsteigen, konnte aber nichts tun, um sie zurückzuhalten. Aber vielleicht hat er sie noch flüchtig am Fuß berührt, denn sie verlor einen Schuh; ich weiß zwar nicht sicher, ob es so war, aber es sieht so aus. Er hebt den Schuh auf, aber sie einholen? Da wäre es leichter, in einer Sturmnacht den Wind einzuholen. Sobald sie zu Hause ist, zieht Moosmantel wieder ihre alten Kleider an; dann befreit sie die anderen Dienstboten aus der Trance, in die sie sie versetzt hatte. Sie haben wieder geschlafen, denken sie, und die eine bietet ihr einen Schilling an, die andere eine halbe Krone, die dritte einen Wochenlohn, wenn sie der Herrin nichts verrät, und sie verspricht es.

Der junge Herr liegt am nächsten Tag im Bett, sterbenskrank vor Liebe zu der Dame, die am Abend zuvor einen ihrer silbernen Schuhe verloren hat. Die Ärzte können nicht das geringste für ihn tun, drum wird sein Zustand bekanntgemacht, und daß nur die Dame, der dieser Schuh paßt, sein Leben retten könne; und wenn sie sich zu erkennen gebe, würde er sie heiraten. Die Schuhe waren, wie ich schon erzählt habe, winzig, kaum länger als ein Zeigefinger.

Damen kamen von nah und fern, manche mit großen und manche mit kleinen Füßen, aber nie klein genug, als daß sie in den Schuh gepaßt hätten, sie konnten noch so drücken und quetschen. Ärmere Leute kamen auch, aber bei ihnen war es das gleiche. Und natürlich probierten sämtliche Dienstmädchen den Schuh an, aber bei denen war es völlig hoffnungslos.

Der junge Herr lag im Sterben. Gab es denn niemanden sonst, fragte seine Mutter, überhaupt niemanden, ob reich oder arm?

«Nein», sagten sie; jede hatte es versucht – außer Moosmantel.

«Sagt ihr, sie soll sofort kommen», sagte die Herrin.

Also holten sie Moosmantel.

«Probier den Schuh hier an», sagt sie – die Herrin, meine ich. Moosmantel schlüpft ganz mühelos in den Schuh; er paßt ihr

genau. Der junge Herr springt aus dem Bett und will sie in die Arme schließen.
«Halt», sagt sie und läuft davon; doch bald darauf ist sie wieder da – in ihrem weißen Satinkleid mit der Goldstickerei, ihrem Goldkrönchen und beiden silbernen Schuhen. Der junge Herr will sie gleich in die Arme schließen.
«Halt», sagt sie und läuft wieder davon. Diesmal kommt sie in dem Seidenkleid zurück, das die Farben sämtlicher Vögel der Luft enthält. Diesmal sagt sie nicht «halt», und, wie man sich früher ausgedrückt hat, er ißt sie fast auf.
Als sie sich später alle wieder beruhigt hatten und sich ohne Aufregung unterhielten, wollten der Herr und die Herrin und der junge Herr gern noch ein paar Dinge wissen. Wie war sie so rasch zum Ball und wieder zurückgekommen, fragten sie. «Nur durch Wünschen», sagte sie und erzählte ihnen das, was ich euch erzählt habe – von dem Zaubermantel, den ihre Mutter für sie gemacht hatte, und den Kräften, die er ihr verlieh, wenn es ihr wichtig war, sie zu gebrauchen. «Ja, das erklärt alles», sagen sie. Dann fällt ihnen wieder ein, daß sie gesagt hat, sie käme von einem Ort, wo sie mit der Schöpfkelle auf den Kopf geschlagen würde. Was sie damit gemeint habe, wollen sie wissen. Genau das, was sie gesagt habe, antwortet sie. Immer sei die Schöpfkelle auf sie niedergesaust, popp, popp, popp. Als sie das hörten, wurden sie sehr zornig und kündigten dem gesamten Küchenpersonal; die Hunde wurden ihnen hinterhergehetzt, damit sie das Ungeziefer rasch vertrieben.
Sobald sie konnten, heirateten Moosmantel und der junge Herr; sie konnte in einer sechsspännigen – ach was, in einer zehnspännigen Kutsche fahren, wenn sie wollte, denn ihr könnt euch drauf verlassen, daß es ihr an nichts fehlte, worauf sie Lust hatte. Sie lebten immer glücklich zusammen und bekamen einen Korb voll Kinder. Ich war dabei, als der älteste

Sohn mündig wurde, und habe die Fiedel gespielt. Aber das liegt schon viele Jahre zurück, und es würde mich nicht wundern, wenn der alte Herr und die Herrin jetzt tot wären, obwohl ich nie einen hab erzählen hören, sie seien gestorben.

(Aus dem Englischen von Gerhard Döhler)

Wassilissa die Popentochter

(Russisch)

In einem Reich, in einem Land lebte der Pope Wassilij, der hatte eine Tochter, die hieß Wassilissa Wassiljewna. Sie trug Männerkleider, liebte das Reiten, traf mit dem Gewehr jedes Ziel und tat überhaupt alles nicht auf Mädchenart, so daß nur wenige wußten, daß sie ein Mädchen war. Die meisten dachten, sie sei ein Mann und nannten sie Wassilij Wassiljewitsch; vor allem darum, weil Wassilissa Wassiljewna sehr gerne ein Gläschen Wodka trank, und das steht den Mädchen nicht an.
Eines Tages ritt der Zar Barchat (so hieß der Zar jenes Landes) auf die Jagd und begegnete unterwegs Wassilissa Wassiljewna. Sie trug Männerkleidung und ritt ebenfalls auf die Jagd. Als Zar Barchat sie erblickte, fragte er seine Diener: «Wer ist dieser junge Mann?»
Ein Diener antwortete: «Majestät, das ist kein junger Mann, sondern ein junges Mädchen. Ich weiß gewiß, daß es die

Tochter des Popen Wassilij ist und Wassilissa Wassiljewn heißt.»

Sobald Zar Barchat in seinen Palast zurückgekehrt war, schrieb er dem Popen Wassilij einen Brief, er möge seinen Sohn Wassilij Wassiljewitsch zu ihm in den Palast schicken. Und dann begab er sich zu der Großmutter Jaginischna, um sich Rat zu holen, wie er erfahren könne, ob Wassiljewitsch wirklich ein Mädchen sei.

Die Großmutter Jaginischna sagte: «Du mußt in deinem Palast zur rechten Hand einen Stickrahmen aufhängen und zur linken Hand Gewehre; ist sie wirklich Wassilissa Wassiljewna, so wird sie, sobald sie das Gemach betritt, zuerst nach dem Stickrahmen greifen, ist sie aber Wassilij Wassiljewitsch, so greift er nach einem Gewehr.»

Zar Barchat folgte dem Rat der Großmutter Jaginischna und hieß seine Diener in dem Gemach einen Stickrahmen und Gewehre aufhängen.

Als der Pope Wassilij den Brief des Zaren in Händen hielt, zeigte er ihn seiner Tochter; darauf begab sich Wassilissa Wassiljewna in den Pferdestall, sattelte ihren Schimmel und ritt schnurstracks zu dem Palast des Zaren. Zar Barchat empfing sie an der Tür. Sie betete vor den Ikonen, wie es sich geziemt, schlug das Kreuz, wie es die Schrift lehrt, verneigte sich nach allen vier Himmelsrichtungen, grüßte Zar Barchat auf das freundlichste und folgte ihm in die Gemächer. Sie setzten sich an die Tafel, sie tranken manchen Becher und ließen es sich gut schmecken. Nach dem Mahl führte Zar Barchat Wassilissa Wassiljewna durch den Palast. Als sie den Stickrahmen sah, verspottete sie den Zar Barchat: «Was hast du hier für Plunder, Zar Barchat! Bei meinem Vater kommt solcher Weiberkram nicht ins Haus, und bei dem Zaren Barchat hängt der Weiberkram auf dem besten Platz!» Darauf verabschiedete sie sich von dem Zaren Barchat auf das artigste und ritt von dannen. Der Zar Barchat wußte nicht, ob sie wirklich ein Mädchen war.

Es vergingen zwei Tage, nicht mehr, da sandte Zar Barchat dem Popen Wassilij abermals einen Brief mit der Bitte, seinen Sohn Wassilij Wassiljewitsch zu ihm in den Palast zu schicken. Als Wassilissa Wassiljewna das hörte, begab sie sich in den Pferdestall, sattelte ihren Schimmel und ritt schnurstracks zu dem Palast des Zaren Barchat. Zar Barchat erwartete sie. Sie begrüßte ihn freundlich, betete vor den Ikonen, wie es sich ziemt, schlug das Kreuz, wie die Schrift es lehrt, und verneigte sich nach allen vier Himmelsrichtungen. Zar Barchat aber ließ auf den Rat der Großmutter Jaginischna zum Abendbrot eine Kascha kochen und in die Kascha Perlen streuen; die Großmutter hatte gesagt, wenn es Wassilissa sei, würde sie die Perlen in die Hand spucken, und wenn es Wassilij Wassiljewitsch sei, würde er die Perlen auf den Tisch werfen.

Das Abendbrot wurde aufgetragen. Der Zar setzte sich an die Tafel und hieß Wassilissa Wassiljewna zu seiner Rechten Platz nehmen. Sie tranken manchen Becher und ließen es sich gut schmecken. Zuletzt kam die Kascha auf den Tisch. Kaum hatte Wassilissa Wassiljewna einen Löffel davon in den Mund genommen, als sie schon auf eine Perle biß. Sie spuckte die Perle samt der Kascha unter den Tisch und tadelte den Zaren Barchat: «Wie kommt dieser Dreck in die Kascha? Bei meinem Vater kommt solcher Weibertand nicht ins Haus, und bei dem Zaren Barchat würzen sie die Kascha damit!» Darauf verabschiedete sie sich von dem Zaren Barchat auf das artigste und ritt nach Hause.

Der Zar Barchat wußte immer noch nicht, ob sie wirklich ein Mädchen war; und er hätte es zu gern gewußt!

Nach zwei oder drei Tagen befahl der Zar Barchat auf den Rat der Großmutter Jaginischna, die Badestube zu heizen; die Großmutter hatte ihm gesagt, wenn sie Wassilissa Wassiljew-

na sei, würde sie nicht mit dem Zaren zusammen baden. Die Diener heizten die Badestube.
Und abermals schrieb der Zar Barchat dem Popen Wassilij einen Brief, er möge seinen Sohn Wassilij Wassiljewitsch zu ihm in den Palast schicken.
Als Wassilissa Wassiljewna das hörte, begab sie sich in den Pferdestall, sattelte ihren Schimmel und ritt schnurstracks zu dem Palast des Zaren Barchat.
Der Zar erwartete sie auf der Freitreppe. Sie begrüßte ihn freundlich, trat auf den samtenen Teppich und ließ sich in den Palast geleiten.
Sie betete vor den Ikonen, wie es sich ziemt, schlug das Kreuz, wie die Schrift es lehrt, und verneigte sich tief nach allen vier Himmelsrichtungen; darauf setzte sie sich mit dem Zaren Barchat an die Tafel, trank mit ihm manchen Becher und ließ es sich gut schmecken.
Nach dem Mahl sprach der Zar: «Wie wäre es, Wassilij Wassiljewitsch, wenn wir jetzt gemeinsam in die Badestube gingen?»
«Wie Majestät wünschen», antwortete Wassilissa Wassiljewna, «es ist ziemlich lange her, daß ich zuletzt in einer Badestube war, und ich würde heute recht gern ordentlich schwitzen.»
Nun gingen sie in die Badestube. Während Zar Barchat im Vorraum seine Gewänder ablegte, hatte sie schon gebadet und sich aus dem Staub gemacht.
Auch in der Badestube war es dem Zaren nicht gelungen, sie zu überführen.
Wassilissa Wassiljewna aber schrieb dem Zaren ein Briefchen und befahl seinem Diener, es ihm zu überreichen, sobald er die Badestube verließe.
In dem Briefchen stand geschrieben: «Was bist du für ein Gimpel, Zar Barchat? Wie will ein Gimpel einen Falken fangen?

Ich bin nicht Wassilij Wassiljewitsch, sondern Wassilissa Wassiljewna.»
So blieb unser Zar mit einer langen Nase zurück; denn Wassilissa Wassiljewna war nicht nur gewitzt, sondern auch sehr schön!

(Aus dem Russsischen von Svetlana Geier)

Der Schüler

(Suaheli)

Scheik Ali war ein alter Lehrer, und Kibwana war sein Schüler. Eines Tages ging der Lehrer aus dem Haus, und die Frau des Lehrers rief nach Kibwana: «Du, junger Mann, komm schnell.»
«Wozu?»
«Dummkopf, du bist hungrig und weißt nicht, wie man ißt!»

«Gut», sagte Kibwana, als er endlich verstand. Er ging hinein und schlief mit der Frau seines Lehrers. Die Frau des Lehrers lehrte ihn, was der Lehrer ihn nicht lehrte.

(Aus dem Englischen von Gerhard Döhler)

Die Frau des reichen Bauern

(Norwegisch)

Es war einmal ein reicher Bauer, der viel Land besaß; Silber steckte in seiner Truhe, und obendrein hatte er Geld bei der Bank liegen; aber er spürte, daß etwas fehlte, denn er war Witwer. Eines Tages arbeitete die Tochter seines Nachbarn für ihn, und er empfand große Zuneigung zu ihr. Da ihre Eltern arm waren, glaubte er, er brauche die Möglichkeit einer Heirat bloß anzudeuten und sie werde die Gelegenheit schon nut-

zen. Also erzählte er ihr, er denke ernstlich daran, sich wieder zu verehelichen.
«Ach ja, man denkt so alles mögliche», sagte das Mädchen und kicherte innerlich dabei.
Sie fand, der häßliche alte Kerl hätte an etwas für ihn Passenderes denken sollen, als sich zu verheiraten.
«Na ja, weißt du, ich dachte, du wärst vielleicht die richtige Frau für mich.»
«Nein, danke», sagte das Mädchen, «das reizt mich nicht sonderlich.»
Der Bauer war es nicht gewohnt, «nein» zu hören, und je weniger sie ihn mochte, desto mehr war er auf sie versessen.
Da er mit dem Mädchen nicht weiterkam, ließ er ihren Vater kommen und sagte ihm, daß er, falls er die Zustimmung des Mädchens erwirken könne, das Geld nicht zurückzuzahlen brauche, das er von dem reichen Bauern geliehen hatte, und außerdem das Feld neben seiner Weide haben könne.
Da dachte der Vater, er werde seine Tochter schon schnell zur Vernunft bringen. «Sie ist noch ein richtiges Kind», sagte er, «und weiß nicht, was gut für sie ist.»
Aber all sein Reden und Drängen nützte nichts. Sie wollte den Bauern nicht haben, nicht mal, wenn er bis zu den Ohren mit Gold bepflastert gewesen wäre.
Der Bauer wartete täglich auf eine Antwort. Schließlich wurde er so wütend und ungeduldig, daß er zu dem Vater des Mädchens sagte, wenn er sein Versprechen halten wolle, müsse alles schnellstens geregelt werden, denn länger werde er nicht mehr warten.
Der Vater sah keinen anderen Ausweg als diesen: Der reiche Bauer sollte alles für die Hochzeit vorbereiten, und wenn der Pfarrer und die Hochzeitsgäste da waren, würde man nach dem Mädchen schicken, einfach so, als brauchte man sie zum Arbeiten auf dem Hof. Wenn sie dann kam, würde er sie rasch

heiraten müssen, so daß sie keine Gelegenheit hatte, ihre Meinung zu ändern.
Der reiche Bauer fand den Vorschlag gut, also ließ er brauen und backen und eine prächtige Hochzeit vorbereiten. Als die Gäste eingetroffen waren, rief der reiche Bauer einen seiner Knechte und trug ihm auf, zum Nachbarn zu laufen und ihn zu bitten, das Versprochene zu schicken.
«Aber wenn du nicht gleich wieder zurück bist», sagte er und drohte dem Knecht mit der Faust, «dann ...» Er hatte keine Zeit, mehr zu sagen, denn der Junge war wie der Blitz verschwunden.
«Mein Herr will, daß du ihm schickst, was du ihm versprochen hast», sagte der Knecht, als er beim Nachbarn ankam, «aber du mußt schnell machen, denn er ist heute furchtbar in Eile.»
«Na schön, lauf runter auf die Weide und nimm sie mit, denn da findest du sie», sagte der Nachbar.
Der Junge rannte davon, und als er zur Weide kam, sah er das Mädchen beim Rechen.
«Ich komme holen, was dein Vater meinem Herrn versprochen hat», sagte er.
Aha, so willst du mich also reinlegen? dachte das Mädchen.
«Ach, das suchst du?» sagte sie. «Ich glaube, es geht um unsere kleine rotbraune Stute. Du mußt sie dir dort drüben holen gehen; sie ist hinter dem Erbsenbeet angebunden.»
Der Junge sprang auf den Rücken der kleinen rotbraunen Stute und ritt sie in vollem Galopp heimwärts.
«Hast du sie dabei?» sagte der reiche Bauer.
«Sie steht unten an der Tür», sagte der Junge.
«Führ sie hinauf ins Zimmer meiner Mutter», sagte der Bauer.
«Um Himmels willen, wie soll denn das gehen?» sagte der Junge.
«Tu einfach, was ich dir sage», erwiderte der Bauer. «Wenn du

es nicht allein schaffst, laß dir von den andern helfen.» Er dachte, das Mädchen mache vielleicht Schwierigkeiten.
Als der Knecht das Gesicht seines Herrn sah, wußte er, daß Einwände sinnlos waren. Also holte er sich soviel Hilfe wie möglich und eilte hinunter. Die einen zogen am Kopf, und andere schoben von hinten, und schließlich hatten sie die Stute nach oben ins Schlafzimmer geschafft. Dort lag bereits der Hochzeitsstaat ausgebreitet.
«Na, wir haben's geschafft, Herr», sagte der Junge, «aber einfach war's nicht; das Schwerste, was ich je auf dem Hof zu tun hatte.»
«In Ordnung, du sollst es auch nicht umsonst getan haben», sagte der Bauer. «Jetzt schick die Frauen hinauf, damit sie ihr beim Ankleiden helfen.»
«Aber um Himmels willen!» stieß der Junge hervor.
«Es ist mir ernst», sagte der Bauer, «sag ihnen, sie sollen sie ankleiden und weder Kranz noch Krönchen vergessen.»
Der Junge rannte in die Küche hinunter.
«Hört mal, Mädchen», sagte er, «lauft rasch nach oben und kleidet die kleine rotbraune Stute als Braut an. Ich denk mir, der Herr möchte den Hochzeitsgästen was zum Lachen geben.»

Also kleideten die Mädchen die kleine rotbraune Stute mit allem an, was sie vorfanden. Dann ging der Junge hinunter und sagte, sie sei bereit, mit Kränzchen und Krönchen und allem. «Gut, bringt sie runter», sagte der reiche Bauer. «Ich werde sie selbst an der Tür empfangen.»
Es gab ein fürchterliches Getrampel auf der Treppe, denn diese Braut kam nicht in Satinpantöffelchen hinunter. Doch als die Tür aufging und die Braut des reichen Bauern in die gute Stube kam, wurde reichlich gekichert und geprustet.
Und was den reicher Farmer angeht, so fand er solchen Gefallen an seiner Braut, daß er sich nicht wieder auf Freiersfüße begab.

(Aus dem Englischen von Gerhard Döhler)

Wahre deine Geheimnisse

(Westafrikanisch)

Ein gewisses Mädchen wurde von seinen Eltern einem jungen Mann zur Ehe versprochen. Sie machte sich nichts aus ihm, also weigerte sie sich und sagte, sie würde sich selbst einen Ehemann wählen. Bald darauf kam ein prächtiger junger Mann von großer Kraft und Schönheit ins Dorf. Das Mädchen verliebte sich auf den ersten Bilck in ihn und erklärte den Eltern, es habe den Mann gefunden, den es zu heiraten wünsche, und da dieser nicht abgeneigt war, fand die Hochzeit bald statt.
Nun war die Sache aber die: Der junge Mann war gar kein Mann, sondern eine Hyäne, und obwohl sich in der Regel Frauen in Hyänen verwandeln und Männer in Falken, kann

sich die Hyäne sowohl in einen Mann als auch in eine Frau verwandeln, wie es ihr gefällt.
In der ersten Nacht, in der die beiden Jungverheirateten zusammen schliefen, sagte der Mann: «Angenommen, wir gehen in meine Stadt und fangen unterwegs an, uns zu streiten, was würdest du tun?» Die Frau antwortete, sie würde sich in einen Baum verwandeln. Der Mann sagte, er sei auch dann imstande, sie zu fangen.
Sie sagte, wenn das so sei, würde sie sich in einen Teich verwandeln. «Oh, das würde mir keine Schwierigkeiten machen», sagte der Hyänenmann, «ich würde dich trotzdem fangen.»
«Nun, dann würde ich mich in einen Stein verwandeln», erwiderte seine Frau. «Noch immer würde ich dich fangen», bemerkte der Mann.
In diesem Augenblick rief von ihrem Raum aus die Mutter des Mädchens, denn sie hatte das Gespräch gehört: «Sei still, meine Tochter! Erzählt eine Frau etwa ihrem Mann all ihre Geheimnisse?» So sagte das Mädchen nichts mehr.
Am nächsten Morgen, als es Tag wurde, befahl der Mann seiner Frau aufzustehen, denn er wolle zu sich nach Hause zurückkehren. Er bat sie, sich bereitzumachen und ihn zum Abschied ein kurzes Stück des Wegs zu begleiten. Sie tat, wie er

ihr aufgetragen hatte, und kaum war das Paar außer Sichtweite des Dorfs, verwandelte der Mann sich in eine Hyäne und versuchte, das Mädchen zu fangen, das sich erst in einen Baum verwandelte, dann in einen Teich, dann in einen Stein, doch die Hyäne riß fast den Baum um, trank fast das ganze Wasser und hätte beinahe den Stein verschluckt.
Da verwandelte das Mädchen sich in jenes Ding, das es in der Nacht zuvor verraten hätte, wenn seine Mutter es nicht gerade noch hätte warnen können. Die Hyäne suchte und suchte überall, und aus Furcht, die Dorfbewohner würden kommen und sie töten, verschwand sie schließlich.
Sogleich nahm das Mädchen wieder seine eigene, wahre Gestalt an und rannte zurück ins Dorf.

(Aus dem Englischen von Gerhard Döhler)

Die drei Maß Salz

(Griechisch)

Es gab einmal einen König mit neun Söhnen; ihm gegenüber stand ein anderer König mit neun Töchtern: In jenen Tagen war jeder ein König.
Jeden Morgen pflegten beide Könige zu ihrer Grenze hinauszugehen, um den anderen König zu begrüßen. Als sie einander einmal an der Grenze begegneten und guten Morgen sagten, sagte der König mit den neun Töchtern zu dem anderen: «Guten Tag, Herr König, du mit deinen neun Söhnen, und mögest du nie eine Frau für einen von ihnen finden!» Als der andere dies hörte, war er mitten ins Herz getroffen und setzte sich in einen Winkel seines Palasts, tief in Gedanken. Einer seiner

Söhne kam herbei: «Was ist los, Vater, daß du so in Sorgen bist?»
«Nichts, mein Sohn.» Als ihn der nächste Bruder fragte, antwortete der König: «Nichts, mein Sohn; ich habe Kopfweh.» Der dritte kam vorbei und fragte: «Aber warum willst du uns nicht sagen, was los ist?»
Der König sagte kein Wort. Um die Geschichte nicht zu lang zu machen, alle fragten sie ihn, und keinem von ihnen wollte er sagen, was los war. Die Jungen ließen ihn allein. Es wurde Mittag, und der König hatte keinen Appetit. Gott brachte den Tag zum Abend, dann kam die Morgendämmerung. Doch der König war noch immer in Gedanken. Wieder kam der älteste Sohn zu ihm: «Aber Vater, das ist ja unerträglich; jetzt wachtest du schon einen Tag und eine Nacht und bist in Sorgen, und doch willst du uns nicht sagen, was los ist?»
Der König sagte: «Aber was kann ich denn sagen, mein Sohn?» Er erzählte ihm, was zwischen ihm und dem anderen König geschehen war: «Als er mich gestern morgen sah, sagte er zu mir: ‹Guten Tag, König mit deinen neun Söhnen, und mögest du nie eine Frau für sie finden!›»
«Und das hat dich mit solcher Bitterkeit erfüllt, Vater? Wenn ihr euch morgen trefft, mußt du zu ihm sagen: ‹Guten Morgen, König mit deinen neun Töchtern, mögest du nie einen Mann für eine von ihnen finden.›»
Früh am nächsten Tag ging der König hinaus zu seiner Grenze, und als er den anderen König sah, sagte er: «Guten Morgen, König mit deinen neun Töchtern, mögest du nie einen Ehemann für eine von ihnen finden.»
Als der andere König dies hörte, wie gepeinigt war er da! Auch er ging davon und setzte sich in einen Winkel seines Palasts und war voller Sorgen.
Eine seiner Töchter kam vorbei und fragte: «Was ist geschehen, Vater?»

«Nichts, meine Tochter.» Dann fragte ihn die nächste Tochter, und er sagte: «Überhaupt nichts, ich habe nur Kopfweh.» Dann kam die dritte und fragte ihn.
Der König sagte: «Ich habe euch doch gesagt, daß nichts los ist.»
Um die Geschichte nicht lang zu machen – alle neun Töchter kamen und fragten ihn, und keiner von ihnen wollte er sagen, was geschehen war. Dann ließen die Töchter ihn allein. Es wurde Mittag, aber er mochte nicht essen. Gott brachte den Tag zum Ende und dann den nächsten Morgen; der König war noch immer in Sorgen versunken. Schließlich sagten seine Töchter: «Das ist ja nicht zu ertragen. Einen ganzen Tag und eine ganze Nacht sitzt er allein da, schiebt keinen Krumen Brot in seinen Mund und weigert sich, ein Wort darüber zu sagen, was geschehen ist, und vertröstet uns nur mit Vorwänden.»
Die älteste Tochter ging wieder zu ihrem Vater: «Lieber Vater, bitte erzähl uns doch, was geschehen ist!»
«Wenn du es wissen willst, meine Tochter, der König da drüben hat mir gesagt: ‹Guten Tag, Herr König mit deinen neun Töchtern, mögest du nie einen Ehemann für eine von ihnen finden!›»
Die Tochter war ein kluges Mädchen und sagte: «Und das macht dir Kummer, Vater? Morgen mußt du ihm antworten und sagen: ‹Da ich keinen Ehemann für meine Mädchen habe, nun, da kannst du mir doch einen deiner Söhne geben; meine älteste Tochter kann ihm sehr leicht drei Maß Salz aufs Gesicht reiben, und klüger würde er nicht davon.»
Der König tat, wie seine Tochter ihm aufgetragen hatte. Als sie sich früh am nächsten Morgen begrüßten, sagte er zu dem anderen König: «Da ich keinen Ehemann für eines meiner Mädchen habe, gib mir doch einen deiner Söhne; meine älteste Tochter paßt zu ihm; sie kann ihm leicht drei Maß Salz ins

Gesicht reiben, und er wird dennoch nicht klüger.» So beschlossen sie die Heirat und verehelichten den ältesten Sohn des einen Königs mit der ältesten Tochter des anderen.
Als die beiden sich in der ersten Nacht zu Bett legten, sagte der Prinz zu seiner neugewonnenen Prinzessin: «Das hast du sehr gut hingekriegt, du schlaues Mädchen, und jetzt sind wir verheiratet; aber sag mir, was hat es mit diesen drei Maß Salz auf sich, die du mir ins Gesicht reiben willst, und ich werde trotzdem nicht klüger?»
Sie sagte: «Das sag ich dir nicht.»
«Sag es mir, sonst gehe ich davon und verlasse dich.»
«Dann geh. Nur laß mich wissen, wo du hingehst, damit ich dir von Zeit zu Zeit einen Brief schicken kann.»
«Ich gehe nach Saloniki.»
Also machte sich der junge Mann auf die Reise. Auch sie fuhr in einem Schiff davon und erreichte denselben Ort noch vor ihm.
Am Ufer traf sie eine alte Frau, die zu ihr sagte: «Du mußt hier fremd sein. Wenn du möchtest, kann ich dir ein Haus am Meer geben, das du bewohnen kannst, ein Haus für eine Königstochter.»
Das Mädchen ging zu dem Haus hinauf, und dann sagte es zu der alten Frau: «In ein oder zwei Tagen wird ein Prinz hierherkommen, und du mußt ihn herbringen.»
«Wie du es befiehlst, meine Dame», sagte die alte Frau. Am nächsten Tag traf der Prinz ein. Die alte Frau ging zum Ufer hinunter und sagte zu ihm: «Ich kann dich zu einem Haus bringen, das für einen Prinzen passend ist. Du wirst dort sogar ein Mädchen zum Küssen haben.»
Er ging hinauf zum Haus und sah die Prinzessin. «Guten Tag, du siehst meiner Frau sehr ähnlich. Was soll ich davon halten?»
«Ach, mein lieber Mann», sagte sie, «überall gibt es Ähnlich-

keiten, zwischen Menschen und Menschen und zwischen Dingen und Dingen.»
Aber natürlich war die Frau seine Ehefrau selber. Den ganzen Tag über unterhielten sie sich, und am Abend schliefen sie zusammen. Sie wurde schwanger und bekam einen kleinen Jungen: Als er geboren wurde, war das Zimmer voller Licht, denn auf seiner Stirn stand der Morgenstern.
Während des Jahres wollte der Prinz fortgehen, und sie sagte: «Und läßt du kein Geschenk für dein Kind zurück?»
Da zog er seine goldene Uhr hervor und hängte sie dem Baby um, und der alten Frau machte er tausend Goldstücke zum Geschenk.

Als er fortgegangen war, schiffte seine Frau sich ein und kam vor ihm in ihrem Heimatland an. Den Jungen übergab sie einer Kinderfrau, und er wurde in einen goldenen Raum unter der Erde gebracht, den sie sich im Palast ihres Vaters hatte bauen lassen.
Sie befahl allen Dienerinnen, sie dürften dem Prinzen, wenn er zurückkäme, nichts davon sagen, daß sie fort gewesen war; nur daß sie eine Erkältung gehabt habe und das ganze Jahr über krank gewesen sei.
Am nächsten Tag traf der Prinz ein; er fragte danach, wie es seiner Frau gehe.

Sie sagten: «So, wie man es nur denen wünschen könnte, die dir übelwollen, und das nur, weil du fort warst.»
Da ging er sie suchen, und sie küßten einander, und er sagte: «Ich habe gehört, daß du während unserer Trennung krank gewesen bist, aber nur du warst schuld daran, weil du mir nicht sagen wolltest, was es mit jenen drei Maß Salz auf sich hat, von denen du gesagt hast, du würdest sie mir aufs Gesicht reiben, und ich würde nicht klüger davon. Jetzt sag es mir.»
«Nein, das sag ich dir nicht.»
«So dickköpfig bist du? Nun, ich auch. Entweder du sagst es mir jetzt, oder ich gehe davon und lasse dich allein.»
«Dann geh; nur sag mir, wo du sein wirst, damit ich dir nach einiger Zeit einen Brief schicken kann.»
«In Ägina», sagte er.
Als er abgereist war, fuhr auch sie mit einem Schiff auf einem anderen Weg davon und kam vor ihm in Ägina an. Dort fand sie am Ufer dieselbe alte Frau vor – die war in Wirklichkeit ihr Schicksal –, und wieder ging sie mit ihr zu einem Haus am Ufer. Am nächsten Tag traf auch der Prinz ein, und die alte Frau brachte ihn zu demselben Haus und ließ ihn dort und ging davon. Sobald der Prinz die Frau in dem Haus sah, lief er zu ihr und küßte sie.
Sie sagte: «Und was macht dich so leidenschaftlich, kaum daß du mich siehst?»
«Ich habe eine Frau genau wie du, und an die hab ich mich erinnert.»
«Ähnlichkeiten gibt es überall zwischen Mensch und Mensch, zwischen Ding und Ding.» Den ganzen Tag über unterhielten sie sich, und am Abend schliefen sie zusammen und an jedem folgenden Abend, bis sie schwanger war und einen Jungen gebar; als er geboren wurde, war der Raum voller Licht, denn der leuchtende Mond war auf seiner Stirn. Bevor ein Jahr vergangen war, schenkte er dem Jungen seinen goldenen Spazier-

stock zur Erinnerung; küßte ihn; gab der alten Frau weitere tausend Goldstücke als Geschenk und ging davon. Er reiste ab und seine Frau gleich nach ihm.
Sie kam zuerst bei sich zu Hause an und übergab dieses zweite Kind der gleichen Kinderfrau und machte den Dienerinnen Geschenke, damit sie nicht verraten sollten, daß sie fort gewesen war; wieder spielte sie im Palast die Rolle der sorgenvollen Frau. Als am nächsten Tag ihr Ehemann eintraf, fragte er die Dienerinnen nach seiner Frau aus, und sie erzählten ihm, sie habe sich das ganze Jahr über in Kummer verborgen. Die Dienerinnen zogen sich zurück, und der Prinz trat vor seine Frau und sagte: «Was immer du erlitten haben magst, es ist alles deine Schuld, meine Dame. Aber jetzt erzähl mir, was es mit jenen drei Maß Salz auf sich hat, die du mir aufs Gesicht reiben wolltest und von denen ich nicht klüger werden sollte: Wenn du es mir nicht erzählst, gehe ich wieder davon.»
«Gute Reise! Nur sag mir, wo du hingehst, damit ich weiß, wohin ich dir Nachrichten schicken kann.»
«Ich reise nach Venedig.»
Wieder schiffte er sich ein, und wieder folgte sie ihm und kam vor ihm an. Dieselbe alte Frau erschien und führte sie in einen großartigen Palast am Ufer.
Nach zwei oder drei Tagen traf der Prinz ein.
Die alte Frau sagte zu ihm: «Du bist willkommen, Prinz. Bitte sei so gut und komm zu meinem Haus und wohne dort, solange es dir gefällt, denn ich habe dort ein Mädchen für dich.»
«Wunderbar», sagte er. Dann ging er zu dem Palast, und wieder erblickte er die Frau; er sagte: «Oh, wie ähnlich du meiner Frau siehst!»
«Ähnlichkeiten gibt es überall, zwischen Mensch und Mensch, zwischen Ding und Ding.» Um die Geschichte kurz zu machen, sie wurde schwanger und gebar eine Tochter – der Raum war von Licht erfüllt, denn das kleine Mädchen trug

den Glanz der Sonne auf der Stirn. Sie tauften das Kind und nannten es Alexandra. Bevor das Jahr um war, wollte der Prinz davon, und die Prinzessin sagte zu ihm: «Willst du nicht wenigstens dem Baby ein Geschenk machen, als Erinnerung an dich?»

Da sagte er: «Natürlich. Daran hätte ich auch gedacht, ohne daß du mich daran erinnerst.» Er ging einkaufen und kaufte eine Kette, die aus den kostbarsten Steinen aller Sorten bestand, ein überaus wertvolles Schmuckstück – wenn ich euch sage, daß es aus Venedig stammte, dann könnt ihr euch vorstellen, wie wertvoll es war –, und hängte es dem Baby um den Hals; außerdem kaufte er dem kleinen Mädchen ein Kleid, ganz aus Gold, und nahm als weiteres Geschenk seinen Ring vom Finger. Dann küßte er das Baby und gab der alten Frau tausend Goldstücke und reiste ab. Die Prinzessin fuhr ebenfalls davon und traf vor ihm zu Hause ein; sie übergab das Kind der Kinderfrau, bezahlte sie im voraus für ihre Mühe und beschenkte die Dienerinnen, damit sie sie nicht verrieten. Wieder schloß sie sich im Palast ein und tat so, als sei sie halbtot vor Kummer.

Nach zwei oder drei Tagen kam ihr Mann an und fragte die Dienerinnen: «Wie geht es meiner Frau?»

«Wie du es nur denen wünschen würdest, die dir übelwollen, und nur weil du fort warst.»

Er suchte sie und fand sie in einem traurigen Zustand vor. Er fragte: «Und wem gibst du die Schuld? Du hast selbst herausgefordert, was dir geschehen ist. Warum wolltest du mir nicht erzählen, was es mit jenen drei Maß Salz auf sich hat, die du mir ins Gesicht schmieren wolltest und von denen ich nicht klüger werden würde? Jetzt erzähle es mir.»

«Ich sag es dir nicht.»

«Das ist nicht auszuhalten. Sag es mir, oder ich werde dich verlassen und eine andere Frau nehmen.»

«Na, dann geh doch und verheirate dich wieder, und ich werde zur Hochzeit kommen und dir meinen Segen geben.»
Da schloß er einen Heiratsvertrag mit einer anderen Prinzessin aus der Gegend ab und bestimmte, sagen wir, den nächsten Sonntag zum Hochzeitstag.
Alle Welt ging hin, um ihnen ihren Segen zu geben, und die Musikinstrumente spielten. Da kleidete seine erste Frau sich so prächtig, wie sie konnte, und putzte auch ihre drei Kinder fein heraus; dem Ältesten gab sie die Uhr, dem zweiten den Spazierstock, und die Jüngste schmückte sie mit der Kette und dem Ring. Die Kinderfrau brachte sie herbei, und alle zusammen gingen sie zu der Hochzeitsfeier, um dem Paar seinen Segen zu erteilen. Sämtliche Frauen tanzten in der Halle, und ihre Blicke fielen auf die Kinder und die Mutter, weil der ganze Saal so hell erleuchtet war wie vom Strahlen des Morgensterns und der Sonne und des Mondes zusammen, denn die Kinder trugen die drei Gestirne auf ihrer Stirn.
Alle sagten: «Freude und Glück der Mutter, die sie geboren hat!»
Auch der Prinz verließ das Mädchen, das er heiraten wollte, und starrte die Kinder an; die junge Braut verging vor Eifersucht.
Dann hörte man die beiden Jungen zu ihrer Schwester sprechen, die, nehme ich an, noch kein Jahr alt war und von der Kinderfrau getragen wurde, vor der die beiden Jungen standen: «Kleine Dame, kleine Dame», sagten die Jungen, «kleine Alexandra, hör auf die Uhr hier, tick, tick, tick, unsere Mutter ist im Zimmer und ganz mit Gold bedeckt.»
Als der Prinz dies hörte, konnte er es nicht länger aushalten und verließ mitten in der Hochzeitszeremonie seine neue Braut und lief zu den Kindern. Er sah sie genau an und erblickte die Kette und die Uhr und den Ring, und daran erkannte er sie.

Seine ehemalige Frau stand in der Nähe, und er fragte, wessen Kinder das seien. «Deine und meine; eines davon bekamen wir in Saloniki, das zweite in Ägina und das jüngste in Venedig. Die Frau, die dir in allen drei Städten begegnet ist, war jedesmal ich, und wenn ich abreiste, kam ich jedesmal vor dir an. Aber du kennst nicht einmal deine eigenen Kinder! Das waren die drei Maß Salz, die ich dir aufs Gesicht schmieren wollte und von denen du nicht klüger werden würdest.»
Er nahm die Kinder in die Arme und küßte sie voll Entzücken. Er führte sie in sein früheres Haus und ihre Mutter auch.
Und so wurde das Badewasser der neuen Braut kalt, und sie wurde halb verheiratet stehengelassen.

(Aus dem Englischen von Gerhard Döhler)

Die listige Ehefrau

(Indisch)

Eine Frau war so wahnsinnig verliebt in ihren Liebhaber, daß sie ihm den ganzen Reis aus der Kiste gab und sie mit Spreu auffüllen mußte, damit ihr Mann nicht merkte, was sie getan hatte. Allmählich näherten sich die Tage der Aussaat, und die Frau wußte, daß sie ihren Mann nicht länger täuschen konnte. Eines Tages ging ihr Mann sein Feld pflügen, das in der Nähe einer Zisterne lag. Am nächsten Morgen ging seine Frau sehr früh zur Zisterne, zog sich nackt aus und beschmierte ihren ganzen Körper mit Schlamm. Sie setzte sich ins Gras und wartete auf ihren Mann. Als er kam, erhob sie sich plötzlich und rief mit lauter Stimme: «Ich werde dir deine beiden Ochsen nehmen. Doch wenn du sie brauchst, kannst du mir das Getreide in deiner Kiste geben, und ich fülle sie mit Spreu auf. Eines von beiden muß ich haben, denn ich bin hungrig.»

Der Mann sagte sofort, die Göttin – denn dafür hielt er sie – sollte das Getreide nehmen, weil er wußte, daß er ruiniert wäre, wenn er seine Ochsen verlöre. «Gut», sagte die Frau. «Geh jetzt zurück nach Hause, und du wirst sehen, daß ich dein Getreide genommen und Spreu dafür in die Kiste getan habe.» Mit diesen Worten verschwand sie in der Zisterne.

Der Mann rannte nach Hause und stellte fest, daß in der Tat das ganze Getreide verschwunden und seine Kiste voll Spreu war. Seine Frau badete rasch und wechselte die Kleider und ging nach Hause, am Brunnen vorbei, wo sie den andern Frauen stolz die Geschichte erzählte.

(Aus dem Englischen von Gerhard Döhler)

Tante Kates Goomer-Staub

(Nordamerikanisch: Ozarks)

Es gab mal einen Farmjungen namens Jack, der wollte ein reiches Mädchen heiraten, das in der Stadt wohnte, aber dessen Papa war dagegen. «Hör zu, Minnie», sagte der Alte, «der Bursche da ist noch kaum stubenrein! Der hat Kuhmist an den Stiefeln! Kann nicht mal seinen eigenen Namen schreiben!» Minnie gab keine Widerworte, aber sie wußte, was Jack konnte, und es war ihr ganz recht so. Bücherwissen ist in Ordnung, aber darum geht's nicht, wenn man sich einen guten Ehemann aussucht. Minnie hatte sich entschieden, Jack zu heiraten, egal, was jemand sagte. Jack wollte durchbrennen und ohne Rücksicht auf irgendwen heiraten, aber Minnie sagt nein, weil sie nichts davon hält, ihr ganzes Leben lang arm zu sein. Sie

sagt: «Wir müssen Papa dazu kriegen, daß er uns eine große Farm schenkt, mit einem guten Haus darauf.» Jack lacht bloß laut, und für eine Weile reden sie nicht mehr drüber. Schließlich sagt er: «Ich glaub, ich geh morgen mal hinaus zum Honey Mountain und schau, was Tante Kate so meint.»
Tante Kate wußte eine Menge Sachen, von denen die meisten Leute noch nie was gehört hatten. Jack erzählt ihr, in was für einer Klemme er und Minnie stecken, aber Tante Kate sagt, ohne Silber kann sie nichts machen. Also gab Jack ihr zwei Dollar, und das war alles Geld, das er hatte. Da holte sie ihm ein kleines Kästchen, wie ein Pfefferstreuer, mit ein bißchen gelbem Puder drin. «Das ist Goomer-Staub», sagt sie. «Paß auf, daß du nichts davon abkriegst und Minnie auch nicht. Aber sag ihr, sie soll ihrem Papa ein bißchen davon auf die Hose streuen.»
Spät an diesem Abend streute Minnie ihrem Vater ein bißchen Puder auf die Hose, die er an den Bettpfosten gehängt hatte. Am nächsten Morgen, mitten beim Frühstück, furzte er so laut, daß die Bilder an der Wand klapperten und die Katze vor Schreck aus der Küche sauste. Der alte Herr dachte, es müßte an etwas liegen, das er gegessen hatte. Aber gleich darauf ließ er wieder einen Wind fahren, und bald machte er so einen Krach, daß Minnie die Fenster schloß aus Angst, die Nachbarn würden es hören. «Gehst du nicht in die Stadt ins Büro, Papa?» sagt sie. Aber da läßt der alte Herr den furchtbarsten Furz, den je einer gehört hat, und er sagt: «Nein, Minnie. Ich geh ins Bett. Und ich möchte, daß du auf der Stelle Doc Holton holst.»

Als der Doktor kam, fühlte Papa sich besser, war aber ganz schön bleich und zittrig. «Kaum lag ich im Bett, hörten die Blähungen auf», sagt er, «aber vorher waren sie ganz schlimm.» Und er erzählte dem Doktor, was genau ihm widerfahren war. Der untersuchte Papa lange und gab ihm eine Medizin zum Einschlafen. Minnie folgt dem Doktor hinaus auf die Veranda, und er fragt: «Hast du diese lauten Geräusche gehört, von denen er spricht – als hätte jemand Wind im Bauch?» Minnie sagt nein, so was hätte sie nicht gehört. «Genau wie ich's mir dachte», sagt der Doktor. «Er hat sich das Ganze bloß eingebildet. Dein Papa hat nichts, es sind bloß seine Nerven.»

Papa schlief ziemlich gut, wegen der Medizin, die der Doktor ihm gegeben hatte. Aber sobald er am nächsten Morgen aufgestanden und in die Hose gestiegen war, fing er schlimmer als je zu furzen an. Schließlich ließ er einen Knaller fahren, der wie ein Zehn-Kaliber-Gewehr klang, und Minnie half ihm wieder ins Bett und schickte nach dem Doktor. Der gab ihm diesmal eine Spritze in den Arm. «Halt den Mann im Bett», sagt er, «bis ich Doktor Culberson hergeholt habe, damit der ihn sich auch anschaut.» Die beiden Doktoren untersuchten Papa von Kopf bis Fuß, aber sie konnten nichts finden, was an ihm nicht in Ordnung war. Sie schüttelten bloß die Köpfe und gaben ihm noch mehr Schlafmittel.

So ging es drei Tage nacheinander, und schließlich sagte der Doktor, Papa solle besser eine Weile ganz im Bett bleiben und alle vier Stunden Medizin nehmen, und vielleicht würde er sich in einem Sanatorium glücklicher fühlen. «Mich in die Irrenanstalt stecken, bloß weil ich Luft im Darm habe?» brüllt Papa. Und dann macht er solchen Krawall, daß der Doktor ihm noch eine Spritze in den Arm geben muß.

Am nächsten Morgen sitzt Papa im Bett und zetert, die Ärzte wären alle verdammte Idioten, und Minnie sagt, sie kennt einen Burschen, der ihn in fünf Minuten heilen kann. Es dauert nicht lange, da kommt Jack hereinspaziert. «Klar, ich kann Sie leicht heilen», sagt er, «aber Sie müssen mich und Minnie heiraten lassen und uns eine von den großen Farmen geben.» Papa spricht nicht mal mit Jack. «Wenn dieser Schwachkopf mich heilt», sagt er zu Minnie, «kannst du verflucht noch mal haben, was du willst.» Minnie ging hinüber zum Kamin und schürte die Kohlen. Sobald das Feuer ordentlich brannte, nahm Jack die Zange und warf Papas Hose mitten in die Flammen.

Als Papa seine Hose brennen sah, war er einfach sprachlos. Schwach wie eine Katze lag er da, und Jack marschierte raus wie ein richtiger Doktor. Aber nach einer Weile stand der alte Herr auf und zog seinen Sonntagsanzug an. Und hatte überhaupt keine Blähungen. Minnie richtete ihm ein gutes Frühstück, und er aß es bis zum letzten Krümel auf und rülpste nicht mal. Dann spazierte er dreimal rings ums Haus, ohne irgendwelche Luft in den Eingeweiden zu spüren. «Bei Gott», sagte er, «ich glaube wahrhaftig, der verfluchte Schwachkopf hat mich geheilt!» Auf dem Weg in die Stadt schaute er bei Doc Holton rein. «Ich bin endlich wieder gesund, aber dir hab ich das nicht zu verdanken», sagte er. «Wenn's nach dir gegangen wäre, säße ich in diesem Augenblick in der Klapsmühle!» Sobald er dem Doktor Bescheid gesagt hatte, ging Papa rüber zur Bank und überschrieb Minnie seine beste Farm. Er schenkte ihr ein Sümmchen Geld, damit sie Pferde und Kühe und Maschinen kaufen konnte. Und so heirateten sie und Jack, und es ging ihnen anständig. Manche Leute sagen, sie wären immer glücklich geblieben.

(Aus dem Englischen von Gerhard Döhler)

Petersilienmädchen

(Italienisch)

Es war einmal im Winter, da sagte eine Frau: «Ich habe ein richtiges Gelüst nach Petersilie. Im Garten der frommen Schwestern gibt es jede Menge Petersilie. Ich gehe mir welche holen.»

Beim erstenmal nahm sie einen Zweig Petersilie und sah keine Menschenseele.

Beim zweitenmal nahm sie zwei Zweige, und niemand bemerkte sie.

Aber beim drittenmal, als sie sich gerade ein ganzes Büschel pflückte, fiel eine Hand auf ihre Schulter, und da stand eine große, fette Nonne.

«Was machst du da?» fragte die Nonne.

«Ein bißchen Petersilie pflücken. Ich habe ein solches Gelüst nach Petersilie, weil ich ein Baby bekomme.»

«Nimm dir soviel Petersilie, wie du möchtest, aber wenn du das Baby bekommen hast, mußt du es Petersilienjunge nennen, wenn es ein Junge ist, oder Petersilienmädchen, wenn es ein Mädchen ist, und wenn das Baby groß ist, mußt du es uns geben. Das ist der Preis für deine Petersilie.»

Obwohl sie das erst lachend abtat, nannte die Frau das kleine Mädchen, das sie dann zur Welt brachte, Petersilienmädchen.

Manchmal ging Petersilienmädchen zum Spielen an die Klostermauer.

Eines Tages rief eine der Nonnen zu ihm hinunter: «Petersilienmädchen! Frag deine Mutter, wann sie es uns gibt.»

«Tu ich», sagte Petersilienmädchen.

Sie ging nach Hause und sagte zu ihrer Mutter: «Die Nonne hat mich gefragt, wann du es ihnen gibst.»

Ihre Mutter lachte und sagte: «Sag ihnen, sie sollen selbst kommen und es sich holen.»

Als Petersilienmädchen wieder zum Spielen an die Klostermauer ging, rief die Nonne: «Petersilienmädchen, hast du deine Mutter gefragt?»
«Ja», sagte Petersilienmädchen. «Und sie hat gesagt, ihr müßt es euch selbst holen.»
Da streckte die Nonne ihren langen Arm heraus und schnappte Petersilienmädchen am Genick.
«Doch nicht mich!»
«Doch, dich!»
Und die Nonne erzählte Petersilienmädchen von der Petersilie und dem Versprechen. Petersilienmädchen brach in Tränen aus. «Böse Mama! Davon hat sie nie was gesagt!» Als sie ins Kloster hineinkamen, sagte die Nonne: «Setz einen großen Topf Wasser aufs Feuer, Petersilienmädchen, und wenn es kocht, kommst du hinein! Du gibst ein hübsches kleines Abendessen für uns ab.»
Da brach Petersilienmädchen wieder in Tränen aus. Plötzlich tauchte aus einem Stieltopf ein altes Männlein auf.
«Warum weinst du, Petersilienmädchen?»
«Ich weine, weil die Nonnen mich zum Abendessen verspeisen wollen.»
«Das sind keine Nonnen, das sind fiese alte Hexen. Stell den Wassertopf aufs Feuer und hör auf zu weinen.»
«Warum soll ich aufhören zu weinen? Die Nonnen werden mich essen.»
«Oh, nein, das werden sie nicht. Nimm diesen Zauberstab hier. Wenn sie nachschauen kommen, ob das Wasser kocht, berührst du sie damit, und sie werden hineinspringen wie Frösche in einen Teich.»
Obwohl sie dachte: Das alte Männlein hat das bloß gesagt, damit ich aufhöre zu weinen, fühlte sie sich ein bißchen besser. Als das Wasser im Topf kochte, rief sie laut: «Schwestern! Schwestern! Das Wasser kocht!»

Alle kamen sie gelaufen, guckten und schrien: «Oh, was für ein feines Abendessen es heute gibt!» Petersilienmädchen war starr vor Angst, also griff sie nach dem Zauberstab und schlug sie damit alle auf ihre großen, fetten Hinterteile und – ja, alle sprangen sie, platsch, in den Topf.
«Nimm den Topf vom Feuer, Petersilienmädchen. Wir haben nur einen Scherz gemacht!»
«Oh, nein! Und ihr seid überhaupt keine Nonnen, ihr seid Hexen! Ihr bleibt da drin, bis ihr gar gekocht seid, aber glaubt bloß nicht, ich tue euch die Ehre an, euch zu essen, dafür seid ihr viel zu alt und zäh. Ich schau auf dem Herd nach, was ihr sonst noch habt.»
Sie ging zum Herd, und da fand sie in einem Tiegel einen hübschen jungen Mann.
«Hallo, hübscher junger Mann. Ich bin hungrig.»
«Mach dich nicht über mich lustig. Ich bin nicht jung, ich bin alt und häßlich.»
«Oh, nein, das stimmt gar nicht.» Und sie zeigte ihm sein schönes Spiegelbild in der Spülschüssel. «Aber ich bin leider nur ein kleines Mädchen.»
«Du bist kein kleines Mädchen», sagte er. «Ich zeig's dir.» Und er nahm ihr Maß an der Wand, um ihr zu zeigen, wie sehr sie gewachsen war. Da sagte Petersilienmädchen: «Ich mach dir einen Vorschlag.»
«Ach, welchen denn?»
«Laß uns heiraten.»
«Aber du bist so hübsch, und ich bin so unscheinbar.»
«Ich persönlich finde, du siehst sehr gut aus.»
«Also gut. Wenn du heiraten möchtest, heirate ich dich.»
«Dann laß uns etwas zu Abend essen und zu Bett gehen. Einen Priester können wir morgen finden.»
«Aber laß uns nicht hier im Kloster bleiben, weil die Nonnen den Teufel an die Stelle setzen, wo Jesus hingehört.»

Sie gingen den Teufel suchen, aber er hatte sich wegen des Zauberstabs in Jesus zurückverwandelt. Petersilienmädchen sagte: «Ist dir auch klar, daß ich die ganzen Hexen getötet habe?»
Sie guckten in den Topf. Er war voll mit Leichen.
«Laß uns ein Loch graben und sie beerdigen, und dann verschwinden wir hier.»
Sie aßen zu Abend, dann gingen sie zu Bett. Am Morgen gingen sie zum Priester und heirateten.

(Deutsch von Gerhard Döhler)

Die kluge Gretel

(Deutsch)

Es war eine Köchin, die hieß Gretel. Sie trug Schuhe mit roten Absätzen, und wenn sie damit ausging, so drehte sie sich hin und her, war ganz fröhlich und dachte: Du bist doch ein schönes Mädel! Und wenn sie nach Hause kam, trank sie aus Fröhlichkeit einen Schluck Wein, und weil der Wein auch Lust zum

Essen macht, versuchte sie das Beste, was sie kochte, so lange, bis sie satt war, und sprach: «Die Köchin muß wissen, wie das Essen schmeckt.»

Einmal sagte der Herr zu ihr: «Gretel, heut abend kommt ein Gast. Richte mir zwei Hühner fein zu.»

«Will's schon machen, Herr», antwortete Gretel. Nun stach sie die Hühner ab, brühte sie, rupfte sie, steckte sie an den Spieß und brachte sie, wie's gegen Abend ging, zum Feuer, damit sie braten sollten.

Die Hühner fingen an, braun und gar zu werden, aber der Gast war noch nicht gekommen.

Da rief Gretel den Herrn: «Kommt der Gast nicht, so muß ich die Hühner vom Feuer tun, ist aber doch jammerschade, wenn sie nicht bald gegessen werden, wo sie am besten im Saft sind.»

Sprach der Herr: «So will ich nun selbst laufen und den Gast holen.»

Als der Herr den Rücken gekehrt hatte, legte Gretel den Spieß mit den Hühnern beiseite und dachte: So lange da beim Feuer stehen macht schwitzend und durstig; wer weiß, wann die kommen! Indessen spring ich in den Keller und tue einen Schluck. Sie lief hinab, setzte einen Krug an, sprach: «Gott segne's dir, Gretel!» und tat einen guten Zug. «Der Wein verlangt nach mehr», sprach sie weiter, «und ist nicht gut abzubrechen», und tat noch einen ernsthaften Zug.

Nun ging sie und stellte die Hühner wieder übers Feuer, bestrich sie mit Butter und trieb den Spieß lustig herum. Weil aber der Braten so gut roch, dachte Gretel: Es könnte etwas fehlen, versucht muß er werden! Schleckte mit dem Finger und sprach: «Ei, wie sind die Hühner gut! Ist ja Sünd und Schand, daß man sie nicht gleich ißt!» Lief zum Fenster, ob der Herr mit dem Gast noch nicht käme, aber sie sah niemand. Sie stellte sich wieder zu den Hühnern und dachte: Der eine Flügel verbrennt, besser ist's, ich eß ihn weg. Also schnitt sie ihn ab und aß ihn auf, und er schmeckte ihr. Und als sie damit fertig war, dachte sie: Der andere muß auch weg, sonst merkt der Herr, daß etwas fehlt.

Als die zwei Flügel verzehrt waren, ging sie wieder und schaute nach dem Herrn und sah ihn nicht. Wer weiß, fiel ihr ein, sie kommen wohl gar nicht und sind wo eingekehrt. Sie sprach: «Hei, Gretel, sei guter Dinge, das eine Huhn ist doch angegriffen, tu noch einen frischen Trunk und iß es vollends auf! Wenn's weg ist, hast du Ruhe; warum soll die gute Gottesgabe umkommen?»

Also lief sie noch einmal in den Keller, tat einen ehrbaren Trunk und aß das Huhn in aller Freudigkeit auf. Als das eine Huhn hinunter war und der Herr immer noch nicht kam, sah Gretel das andere an und sprach: «Wo das eine ist, muß das andere auch sein, die zwei gehören zusammen. Was dem einen recht ist, das ist dem andern billig; ich glaube, wenn ich noch einen Trunk tue, so sollte mir's nicht schaden.» Also tat sie noch einen herzhaften Trunk und ließ das zweite Huhn zum andern laufen.

Als sie so im besten Essen war, kam der Herr dahergegangen und rief: «Eil dich, Gretel, der Gast kommt gleich nach!»

«Ja, Herr, will's schon zurichten», antwortete Gretel.

Der Herr sah indessen, ob der Tisch wohl gedeckt war, nahm das große Messer, womit er die Hühner zerschneiden wollte, und wetzte es auf dem Gang.

Indes kam der Gast, klopfte ehrbar und höflich an die Haustür; Gretel lief und schaute, wer da sei, und als sie den Gast sah, hielt sie den Finger an den Mund und sprach: «Still! Still! Macht geschwind, daß Ihr wieder fortkommt; wenn Euch mein Herr erwischt, so geht's Euch schlecht. Er hat Euch zwar zum Nachtessen eingeladen, aber er hat nichts anders im Sinn, als Euch die beiden Ohren abzuschneiden. Hört nur, wie

er das Messer dazu wetzt!» Der Gast hörte das Wetzen und eilte, was er konnte, die Stiegen wieder hinab.
Gretel war nicht faul, lief schreiend zu dem Herrn und rief: «Da habt Ihr einen schönen Gast eingeladen!»
«Ei warum, Gretel? Was meinst du damit?»
«Ja», sagte sie, «der hat mir beide Hühner, die ich eben auftragen wollte, von der Schüssel genommen und ist damit fortgelaufen.»
«Das ist eine feine Weise!» sprach der Herr, und es war ihm leid um die schönen Hühner; «wenn er mir wenigstens das eine gelassen hätte, damit mir was zu essen geblieben wäre!» Er rief ihm nach, er solle bleiben, aber der Gast tat, als höre er es nicht. Da lief er hinter ihm her, das Messer noch immer in der Hand, und schrie: «Nur eins! Nur eins!» und meinte, der Gast solle ihm nur das eine Huhn lassen und nicht beide nehmen. Der Gast aber meinte, er solle eins von seinen Ohren hergeben, und lief deshalb so schnell, als ob Feuer hinter ihm brenne, damit er beide Ohren heil heimbringe.

Der Fellburger

(Amerikanisch)

Eine Dame ging in einen Zooladen, um ein seltenes exotisches Tier zu kaufen, eins, das niemand anders hatte. Als sie dem Verkäufer sagte, was sie wollte, zeigte er ihr alles, was er an seltenen und exotischen Tieren besaß. Nach vielem Hin und Her hatte die Dame immer noch nichts gefunden, das ihr außergewöhnlich genug schien. Sie flehte den Verkäufer ein letztes Mal an. Vor Verzweiflung sagte da der Verkäufer: «Ich hab zwar noch ein Tier, das sie noch nicht gesehen haben, aber ich weiß nicht recht, ob ich es Ihnen zeigen soll.»

«Oh, bitte, zeigen Sie es mir», rief die Dame.

Also ging der Verkäufer zurück in den hinteren Teil des Ladens und kam wenig später mit einem Käfig zurück.

Nachdem er den Käfig auf den Ladentisch gestellt hatte, öffnete der Verkäufer den Käfig, nahm das Tier heraus und setzte es auf den Ladentisch. Die Dame sah hin, aber sie sah nur ein Stück Fell, keinen Kopf, keinen Schwanz, keine Augen, gar nichts. «Was in aller Welt ist das?» fragte die Dame.

«Dies ist ein Fellburger», antwortete der Verkäufer beiläufig.

«Aber was macht er?» fragte die Dame.

«Gucken Sie genau hin», sagte der Verkäufer.

Dann sah der Verkäufer auf den Fellburger herunter und sagte: «Fellburger, die Wand!»

Und umgehend flog das Tier hinüber und traf die Wand mit Riesengetöse, zerstörte die Wand dabei völlig und ließ nichts als Staub zu-

rück. Dann, genauso flink wie zuvor, flog der Fellburger zurück und setzte sich wieder auf den Ladentisch.
Dann sagte der Verkäufer: «Fellburger, die Tür!» Und umgehend flog das Tier hinüber und traf die Tür mit Riesengetöse, zerstörte dabei völlig die Tür und den Türrahmen. Dann, so schnell wie zuvor, flog der Fellburger zurück und setzte sich auf den Ladentisch.
«Ich nehme ihn», sagte die Dame.
«Na gut, wenn Sie ihn wirklich haben wollen», sagte der Verkäufer. Und als die Dame schon dabei war, den Laden mit ihrem Fellburger zu verlassen, sagte der Verkäufer: «Verzeihung, meine Dame, aber was haben Sie eigentlich mit dem Fellburger vor?» Und die Dame wandte sich um und sagte: «Na ja, ich hab in letzter Zeit gewisse Schwierigkeiten mit meinem Mann, und wenn ich heute abend nach Hause komme, werde ich den Fellburger mitten auf den Küchenfußboden setzen. Und wenn mein Mann von der Arbeit kommt, wird er in der Tür stehen und sagen: ‹Was zum Teufel ist das?› Und ich werde sagen: ‹Aber Liebster, das ist ein Fellburger.› Und mein Mann wird mich ansehen und sagen: ‹Fellburger, meine Fresse!›»

(Aus dem Englischen von Miriam Mandelkow)

III

Narren und Närrinnen

Ein Quart Verstand

(Englisch)

In dieser Gegend war einmal, und es ist noch gar nicht so lange her, ein Dummkopf, und der wollte sich ein Quart Verstand kaufen, denn durch seine Torheit geriet er immer wieder in die Klemme, und jedermann lachte ihn aus. Die Leute erzählten ihm, er könne alles, was er haben wolle, von der weisen Frau bekommen, die oben auf dem Hügel wohnte und mit Heiltränken handelte, mit Pflanzen und Zaubersprüchen und derlei Dingen, und sie konnte dir alles sagen, was dir und deinen Leuten zustoßen würde. Er sagte das also seiner Mutter und fragte sie, ob er die weise Frau aufsuchen und ein Quart Verstand kaufen solle.

«Das solltest du tun», sagte sie, «du hast's blutnotwendig, mein Sohn. Und wenn ich sterben sollte, wer würde sich dann um so einen armen Dummkopf wie dich kümmern, der so wenig für sich selber sorgen kann wie ein ungeborenes Kind! Aber achte auf dein Benehmen und sprich anständig, denn solche weisen Leute sind von feiner Art und nehmen leicht etwas krumm.» Er ging also nach dem Tee fort. Und da war sie und saß beim Feuer und rührte in einem großen Topf.

«'n Abend, Frau», sagt er, «schöner Abend heute.»

«Ja», sagt sie und rührt weiter.

«Regnen wird's vielleicht», sagt er und trippelt von einem Fuß auf den andern.

«Vielleicht», sagt sie.

«Und kann sein, 's wird nicht», sagt er und schaut durchs Fenster hinaus.

«Kann sein», sagt sie.

Und er kratzte sich am Kopf und drehte seinen Hut herum.

«Also», sagt er, «übers Wetter fällt mir nichts andres ein, aber wart mal, das Getreide kommt gut.»

«Gut», sagt sie.
«Und – und – das Vieh wird fetter», sagt er.
«Das wird's», sagt sie.
«Und – und –» sagt er und bleibt stecken – «ich meine, jetzt gehen wir ans Geschäft, wenn wir mit dem höflichen Zeug fertig sind. Habt Ihr irgendwelchen Verstand zu verkaufen?»
«Das kommt darauf an», sagt sie, «ob du Königsverstand brauchst oder Soldatenverstand oder Schulmeisterverstand, die führ ich nicht.»
«Ach wo», sagt er, «einfach gewöhnlichen Verstand – wie er für jeden Dummkopf taugt, so wie ihn jeder hier hat, wie's halt hier gerade üblich ist.»
«Aha», sagt die weise Frau, «das könnte ich schaffen, wenn du selbst mithelfen willst.»
«Wie soll 'n das gehen, Frau?» sagt er.
«Einfach so», sagt sie und schaut in den Topf. «Bring mir das Herz von dem Ding, das du am liebsten magst, und dann sage ich dir, woher du dein Quart Verstand bekommst.»
«Aber», sagt er und kratzt sich am Kopf, «wie soll ich das machen?»
«Das kann ich dir nicht sagen», sagt sie, «finde es selbst heraus, mein Junge, wenn du nicht deiner Lebtag ein Dummkopf bleiben willst. Aber du wirst mir ein Rätsel erraten müssen, damit ich sehen kann, ob du das richtige Ding gebracht hast und ob du deinen Verstand bei dir hast. Und jetzt muß ich mich um etwas anderes kümmern», sagt sie, «also guten Abend», und sie trug den Topf mit sich hinein in die hintere Kammer.
Der Dummkopf ging also fort und zu seiner Mutter und erzählte ihr, was die weise Frau gesagt hatte.
«Ich denke, ich muß das Schwein töten», sagt er, «denn fetten Speck mag ich lieber als alles andere.»
«Dann tu's, mein Junge», sagt seine Mutter, «denn es wird

bestimmt eine besondere und feine Sache für dich sein, wenn du dir ein Quart Verstand kaufen kannst und dann imstande bist, für dich selbst zu sorgen.»

Er tötete also sein Schwein, und am nächsten Tag ging er hin zur Hütte der weisen Frau. Und da saß sie und las in einem großen Buch.

«Guten Abend, Frau», sagt er, «ich hab Euch das Herz von dem Ding gebracht, das ich am liebsten mag, und ich hab es in Papier eingewickelt auf den Tisch gelegt.»

«Ah so?» sagt sie und schaut ihn durch ihre Brille an. «Dann sag mir nun, was läuft ohne Füße?»

Er kratzte sich am Kopf und dachte nach und dachte nach, aber er konnte es nicht sagen.

«Geh deiner Wege», sagt sie, «du hast mir noch nicht das richtige Ding gebracht. Ich habe heute keinen Verstand für dich.» Und sie schlug das Buch zu und drehte ihm den Rücken zu.

So ging der Dummkopf fort, um es seiner Mutter zu erzählen. Aber als er in der Nähe des Hauses war, kamen Leute herausgelaufen und erzählten ihm, das seine Mutter im Sterben lag.

Und als er hineinkam, sah ihn seine Mutter nur an und lächelte, als wollte sie sagen, sie könne ihn beruhigt verlassen, weil er nun genug Verstand habe, um für sich selbst zu sorgen. Und dann starb sie.

Da setzte er sich nieder, und je mehr er darüber nachdachte,

desto übler war ihm zumute. Es fiel ihm ein, wie sie ihn gepflegt hatte, als er ein kleiner Kerl war, und wie sie ihm bei den Aufgaben geholfen und ihm sein Essen gekocht hatte und wie sie seine Kleider geflickt und seine Dummheit ertragen hatte; er wurde immer trauriger und trauriger und fing an zu schluchzen und zu heulen. «Oh, Mutter, Mutter!» sagt er. «Wer wird jetzt für mich sorgen! Du hättest mich nicht allein lassen sollen, denn ich hatte dich lieber als alles andere!»
Und als er das sagte, fielen ihm die Worte der weisen Frau ein. «Heijei!» sagt er. «Soll ich Mutters Herz zu ihr bringen?»
«Nein, das kann ich nicht machen», sagt er. «Was soll ich machen? Was soll ich machen, damit ich dieses Quart Verstand bekomme, wo ich jetzt allein bin auf der Welt?»
So dachte er nach und dachte nach und dachte nach, und am nächsten Tag ging er und lieh sich einen Sack aus, wickelte seine Mutter hinein und trug das Bündel auf der Schulter hinauf zur Hütte der weisen Frau.
«'n Abend, Frau», sagt er, «ich denke, ich hab Euch diesmal bestimmt das richtige Ding gebracht», und patsch! ließ er den Sack auf die Türschwelle herunterplumpsen.
«Vielleicht», sagt die weise Frau, «aber rate mir jetzt dies: Was ist gelb und schimmernd, aber kein Gold?»
Und er kratzte sich am Kopf und dachte nach und dachte nach, aber er konnte es nicht sagen.
«Du hast nicht das Richtige erwischt, mein Junge», sagt sie. «Ich hab den Verdacht, du bist ein noch größerer Dummkopf, als ich meinte!». Und sie machte ihm die Tür vor der Nase zu.
«Jetzt schau an!» sagt er und setzt sich am Straßenrand nieder und flennt.
«Ich hab die beiden einzigen Dinge verloren, die mir lieb waren, und was finde ich sonst, mit dem ich mir ein Quart Verstand kaufen kann!» Und er heulte drauflos, daß ihm die Tränen in den Mund liefen.

Da kam ein Mädchen daher, das wohnte in der Nähe, und die schaute ihn an.
«Was ist denn mit dir los, Dummer?» sagt sie.
«Uuh, ich hab mein Schwein getötet und meine Mutter verloren, und ich bin selber nichts als ein Dummkopf», sagt er und schluchzt.
«Das ist schlimm», sagt sie, «und hast du keinen, der für dich sorgt?»
«Nein», sagt er, «und ich kann mir kein Quart Verstand kaufen, weil nichts mehr da ist, das ich am liebsten mag!»
«Was redest du da?» sagt sie.
Und sie setzte sich neben ihn hin, und er erzählte ihr alles von der weisen Frau und dem Schwein und von seiner Mutter und den Rätseln und daß er allein sei auf der Welt.
«Nun», sagt sie, «es würde mir nichts ausmachen, selbst für dich zu sorgen.»
«Könntest du das?» sagt er.
«O ja», sagt sie, «die Leute sagen, Dummköpfe geben gute Ehemänner ab, und ich denke, ich nehme dich, wenn du willst.»
«Kannst du kochen?» sagt er.
«Ja, das kann ich», sagt sie.
«Und schrubben?» sagt er.
«Freilich», sagt sie.
«Und meine Kleider flicken?» sagt er.
«Das kann ich», sagt sie.
«Ich denke, dann taugst du so gut wie irgendeine», sagt er, «aber was soll ich jetzt wegen der weisen Frau machen?»
«Ach, wart ein wenig», sagt sie, «vielleicht findet sich etwas, und es macht auch nichts aus, wenn du ein Dummkopf bist, solang du mich hast und ich für dich sorge.»
«Das ist wahr», sagt er, und sie machten sich auf und heirateten. Und sie hielt sein Haus so sauber und ordentlich und

kochte ihm sein Essen so gut, daß er nachts einmal zu ihr sagte: «Mädchen, ich mein, dich mag ich eigentlich am allerliebsten von allem.»
«Das hört sich gut an», sagt sie, «und was nun?»
«Meinst du, ich muß dich jetzt töten und dein Herz hinauftragen zu der weisen Frau für das Quart Verstand?»
«Bei Gott, nein!» sagt sie und schaut entsetzt drein, «das will ich nicht haben. Aber sieh mal, du hast doch das Herz deiner Mutter nicht herausgeschnitten, nicht wahr?»
«Nein, aber wenn ich es gemacht hätte, dann hätte ich vielleicht mein Quart Verstand bekommen», sagt er.
«Kein bißchen davon», sagt sie, «nimm du mich mit, wie ich bin, das Herz und alles zusammen, und ich wette, ich helfe dir, die Rätsel erraten.»
«Kannst du das?» sagt er ungläubig, «ich denke, die sind zu schwer für Weibervolk.»
«Nun», sagt sie, «wir wollen mal sehen. Sag mir das erste.»
«Was läuft ohne Füße?» sagt er.
«Nun, das Wasser!» sagt sie.
«Stimmt», sagt er und kratzt sich am Kopf.
«Und was ist gelb und schimmernd, aber kein Gold?»
«Nun, die Sonne», sagt sie.
«Meiner Treu, stimmt!» sagt er. «Komm, wir gehen gleich hinauf zu der weisen Frau». Und sie gingen hin. Und als sie den Pfad heraufkamen, saß sie vor der Tür und flocht Stroh.
«Guten Abend, Frau», sagt er.
«Guten Abend, Dummkopf», sagt sie.
«Ich denke, ich hab Euch schließlich doch das richtige Ding gebracht», sagt er.
Die weise Frau sah die beiden an und wischte über ihre Brillengläser.
«Kannst du mir sagen, was das ist: Zuerst hat es keine Beine, dann zwei Beine, und mit vier Beinen hört es auf?»

Und der Dummkopf kratzte sich am Kopf und dachte nach und dachte nach, aber er konnte es nicht sagen.
Und das Mädchen flüsterte ihm ins Ohr:
«Das ist eine Kaulquappe.»
«Kann sein», sagt er dann, «es könnte eine Kaulquappe sein, Frau.»
Die weise Frau nickte mit dem Kopf.
«Das ist richtig», sagt sie, «und du hast bereits dein Quart Verstand bekommen.»
«Wo ist es?» sagt er, schaut sich um und langt in die Taschen.
«Im Kopf von deiner Frau», sagt sie. «Das einzige Heilmittel für einen Dummkopf ist eine tüchtige Frau, die für ihn sorgt, und das hast du bekommen, und jetzt guten Abend!» Und damit nickte sie ihnen zu, und auf und ins Haus.
So gingen sie zusammen nach Hause, und niemals wieder wollte er ein Quart Verstand kaufen, denn seine Frau hatte genug für beide.

(Aus dem Englischen von Uta Schier)

Junger Mann am Morgen

(Afroamerikanisch: Mary Richardson)

*E*ine alte Frau lebte auf dem Land und war darauf aus, sich zu verheiraten, aber sie war zu alt, wie ich. Und es gab da einen jungen Mann, der morgens immer durch den Garten kam, und den wollte sie heiraten. Also sagte er zu ihr: «Wenn du dein Bettuch feucht machst und es dir umwickelst und heute die ganze Nacht über auf dem Dach bleibst, dann heirate ich dich am Morgen.»

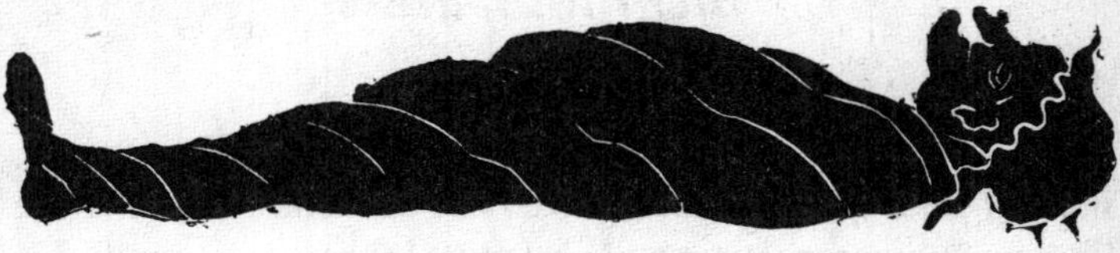

Und sie war närrisch genug, es zu versuchen. Sie wickelte sich das nasse Bettuch um und ging aufs Dach hinauf und saß schlotternd da. Der junge Mann blieb im Haus, um sicher zu sein, daß sie auf dem Dach blieb. Während der Nacht konnte er sie zittern hören und sagen:

> *«Oooooh, oooooh,*
> *Junger Mann am Morgen.»*

Sie meinte, sie würde gerade eben bis zum Morgen durchhalten, wenn sie nicht erfror. (Sie war wirklich sehr blöd.) Mit jedem Mal, daß sie es sagte, wurde sie schwächer. So war gegen drei Uhr morgens das Bettuch zu Eis gefroren, und der junge Mann hörte sie vom Dach des Hauses rollen und im Garten auf den Boden aufschlagen, steif gefroren. Und als sie landete, sagte er: «Was für ein Segen. Keine alte Frau für mich.»

(Aus dem Englischen von Gerhard Döhler)

Jetzt würde ich lachen, wenn ich nicht tot wäre

(Isländisch)

Zwei verheiratete Frauen gerieten einmal in Streit darüber, welcher ihrer Männer der größte Narr sei. Endlich kamen sie überein zu überprüfen, ob die beiden Männer so närrisch wären, wie sie ihnen erschienen. Eine der beiden Frauen spielte ihrem Mann dann den folgenden Streich. Als ihr Mann von der Arbeit nach Hause kam, nahm sie ein Spinnrad und Dokken, setzte sich und begann zu spinnen, doch weder der Bauer noch sonst jemand sah Wolle in ihren Händen. Als ihr Mann das sah, fragte er sie, ob sie verrückt sei, ohne Wolle zu spinnen, und bat sie, ihm zu erklären, was das bedeuten solle. Sie sagte, es sei kaum verwunderlich, daß er nicht sehe, was sie da tue, denn sie spinne ein Leinen, das zu fein sei für das bloße Auge. Daraus wolle sie ihm Kleider machen. Er fand diese Erklärung sehr gut und staunte darüber, wie klug seine Frau war, und freute sich nicht wenig auf das Vergnügen, das ihm diese herrlichen Kleider bereiten würden. Als seine Frau, wie sie sagte, genug Leinen für die Kleider gesponnen hatte, bereitete sie den Webstuhl vor und verwob das Material. Von Zeit zu Zeit besuchte sie ihr Mann und staunte über die Geschicklichkeit seiner guten Frau. Die war sehr belustigt von der ganzen Sache und hatte einen großen Spaß daran, den Streich zu Ende zu spielen. Sie nahm das fertige Tuch vom Webstuhl, wusch und trocknete es und setzte sich schließlich hin, um es zuzuschneiden und Kleider daraus zu nähen. Als sie mit all diesem fertig war, bat sie ihren Mann, zu kommen und die Kleider anzuprobieren, aber sie wagte es nicht, ihn damit allein zu lassen; sie wollte ihm helfen. Also tat sie so, als würde sie ihn in diese herrlichen Kleider kleiden, obwohl der arme Mann in Wirklichkeit nackt war, doch er glaubte fest daran, es läge nur

an ihm, und blieb der Meinung, seine kluge Frau habe ihm diese unendlich feinen Kleider gemacht, und so froh war er darüber, daß er vor Freude auf und ab sprang.
Nun wenden wir uns der anderen Frau zu. Als ihr Mann von der Arbeit nach Hause kam, fragte sie ihn, warum in aller Welt er wach sei und auf seinen Füßen einhergehe. Der Mann war über diese Frage erstaunt und sagte: «Warum um Himmels willen fragst du mich das?» Sie überzeugte ihn davon, daß er sehr krank sei, und sagte ihm, er solle sich besser zu Bett legen. Das glaubte er und ging, so schnell er konnte, zu Bett. Als einige Zeit verstrichen war, sagte die Frau, sie wolle ihm den letzten Dienst erweisen. Er fragte warum und bat sie, dies doch auf keinen Fall zu tun. Sie sagte: «Aber du benimmst dich ja wie ein Narr! Weißt du denn nicht, daß du heute morgen gestorben bist? Ich gehe jetzt aus, um deinen Sarg in Auftrag zu geben.» Nun glaubte der arme Mann, das sei alles wahr, und blieb liegen, bis man ihn in den Sarg legen würde. Seine Frau bestimmte den Tag der Beerdigung und heuerte sechs Sargträger an und bat das andere Ehepaar, ihrem lieben Mann zum Grab zu folgen. Sie hatte ein Fenster auf der einen Seite des Sargs anbringen lassen, damit ihr Mann alles sehen könne, was um ihn herum geschah. Als es Zeit war, den Sarg fortzubringen, kam der nackte Mann herbei, in der Annahme, alle würden seine feinen Kleider bewundern. Aber weit gefehlt. Obwohl die Sargträger trauriger Stimmung waren, mußten doch alle lachen, als sie diesen nackten Narren sahen. Und als der Mann im Sarg ihn zu sehen bekam, rief er so laut, wie er konnte: «Jetzt würde ich lachen, wenn ich nicht tot wäre!» Die Beerdigung wurde verschoben, und man ließ den Mann aus dem Sarg heraus.

(Aus dem Englischen von Gerhard Döhler)

Die drei Narren
(Englisch)

*E*s waren einmal ein Bauer und seine Frau, die hatten eine Tochter, und der machte ein feiner Herr den Hof. Jeden Abend pflegte er sie zu besuchen und auf dem Bauernhof zu Abend zu essen, und die Tochter wurde dann immer in den Keller hinuntergeschickt, um Bier zum Abendessen zu zapfen. So war sie eines Abends wieder hinuntergegangen, um Bier zu zapfen, da blickte sie beim Zapfen zufällig zur Decke hinauf und sah hinter einem der Balken einen Hammer stecken. Der mußte dort schon sehr lange gesteckt haben, aber aus irgendeinem Grund war er ihr noch nie aufgefallen, und sie fing an nachzudenken. Und es kam ihr der Gedanke, daß es sehr gefährlich sei, den Hammer dort oben zu haben, denn sie sagte sich: «Angenommen, der Herr und ich heiraten und wir haben einen Sohn und er wächst heran und kommt in diesen Keller hinunter, um Bier zu zapfen, wie ich es tue, und der Hammer fällt ihm auf den Kopf und tötet ihn, wie fürchterlich wäre das!» Und sie setzte die Kerze und den Krug ab und setzte sich hin und begann zu weinen.

Als sie sich oben in der Stube zu fragen begannen, warum sie so lange Bier zapfte, ging ihre Mutter ihr nach und fand sie auf einer Kiste sitzen und weinen, und das Bier floß über den Boden. «Was um Himmels willen ist denn los?» sagte ihre Mutter.

«Ach Mutter!» sagte sie. «Schau doch den furchtbaren Hammer dort oben! Angenommen, wir heiraten und ich habe einen Sohn und er wächst heran und kommt in den Keller herunter, um Bier zu zapfen, und der Hammer fällt ihm auf den Kopf und tötet ihn, wie entsetzlich wäre das doch!»

«Oje, oje! Wie furchtbar das doch wäre!». Sagte die Mutter, und dann setzte sie sich neben ihre Tochter und fing an zu weinen. Nach einer Weile begann sich der Vater zu wundern, warum sie nicht zurückkamen, und er ging ebenfalls in den Keller, um nach ihnen zu sehen, und da saßen sie und weinten, und das Bier floß über den ganzen Boden. «Was ist denn bloß geschehen?» sagte er.

«Ach», sagte die Mutter, «schau dir den schlimmen Hammer an! Stell dir bloß vor, unsere Tochter und ihr Freund würden heiraten und einen Sohn bekommen und er würde aufwachsen und käme in den Keller hinunter, um Bier zu zapfen, und der Hammer fiele ihm auf den Kopf und brächte ihn um, was wäre das doch für eine schlimme Sache!»

«Oje, oje, oje! Wenn das geschehen würde!» sagte der Vater und setzte sich neben die anderen zwei und fing auch an zu weinen.

Nun wurde der feine Herr es leid, allein in der Küche zu sitzen, und schließlich ging auch er in den Keller hinunter, um zu schauen, was sie da trieben: Und da saßen sie alle drei Seite an Seite und weinten, und das Bier floß über den ganzen Boden. Erst einmal lief er hin und drehte den Hahn ab. Dann sagte er: «Warum um Himmels willen sitzt ihr drei hier und weint und laßt das Bier über den ganzen Boden fließen?»

«Ach!» sagte der Vater. «Schauen Sie doch den furchtbaren Hammer da oben! Angenommen, Sie und unsere Tochter würden heiraten und hätten einen Sohn und der würde erwachsen und käme in diesen Keller hinunter, um Bier zu zapfen, und der Hammer fiele ihm auf den Kopf und brächte ihn um!» Und dann heulten sie alle drei schlimmer denn je.

Doch der Herr brach in Lachen aus, griff hinauf, zog den Hammer heraus und sagte dann: «Ich bin weit gereist, aber so albernen Narren wie euch drei bin ich noch nie begegnet; drum gehe ich jetzt wieder auf Reisen, und wenn ich noch größere Narren finden kann als euch drei, dann komme ich zurück und heirate eure Tochter!» Also verabschiedete er sich

und ging auf Reisen und gab ihnen Anlaß zu noch mehr Tränen, denn das Mädchen hatte seinen Verehrer eingebüßt.
Nun, er zog davon und reiste sehr weit, und schließlich kam er zu einer Hütte, deren Dach mit Gras bewachsen war. Und die Frau, der die Hütte gehörte, versuchte, die Kuh die Leiter zum Dach hinaufsteigen zu lassen, und das arme Tier wollte nicht. Da fragte der Herr die Frau, was sie denn da mache.
«Na, sehen Sie doch», sagte sie, «all das schöne Gras da oben! Ich will die Kuh aufs Dach bringen, damit sie es frißt. Da ist sie ganz sicher, denn ich binde ihr einen Strick um den Hals, führe ihn durch den Schornstein und binde mir ihn am Handgelenk fest, wenn ich im Haus herumgehe, so daß die Kuh nicht runterfallen kann, ohne daß ich es merke.»
«Oh, du arme Närrin!» sagte der Herr, «du solltest das Gras schneiden und der Kuh hinunterwerfen!» Aber die Frau hielt es für einfacher, die Kuh die Leiter hinaufzuschaffen, als das Gras herunter; drum schob und drückte sie die Kuh, bis sie oben war, band einen Strick um den Hals, führte ihn durch den Schornstein und band ihn sich am Handgelenk fest. Und der Herr ging seines Wegs, aber er war noch nicht weit gekommen, da fiel die Kuh vom Dach, blieb an dem Strick um ihren Hals hängen und wurde davon erdrosselt. Und das Gewicht der Kuh zog die Frau in den Schornstein hinauf, wo sie stekkenblieb und im Ruß erstickte.
Na, das war schon mal *eine* große Närrin.
Und der Herr reiste immer weiter und machte für die Nacht in einem Gasthof halt, der so überfüllt war, daß sie ihn in einem Doppelzimmer unterbringen mußten, und ein anderer Reisender sollte in dem zweiten Bett schlafen. Der andere war ein angenehmer Mensch, und sie freundeten sich miteinander an; aber als sie am nächsten Morgen aufstanden, sah der Herr zu seiner Verblüffung, daß der andere seine Hose an den Griff einer Kommodenschublade hängte und hineinzuspringen ver-

suchte; und obwohl er es immer wieder versuchte, schaffte er es nicht. Schließlich gab er es auf und wischte sich mit dem Taschentuch das Gesicht ab.
«Oje», sagte er, «ich finde wirklich, Hosen sind die blödsinnigsten Kleidungsstücke, die es je gegeben hat. Ich möchte mal wissen, wer die Dinger erfunden haben mag. Ich brauche jeden Morgen fast eine Stunde, um in meine hineinzukommen, und wie ich dabei schwitze! Wie machen denn Sie das?»
Da brach der Herr in Lachen aus und zeigte seinem Zimmergenossen, wie man in eine Hose steigt; der war ihm sehr dankbar und sagte, darauf wäre er von selber nie gekommen.
Das also war ein zweiter großer Narr.
Dann reiste der Herr weiter und kam in ein Dorf. Vor dem Dorf lag ein Teich, und um den Teich hatten sich eine Menge Leute versammelt, die mit Rechen und Besen und Heugabeln im Teich herumstocherten; und der Herr erkundigte sich, was los sei.
«Da fragen Sie noch!» sagten die Leute. «Der Mond ist in den Teich gepurzelt, und wir können ihn einfach nicht wieder rausfischen!»
Da brach der Herr in Lachen aus und sagte ihnen, sie sollten mal zum Himmel schauen; das im Wasser sei nur das Spiegel-

bild. Aber sie wollten nicht auf ihn hören und beschimpften ihn so unverschämt, daß er schnellstens weiterzog. Es gab also eine ganze Menge größerer Narren als die drei zu Hause.
Also kehrte der Herr um, reiste wieder heim und heiratete die Bauerntochter, und falls sie nicht immer glücklich zusammengelebt haben, hat das weder was mit euch noch mit mir zu tun.

(Aus dem Englischen von Gerhard Döhler)

Der Junge, der nie Frauen gesehen hatte

(Afroamerikanisch: Mrs. E. L. Smith)

*E*s gab einmal einen Jungen, in Alabama, glaube ich, den sie so aufzogen, daß er nie ein Mädchen zu sehen bekam, bevor er einundzwanzig war – das war so eine Art Versuch. Er wurde von Männern großgezogen.
Als er dann also einundzwanzig war, brachte sein Daddy ihn dahin, wo die Highschool-Kinder vorbeikommen würden, wenn sie mittags zum Essen nach Hause gingen. Und er sah sie durchs Fenster so hübsch daherkommen mit ihren Schleifen und ihren langen Haaren (denn zu der Zeit trugen sie lange Haare) und lächelnd und spielend. Und er sagte: «Daddy, Daddy, komm her! Guck mal, was sind denn die?» *(Mit sehr hoher Stimme)*
«Das sind Entchen.»
«Gib mir eins, Daddy.»
«Welches möchtest du haben?»
«Ist egal, Daddy, irgendeines.»

Also ist es besser, sie zusammen aufwachsen zu lassen, damit sie ein bißchen auswählen können.

(Aus dem Englischen von Gerhard Döhler)

Die Frau, die in der Essigflasche wohnte

(Englisch)

Es gab einmal eine Frau, die wohnte in einer Essigflasche. Eines Tages kam eine Fee vorüber und hörte die alte Frau mit sich selber sprechen.

«Es ist eine Schande, eine Schande, eine Schande», sagte die alte Frau. «Ich sollte nicht in einer Essigflasche wohnen müssen. Ich sollte in einem hübschen Häuschen mit Reetdach und mit Kletterrosen an den Mauern wohnen, ja, so sollte ich wohnen.»

Da sagte die Fee: «Nun gut, wenn du heute abend zu Bett gehst, dreh dich dreimal um und mach dann die Augen zu, und am Morgen siehst du, was du siehst.»

Also ging die alte Frau ins Bett, drehte sich dreimal um und schloß die Augen, und am Morgen – da war sie in einem hübschen kleinen Häuschen mit Reetdach, an dessen Mauern Ro-

sen wuchsen. Und sie war sehr erstaunt und sehr froh, vergaß aber völlig, der Fee zu danken.
Und die Fee ging nordwärts und ging südwärts, sie ging ostwärts und westwärts, immer in den Angelegenheiten, die sie zu erledigen hatte. Und plötzlich dachte sie: Ich will doch mal sehen, wie diese alte Frau zurechtkommt. Sie muß sehr glücklich sein in ihrem Häuschen.
Und sie näherte sich der Haustür und hörte die alte Frau mit sich selbst sprechen.
«Es ist eine Schande, eine Schande, eine Schande», sagte die alte Frau. «Ich sollte nicht ganz allein in einem kleinen Häuschen wohnen müssen. Ich sollte in einem hübschen kleinen Haus zwischen andern wohnen, mit Spitzenvorhängen an den Fenstern und einem Messingklopfer an der Tür und Leuten, die draußen ‹Frische Muscheln!› ausrufen und wo alles heiter und lustig ist.»
Die Fee war ziemlich verwundert, aber sie sagte: «Nun gut. Du gehst heute abend zu Bett, drehst dich dreimal um und schließt die Augen, und am Morgen siehst du dann, was du siehst.»
Also ging die alte Frau ins Bett, drehte sich dreimal um und machte die Augen zu, und am Morgen war sie in einem hübschen kleinen Haus zwischen andern kleinen Häusern, mit Spitzenvorhängen an den Fenstern und einem Messingklopfer an der Tür und Leuten, die draußen «Frische Muscheln!» ausriefen, und alles war heiter und lustig. Und sie war sehr erstaunt und sehr erfreut, vergaß aber völlig, der Fee zu danken.
Und die Fee ging nordwärts und ging südwärts, sie ging ostwärts und westwärts, immer in den Angelegenheiten, die sie zu erledigen hatte; und nach einer Weile dachte sie bei sich: Ich will doch mal sehen, wie diese alte Frau zurechtkommt. Jetzt ist sie doch bestimmt glücklich.

Doch kaum kam sie in die Nähe des Wohnzimmerfensters der alten Frau, da hörte sie die mit vornehmer Stimme mit sich selbst sprechen.
«Ich muß wirklich sagen, es ist äußerst empörend, daß ich hier allein leben muß, wo es keine gute Gesellschaft gibt», sagte die alte Frau. «Herzogin sollte ich sein, in meiner eigenen Kutsche zur Königin fahren, um ihr meine Aufwartung zu machen, von Lakaien begleitet, die neben mir herlaufen.»
Die Fee war höchst verwundert und sehr enttäuscht, aber sie sagte: «Na gut. Geh heute abend zu Bett, dreh dich dreimal um und mach die Augen zu; und am Morgen siehst du dann, was du siehst.»
Also ging die alte Frau ins Bett, drehte sich dreimal um und schloß die Augen; und am Morgen war sie eine Herzogin mit eigener Kutsche, konnte der Königin ihre Aufwartung machen, und Lakaien liefen neben ihr her. Und sie war sehr erstaunt und sehr erfreut, vergaß aber ganz, der Fee zu danken.
Und die Fee ging nordwärts und ging südwärts, sie ging ostwärts und westwärts, immer in den Angelegenheiten, die sie zu erledigen hatte; und nach einer Weile dachte sie bei sich: Ich sollte doch mal sehen, wie diese alte Frau zurechtkommt. Als Herzogin ist sie jetzt doch ganz bestimmt glücklich.
Aber kaum hatte sie sich dem Fenster des prächtigen Stadtpalais der alten Frau genähert, da hörte sie diese in vornehmerem Ton denn je sagen: «Es ist wahrhaftig unerhört, daß ich als schlichte Herzogin leben und vor der Königin knicksen muß. Warum kann ich nur nicht selbst Königin sein und auf einem goldenen Thron sitzen, mit einer goldenen Krone auf dem Kopf, von Höflingen umgeben.»
Die Fee war äußerst enttäuscht und sehr ärgerlich; aber sie sagte: «Nun gut. Geh heute abend zu Bett, dreh dich dreimal um und mach die Augen zu; und am Morgen siehst du dann, was du siehst.»

Also ging die alte Frau ins Bett, drehte sich dreimal um und schloß die Augen; und am Morgen befand sie sich in einem königlichen Palast, war selbst Königin, saß auf einem goldenen Thron, trug eine goldene Krone auf dem Kopf, und ihre Höflinge standen rings um sie herum. Und sie war entzückt und gab den Höflingen einen Befehl nach dem andern. Aber sie vergaß völlig, der Fee zu danken.

Und die Fee ging nordwärts und ging südwärts, sie ging ostwärts und westwärts, immer in den Angelegenheiten, die sie zu erledigen hatte; und nach einer Weile dachte sie bei sich: Ich will mir anschauen gehen, wie diese alte Frau zurechtkommt. Jetzt muß sie doch wirklich zufrieden sein!

Doch sobald sie in die Nähe des Thronsaals kam, hörte sie die alte Frau reden.

«Es ist eine große Schande, eine unglaubliche Schande», sagte sie, «daß ich in einem so unbedeutenden kleinen Land wie diesem Königin sein muß, statt über die ganze runde Welt zu herrschen. Wo es mir doch angemessen wäre, Papst zu sein, über die Gedanken von allen Leuten auf der Erde zu bestimmen.»

«Nun gut», sagte die Fee. «Geh zu Bett. Dreh dich dreimal um und schließ die Augen, und am Morgen siehst du, was du siehst.»

Voll stolzer Gedanken ging die alte Frau zu Bett. Sie drehte sich dreimal um und schloß die Augen. Und am Morgen war sie wieder in ihrer Essigflasche.

(Aus dem Englischen von Gerhard Döhler)

Tom Tit Tot

(Englisch)

*E*s war einmal eine Frau, die hatte zum Mittagessen fünf Pasteten gebacken und sie zu lange im Ofen gelassen. Sie waren so hart geworden, daß ein Messer daran stumpf werden konnte. Die Frau stellte sie in den Schrank und sagte, die Pasteten würden schon noch werden. Damit meinte sie, sie würden weich werden und man könnte sie später essen. Aber ihre Tochter dachte: Nun, wenn sie noch werden, kann ich sie ebensogut jetzt essen.

Sie war so hungrig, daß sie alle Pasteten aufaß, so hart sie auch waren, und sie schmeckten ihr sehr gut.

Als die Essenszeit herankam, sagte die Mutter zu ihr: «Joan, hole zwei oder drei von den Pasteten!»

Joan ging zur Speisekammer und sah in das Regal, aber natürlich waren die Pasteten nicht da.

«Sie sind noch nicht geworden», sagte sie zu ihrer Mutter.

«Noch nicht geworden?» wunderte sich die Mutter. «Hole trotzdem eine und laß mich einen Blick darauf tun.»

«Ich kann keine holen», entgegnete ihr Joan, «denn ich habe sie alle gegessen.»

«Du hast alle fünf Pasteten gegessen?» fragte die Mutter erstaunt. «Was für einen Bärenhunger du hast, wahrhaftig!»

Da es nun zum Abendbrot keine Pasteten gab, setzte sich die Mutter in den Hausflur und begann zu singen:

«Meine Tochter hat fünf gegessen,
Fünf Pasteten aß sie heute.»

Nun geschah es, daß der König gerade durch die Straße kam und die Frau singen hörte. Er fragte sie:

«Was singt Ihr da für ein Lied, Frau?»

Die Frau wollte dem König die Worte nicht wiederholen, weil er nicht denken sollte, ihre Tochter sei gefräßig. Darum änderte sie die Worte:

«Meine Tochter hat fünf gesponnen,
Fünf Docken spann sie heute.

Das war das Lied, das ich gesungen habe, Majestät!» Damit erhob sie sich von ihrem Stuhl und machte vor dem König einen Knicks.
«Tatsächlich?» staunte der König. «Was ist Eure Tochter für eine vortreffliche Spinnerin! Ich würde sie gern kennenlernen.»
Die Frau rief ihre Tochter herbei, und der König sprach zu ihr: «Ich bin auf der Suche nach einer Frau. Du scheinst ein tüchtiges Mädchen und eine gute Spinnerin zu sein. Willst du mich heiraten und Königin werden?»
«Ich möchte schon, Majestät», sagte Joan und machte einen tiefen Knicks.
«Sehr schön», sagte der König. «Ich werde dich heiraten, und du sollst elf Monate im Jahr die schönsten Kleider tragen und soviel Geld haben, wie du willst, alle Speisen, nach denen du verlangst, und jeden Gesellschafter, den du magst; aber im zwölften Monat des Jahres mußt du mir jeden Tag fünf Docken Flachsgarn spinnen. Was meinst du dazu?»
Nun, Joan und ihre Mutter wußten sehr gut, daß sie niemals täglich fünf Docken Flachs spinnen konnte, denn das war eine große Menge, selbst für eine fleißige Spinnerin. Aber die Mutter dachte sich: Kommt Zeit, kommt Rat. So erklärten sie sich einverstanden, daß Joan unter diesen Bedingungen den König heiraten solle.
Joan und der König wurden getraut, und es wurde eine große Hochzeit gefeiert.
In den ersten elf Monaten ging alles gut. Joan hatte alles zu

essen, was sie sich wünschte, dazu schöne Kleider und viel Geld und jede Art Gesellschaft, die sie gern hatte. Jedoch die liebste Gesellschaft war ihr der König selbst, den sie mehr und mehr liebte, je schneller die Zeit verstrich.

Die elf Monate gingen vorbei, und Joan hoffte, der König würde ihr Versprechen vergessen haben, ihm im zwölften Monat täglich die fünf Docken Flachs zu spinnen. Als jedoch der letzte Tag des elften Monats gekommen war, führte der König sie in einen Raum im Dachgeschoß des Schlosses, wo sie zuvor niemals gewesen war. Darin stand nichts weiter als ein Spinnrad, ein Stuhl, ein kahler Tisch und ein Bett, auf dem sie sich ausruhen konnte.

«Hier sollst du einen Monat lang bleiben», sagte der König. «An jedem Morgen werde ich dir das Frühstück bringen und den Flachs zum Spinnen, und an jedem Abend, wenn ich das Abendbrot bringe, werde ich die fünf Docken abholen, die du tagsüber gesponnen hast. Aber wenn du einmal versäumst, die fünf Docken zu spinnen, wirst du vom Hofe gejagt.»

Sobald die arme Joan sich selbst überlassen war, ließ sie sich auf den Stuhl nieder und weinte. Sie konnte nicht eine Docke Flachs an einem Tage spinnen, geschweige denn fünf. Ihre Hände waren nicht sehr geschickt, und sie hatte nie gelernt, ein Spinnrad zu gebrauchen. Der König würde ihr den Flachs bringen und abends die Docken holen wollen, und dann würde er entdecken, daß sie überhaupt nicht spinnen konnte, und sie würde vom Hofe gejagt. Wie Joan weinend dasaß, hörte sie ein leises Klopfen an der Tür, und sie rief: «Herein!» Da kam ein kleines Dingsda in die Stube, mit wasserblauen Augen und einem langen Schwanz. Es sah aus den Augenwinkeln auf Joan und fragte: «Warum weinst du?»

«Was geht dich das an?» entgegnete Joan.

«Kann sein, kann auch nicht sein, daß es mich angeht», sagte das schwarze Dingsda. «Erzähle mir, was dich bedrückt.»

Da erzählte ihm Joan alles: von der verbrannten Pastete, von ihrer Heirat mit dem König, von den fünf Docken Flachs, die sie spinnen sollte, wenn sie nicht vom Hofe gejagt werden wollte.

«Nun, da kann ich dir helfen», sagte das Dingsda. «Ich werde an jedem Morgen, wenn der König den Flachs gebracht hat, vorbeikommen und ihn mitnehmen; und am Abend werde ich dir die fünf Docken bringen.»

«Und der Preis dafür?» fragte Joan.

«Du mußt meinen Namen erraten», sagte das kleine schwarze Dingsda, «und du darfst jeden Tag dreimal raten. Wenn du ihn aber bis zum Ende des Monats nicht geraten hast, dann gehörst du mir.»

«Gut», sagte Joan, «daran will ich mich halten.»

Was blieb ihr auch weiter übrig? Sie wußte, daß sie den Flachs nicht selbst spinnen konnte, und wenn ihr niemand half, würde sie bestimmt vom Hofe gejagt. Außerdem hoffte sie, den Namen des kleinen schwarzen Dingsda noch vor Ende des Monats erraten zu können.

Ohne noch ein Wort zu verlieren, wedelte das Dingsda mit seinem Schwanz, erhob sich in die Luft und flog aus dem Fenster.

Am nächsten Morgen brachte der König das Frühstück für Joan und den Flachs zum Spinnen und überließ sie dann sich selbst. Kaum war er gegangen, kam das Dingsda geflogen, packte den Flachs und verschwand. Joan aber verbrachte den Tag damit, sich Namen für den Kobold auszudenken.

Als es zu dämmern anfing, flog das schwarze Dingsda mit den fünf Docken zum Fenster herein, und es war alles sauber und ordentlich gesponnen.

«Nun», sagte es, «wie heiße ich? Du hast drei Möglichkeiten.»

«Heißt du Bill?» fragte Joan.

Das Dingsda wedelte mit seinem Schwanz und sagte: «Nein, so heiße ich nicht.»
«Heißt du Ned?»
Das Dingsda lachte.
«Nein», sagte es, «so heiße ich nicht.»
«Dann heißt du Mark», sagte Joan.
Der Kobold lachte wieder. «So heiße ich auch nicht», sagte das Dingsda und flog durch das Fenster.
Bald darauf trat der König ein mit dem Abendbrot, und er freute sich, als er fünf Docken Garn erblickte.
«Nun, meine Liebe», sagte er, «ich sehe, daß du eine meisterhafte Spinnerin bist.»
Am nächsten Morgen brachte der König wieder den Flachs, und das Dingsda kam und trug ihn fort und brachte ihn am Abend gesponnen zurück. Und wieder fragte es Joan, wie es heiße. Jeden Tag geschah das gleiche, aber nie konnte Joan den Namen erraten. Sie versuchte es mit allen, die ihr nur einfielen, Namen von Jungen, die sie zu Hause gekannt hatte, Namen aus Geschichtsbüchern und Namen aus der Bibel. Und je näher das Ende des Monats kam, um so fröhlicher und boshafter wurde das Dingsda, während es mit seinem Schwanz wedelte und seine kleinen wasserblauen Augen rollen ließ. Am vorletzten Tag brachte es wie üblich das Garn und fragte wie gewöhnlich nach seinem Namen.
«Heißt du Nikodemus?» fragte Joan.
«So heiße ich nicht», sagte der Kobold und lachte tückisch.
«Heißt du Samuel?» fragte Joan.
«So heiße ich nicht», sagte der Kobold, und sein Schwanz ging heftig hin und her.
«Dann mußt du Methusalem heißen», sagte Joan verzweifelt.
«So heiße ich auch nicht», sagte das Dingsda mit einem schrecklichen Lachen. «Nur noch einen Tag, und du wirst die Meine sein.» Und das Dingsda wedelte so heftig, daß der

Schwanz kaum noch zu sehen war, und es starrte Joan aus seinen wasserblauen Augen an, bis sie sich fürchtete. Dann flog es wieder fort.
Die arme Joan war in einer traurigen Lage, aber der König blickte erfreuter denn je. «Ich zweifle nicht, meine Liebe», sagte er, «daß du morgen die fünf Docken spinnen wirst wie an allen Tagen zuvor. Um dir zu zeigen, wie glücklich ich bin, habe ich heute mein Abendbrot mitgebracht; ich will mich zu dir setzen und gemeinsam mit dir essen.»
Kein Wort sagte Joan über den Kobold, und sie aßen ihr Abendbrot zusammen. Kaum hatte der König seinen ersten Bissen geschluckt, als er laut zu lachen begann.
«Worüber bist du so vergnügt?» fragte Joan.
«Ach, meine Liebe», antwortete der König, «ich vergaß beinahe, es dir zu erzählen. Die spaßigste Sache von der Welt erlebte ich heute, als ich draußen jagte. Wir kamen an einen Waldrand, und da saß auf dem Boden einer alten Kiesgrube ein kleines schwarzes Geschöpf mit einem Schwanz auf einem kleinen Stuhl. Vor sich hatte es ein kleines Spinnrad und spann fleißig drauflos, das ging immer schneller und schneller. Dabei sang das schwarze Geschöpf vor sich hin, aber ich kann nicht Kopf und Fuß daraus machen:

‹Nimmy, nimmy not,
Ich heiße Tom Tit Tot.›

Kannst du daraus klug werden, meine Liebe?»
Joans Herz hüpfte vor Freude, aber sie sagte nichts. Als der König gegangen war, wiederholte sie immer wieder den Reim von Anfang bis Ende, um ihn ja richtig zu behalten, und danach schlief sie ein.
Am nächsten Tag brachte das Dingsda den gesponnenen Flachs wie immer, aber diesmal sah es noch verschlagener aus

als je zuvor. Es gab ihr die fünf Docken und fragte: «Wie heiße ich?» Joan tat sehr ängstlich und fragte zaghaft: «Heißt du Salomon?»

«Falsch! Rate noch einmal!» kreischte der Kobold, grinste schrecklich und kam langsam näher.

Joan zögerte und machte eine Pause, als ob sie verzweifelt nachdenken würde.

«Dann mußt du Zebedäus heißen», sagte sie matt.

«Auch nicht!» schrie der Kobold mit einem teuflischen Lachen, indem er noch näher an Joan herankam und seine kleinen schwarzen Hände nach ihr ausstreckte.

«Noch einmal darfst du raten, meine Kleine, und dann bist du mein!»

Joan wich in eine Ecke des Zimmers zurück, als wenn sie sich schrecklich vor ihm fürchtete, und dann zeigte sie mit einem Finger auf den kleinen Teufel und sagte mit lachender Stimme:

«Nimmy, nimmy not,
Du heißest Tom Tit Tot!»

Da gab es plötzlich einen hellen Blitz und einen Donnerschlag. Tom Tit Tot stieß einen lauten Schrei aus, schlug mit seinem Schwanz auf den Fußboden und flog mit Augen, die wie glühende Kohlen loderten, zum Fenster hinaus.

Und das war das Ende von dem Dingsda, denn Joan sah ihn nie wieder. Diesmal brachte der König kein Abendbrot, als er hereinkam; er warf einen Blick auf die fünf Docken und führte Joan die Treppe hinab, um wieder mit ihr in seinen Gemächern zu speisen.

Vom Mann, der sein Haus besorgte

(Norwegisch)

Es war einmal ein Mann, der war immer mürrisch und verärgert, und nie konnte die Frau ihm genug tun oder etwas zu Dank machen im Hause. Einmal, in der Erntezeit, kam er spät am Abend vom Felde zurück, und nun ging es an ein Schelten und an ein Toben, daß es ganz entsetzlich war, bald war ihm dies, bald war ihm das nicht recht. «Ach, Väterchen», sagte die Frau, «sei doch nicht immer so böse. Morgen wollen wir mal die Arbeit tauschen, ich will dann mit den Schnittern aufs Feld gehen, und du kannst das Haus besorgen.» Ja, das war dem Mann schon recht, und er ging sogleich auf den Vorschlag ein. Früh am andern Morgen nahm die Frau die Sense auf den Nacken und ging mit den Schnittern aufs Feld, um zu mähen, der Mann dagegen sollte das Haus besorgen. Nun wollte er zuerst Butter machen; als er aber eine Weile gebuttert hatte, wurde er durstig und ging hinunter in den Keller, um sich Bier zu zapfen. Während er aus dem Faß in die Bierkanne zapfte, hörte er, daß ein Ferkel in die Küche kam. Er fort, mit dem Zapfen in der Hand, und die Treppe hinauf, so schnell er nur konnte, damit das Ferkel nicht das Butterfaß umwerfen sollte. Als er aber sah, daß das Faß schon auf der Seite lag und das Ferkel von dem Rahm schmatzte, der auf den Boden floß, geriet er so in Wut, daß er das Bierfaß ganz und gar vergaß und dem Ferkel nachrannte. Bei der Tür holte er es ein, und da gab er ihm einen so derben Schlag, daß es auf der Stelle liegenblieb. Nun fiel es ihm wieder ein, daß er noch den Bierzapfen in der Hand hatte, als er aber hinunterkam in den Keller, war alles Bier auf den Boden gelaufen. Er ging nun in die Milchkammer, füllte aufs neue das Butterfaß mit Rahm und fing wieder an zu buttern, denn Butter wollte er durchaus zum Mittag haben. Als er aber eine Weile gebuttert hatte, fiel es

ihm ein, daß die Milchkuh noch im Stall stände und weder zu fressen noch zu saufen bekommen hatte, obgleich es schon hoch am Tage war.
Weil er nun dachte, es wäre doch zu weit, sie nach der Koppel zu treiben, wollte er sie aufs Dach bringen, denn das Dach war mit Rasen bedeckt, und das Gras stand hoch und schön. Und weil das Haus an einem steilen Hügel lag, glaubte er, es wäre ein leichtes, sie hinaufzubringen, wenn er bloß eine Planke vom Hügel auf das Dach hinüberlegte; das Butterfaß wollte er aber nicht stehenlassen, denn sein kleiner Junge krabbelte auf der Erde herum und könnt's nachher umstoßen, dachte er, darum nahm er es auf den Rücken und ging hinaus. Ehe er aber die Kuh auf das Dach ließ, wollte er ihr noch mal zu saufen geben und nahm einen Eimer, um damit Wasser aus dem Brunnen zu schöpfen; als er sich aber bückte, floß aller Rahm aus dem Faß ihm den Nacken hinunter und lief ins Wasser.
Als es nun gegen Mittag ging, wollte er sich Grütze kochen, weil's ihm mit der Butter nicht geglückt war, und hing den Kessel mit Wasser übers Feuer. Kaum hatte er das getan, so fiel ihm ein, daß die Kuh, die er aufs Dach gebracht hatte, herunterfallen und Hals und Bein brechen könnte; darum nahm er einen Strick und ging hinauf, um sie festzubinden, das eine Ende band er ihr um den Hals, und das andere Ende warf er durch den Schornstein, ging dann hinunter und band es sich selbst in aller Eile ums Bein, denn das Wasser kochte schon im Kessel, und er mußte die Grütze umrühren. Während er nun damit beschäftigt war, fiel die Kuh vom Dach hinunter und zog den Mann an dem Strick in den Schornstein hinauf. Da hing er nun und konnte weder vorwärts noch rückwärts, und die Kuh hing draußen zwischen Himmel und Erde und konnte auch nicht loskommen. Die Frau hatte schon eine lange Zeit gewartet, daß der Mann kommen und sie zum Mittagessen rufen sollte; aber er kam nicht und kam nicht. Zuletzt dauerte

es ihr doch zu lange, und sie ging mit den Leuten nach Hause. Als sie die Kuh sah, die da zwischen Himmel und Erde hing, lief sie hin und hieb mit der Sense den Strick entzwei. Da fiel der Mann durch den Schornstein hinunter, und als sie in die Küche kam, stand er da mit dem Kopf in dem Grützkessel. Und ich kann Euch sagen, nie in seinem Leben hat er wieder das Haus besorgt.

(Aus dem Norwegischen von Friedrich Bresemann)

IV

Brave Mädchen, und wohin es sie bringt

Östlich von der Sonne und westlich vom Mond

(Norwegisch)

Es war einmal ein armer Katenmann, der hatte viele Kinder; er war aber so arm, daß er ihnen weder ordentlich zu essen noch Kleider auf den Leib geben konnte; dennoch waren die Kinder alle sehr schön; aber am schönsten von allen war doch die jüngste Tochter.

Nun war es einmal an einem Donnerstagabend im Spätherbst ein ganz abscheuliches Wetter draußen; es war stockfinster, und dabei regnete und stürmte es, daß die Fenster krachten. Die ganze Familie saß um den Kamin herum, und jeder war mit seiner Arbeit beschäftigt. Plötzlich klopfte es dreimal laut ans Fenster. Der Mann ging hinaus und wollte zusehen, was es war, und als er hinauskam, stand da ein großer weißer Bär.

«Guten Abend!» sagte der Bär.

«Guten Abend!» sagte der Mann.

«Willst du mir deine jüngste Tochter zur Frau geben», sagte der Bär, «dann will ich dich so reich machen, als du jetzt arm bist.» Dem Mann deuchte das nicht übel; aber er meinte, er müßte doch erst mit seiner Tochter ein Wort sprechen, ging hinein und erzählte, daß draußen ein großer weißer Bär stände, der hätte ihm versprochen, ihn ebenso reich zu machen, als er jetzt arm wäre, wenn er ihm seine jüngste Tochter zur Frau geben wolle. Das Mädchen sagte aber nein und wollte nichts von dem Handel wissen. Da ging der Mann wieder hinaus, sprach gütlich mit dem Bären und sagte, er solle nur am nächsten Donnerstagabend wiederkommen; inzwischen wolle er schon sehen, was bei der Sache zu tun wäre. Sie überredeten nun das Mädchen und schwatzten ihr allerlei vor von dem großen Reichtum, wozu sie gelangen würden, und wie gut sie

es selbst bekäme. Da gab sie denn endlich nach, wusch ihre paar Lappen, die sie hatte, rein, putzte sich heraus, so gut sie konnte, und hielt sich reisefertig.
Als am nächsten Donnerstagabend der Bär wiederkam, ja, da war's richtig; das Mädchen setzte sich mit ihrem Bündel auf seinen Rücken, und fort ging's. Als sie ein gutes Ende hinausgekommen waren, fragte der Bär sie: «Bist du auch bange?» Nein, das war sie ganz und gar nicht. «Halt dich nur immer gut an meinen Zotteln fest», sagte der Bär, «dann hat's keine Not.»
Nun ritt sie auf dem Rücken des Bären weit, weit in die Welt hinaus – kein Mensch kann sagen, wie weit es eigentlich war –, und zuletzt kamen sie zu einem großen Felsen; da klopfte der Bär an, und nun öffnete sich eine Pforte, durch welche sie in ein großes Schloß gelangten; drinnen waren viele von Lampen erleuchtete Zimmer, und alles strahlte von Gold und von Silber; auch war da ein großer Saal, und in dem Saal stand ein Tisch, der war mit den herrlichsten Gerichten besetzt. Nun gab der Bär ihr eine silberne Glocke und sagte, wenn sie sich irgend etwas im Schloß wünsche, dann solle sie nur damit klingeln, alsdann würde sie es sogleich bekommen. Wie sie nun gegessen und getrunken hatte und gegen Abend müde

wurde und sich zu Bett legen wollte, klingelte sie nur mit der Glocke – und sogleich öffnete sich eine Kammer, worin ein aufgemachtes Bett stand, so schön, wie man's sich nur wünschen konnte, mit seidenen Kissen und Vorhängen mit Goldfransen, und alles, was sich in der Kammer befand, war ebenfalls von Gold und von Silber. Wie sie aber nun das Licht ausgelöscht und sich ins Bett gelegt hatte, kam ein Mensch an und legte sich zu ihr, und so geschah es jede Nacht; aber sie bekam ihn nie zu sehen, denn er kam immer erst, wenn sie schon das Licht ausgelöscht hatte, und ging wieder fort, eh es noch Tag wurde. So lebte sie nun eine Zeitlang ruhig und zufrieden; aber endlich bekam sie eine so große Sehnsucht, ihre Eltern und Geschwister wiederzusehen, daß sie ganz still und traurig ward. Da fragte der Bär sie eines Tages, was ihr fehle, daß sie immer so still und sinnig wäre.
«Ach», sagte sie, «es wird mir hier so öde im Schloß, denn ich möchte so gern meine Eltern und meine Geschwister einmal wiedersehen.»
«Dazu kann Rat werden», sagte der Bär, «aber du mußt mir versprechen, daß du nie mit deiner Mutter allein reden willst, sondern nur, wenn die andern zugegen sind; denn sie wird dich wohl bei der Hand nehmen und dich in eine Kammer führen wollen, um mit dir allein zu sprechen; läßt du dich aber darauf ein, so machst du mich und dich unglücklich.» Nein, sagte das Mädchen, sie wolle sich schon in acht nehmen.
Am Sonntag kam der Bär und sagte, jetzt könne sie die Reise zu ihren Eltern antreten. Sie setzte sich nun auf seinen Rücken, und damit ging es fort. Wie sie nun eine lange Zeit gereist waren, kamen sie zu einem großen weißen Schloß, da gingen ihre Geschwister aus und ein und spielten, und alles war da so schön und prächtig, daß es eine Lust war, es anzusehen. «Da wohnen deine Eltern!» sagte der Bär. «Vergiß nun nicht, was ich dir gesagt habe; denn sonst machst du dich und mich un-

glücklich.» Nein, sie wollt's nicht vergessen, sagte das Mädchen und ging ins Schloß; der Bär aber kehrte wieder um.
Wie nun die Eltern ihre Tochter wiedersahen, freuten sie sich so sehr, daß es gar nicht zu sagen ist, und konnten ihr nicht genug danken für das, was sie für sie getan hatte; und sie erzählten ihr, wie sie es nun so außerordentlich gut hätten, und fragten sie, wie es denn ihr ginge. Oh, ihr ginge es auch recht gut, sagte das Mädchen, sie hätte alles, was sie sich nur wünschte. Was sie noch weiter sagte, weiß ich nicht recht; aber ich glaube, sie gab ihnen doch keinen ordentlichen Bescheid. Am Nachmittag, als sie gegessen hatten, geschah es, wie der Bär ihr gesagt hatte: Die Mutter wollte mit der Tochter allein in der Kammer sprechen; aber das Mädchen dachte an die Worte des Bären und wollte nicht mit ihr gehen, sondern sagte: «Oh, das, was wir zu sprechen haben, können wir immer hier sprechen.» Nun weiß ich aber nicht, wie es recht kam, die Mutter überredete sie doch zuletzt, und da mußte sie ihr denn alles erzählen, was sie wußte. Sie erzählte ihr nun auch, wie des Abends, wenn sie das Licht ausgemacht hätte, immer ein Mensch käme und sich zu ihr ins Bett legte; aber sie bekäme ihn nie zu sehen, denn eh es Tag würde, wäre er immer wieder fort, sagte sie, und darüber wäre sie so betrübt; denn sie wollte ihn doch so gern sehen, und der Tag würde ihr so lang, weil sie immer so allein wäre. «Wer weiß! Das ist gewiß ein Troll, der bei dir schläft», sagte die Mutter. «Wenn du aber meinem Rat folgen willst, so steh mal des Nachts auf, wenn er eingeschlafen ist, und zünde ein Licht an und sieh zu, was er für einer ist; aber nimm dich in acht, daß du keinen Talg auf ihn tröpfelst.»
Am Abend kam der Bär wieder und holte das Mädchen ab. Wie sie nun ein Ende hinausgekommen waren, fragte er sie, ob es nicht so gekommen sei, wie er gesagt hätte. «Ja», das konnte das Mädchen nicht leugnen.

«Hast du nun auf den Rat deiner Mutter gehorcht», sagte der Bär, «dann machst du dich und mich unglücklich; und mit uns beiden ist dann die Freundschaft aus.» Nein, das hätte sie nicht getan, sagte sie.

Als sie nun nach Hause gekommen waren und das Mädchen sich ins Bett gelegt hatte, geschah es wieder wie sonst: Es kam ein Mensch und legte sich zu ihr. In der Nacht aber, als sie hörte, daß er schlief, stand sie auf und zündete ein Licht an, und da sah sie nun im Bett den schönsten Prinzen liegen, den man nur sehen konnte, und sie ward so verliebt in ihn, daß sie ihn den Augenblick küssen mußte. Da versah sie's aber und ließ drei heiße Talgtropfen auf sein Hemd fallen, so daß er davon erwachte. «Was hast du getan?» rief er, als er die Augen aufschlug. «Nun hast du mich und dich unglücklich gemacht. Hättest du bloß das Jahr ausgehalten, so wäre ich erlöst gewesen; denn ich habe eine Stiefmutter, die hat mich verzaubert, so daß ich des Tages ein Bär und des Nachts ein Mensch bin; aber mit uns beiden ist es nun aus, denn ich muß dich jetzt verlassen und wieder zu ihr reisen; sie wohnt auf einem Schloß, das liegt östlich von der Sonne und westlich vom Mond, und da soll ich eine Prinzessin heiraten, die hat eine Nase, die ist drei Ellen lang.»

Das Mädchen fing an zu weinen und zu jammern; aber es war jetzt zu spät, er mußte fort. Sie fragte ihn, ob sie denn nicht mit ihm reisen könne. Nein, sagte er, das ginge nicht an. «Kannst du mir denn nicht den Weg sagen, damit ich dich aufsuche?» fragte sie, «denn das ist mir doch wohl erlaubt?»

«Ja, das magst du gern», sagte er, «aber es führt kein Weg dahin; denn das Schloß liegt östlich von der Sonne und westlich vom Mond, und dahin kommst du nie.»

Am Morgen, als sie erwachte, waren sowohl der Prinz als das Schloß verschwunden, und sie lag nun auf der bloßen Erde mitten in einem dicken, finstern Wald und hatte wieder ihre

alten Lappen an, und neben ihr lag dasselbe Bündel, das sie von zu Hause mitgenommen. Als sie sich den Schlaf aus den Augen gerieben und sich satt geweint hatte, begab sie sich auf den Weg und wanderte viele, viele Tage lang, bis sie endlich zu einem großen Berg kam. Vor dem Berge saß eine alte Frau und spielte mit einem goldnen Apfel. Das Mädchen fragte sie, ob sie nicht den Weg wüßte zu dem Prinzen, der bei seiner Stiefmutter auf einem Schloß wohne, das östlich von der Sonne und westlich vom Mond läge, und der eine Prinzessin heiraten sollte mit einer Nase, die drei Ellen lang wäre. «Woher kennst du ihn?» fragte die Frau. «Bist du vielleicht das Mädchen, das er heiraten wollte?» Ja, sagte das Mädchen, das wäre sie.
«So! Also du bist es!» sagte die Frau. «Ja, mein Kind», fuhr sie fort, «ich wollte dir gern helfen; aber ich weiß auch weiter nichts von dem Schloß, als daß es östlich von der Sonne und westlich vom Mond liegt, und dahin kommst du wohl nie. Ich will dir aber mein Pferd leihen, darauf kannst du zu meiner nächsten Nachbarin reiten, vielleicht daß *sie* den Weg dir sagen kann. Wenn du aber bei ihr ankommst, so schlage nur das Pferd unter das linke Ohr und heiß es wieder nach Hause gehen; und dann nimm diesen goldnen Apfel, denn du kannst ihn vielleicht gebrauchen.»
Das Mädchen setzte sich nun auf das Pferd und ritt eine lange, lange Zeit; endlich kam sie wieder zu einem Berg, vor dem saß eine alte Frau mit einem goldnen Haspel. Das Mädchen fragte sie, ob sie ihr nicht den Weg sagen könne nach dem Schloß, das östlich von der Sonne und westlich vom Mond läge. Die sagte aber ebenso wie die vorige Frau, sie wüßte weiter nichts von dem Schloß, als daß es östlich von der Sonne und westlich vom Mond läge. «Und dahin wirst du wohl niemals kommen», sagte sie, «aber ich will dir mein Pferd leihen, darauf kannst du zu meiner nächsten Nachbarin reiten, vielleicht daß *sie* den Weg dir sagen kann. Wenn du aber bei ihr ankommst,

so schlage nur das Pferd unter das linke Ohr und heiß es wieder nach Hause gehen; dann nimm diesen goldnen Haspel mit, denn du kannst ihn vielleicht gebrauchen.»
Das Mädchen setzte sich nun auf das Pferd und ritt viele Tage und Wochen lang: endlich kam sie wieder zu einem Berg, und vor dem saß eine alte Frau und spann an einem goldnen Rokken. Das Mädchen fragte nun wieder nach dem Prinzen und nach dem Schloß, das östlich von der Sonne und westlich vom Mond läge. «Bist du es, die der Prinz heiraten wollte?» fragte die Frau.
«Ja», sagte das Mädchen; aber die Frau wußte den Weg nicht besser als die beiden vorigen. «Östlich von der Sonne und westlich vom Mond liegt das Schloß», sagte sie, «und dahin kommst du wohl niemals. Ich will dir aber mein Pferd leihen; darauf kannst du zu dem Ostwind reiten; vielleicht, daß der den Weg dir sagen kann. Wenn du aber bei ihm ankommst, so schlage nur das Pferd unter das linke Ohr und heiß es wieder nach Hause gehen, und dann nimm diesen goldnen Rocken mit, denn du kannst ihn vielleicht gebrauchen.»
Sie ritt nun manche liebe Zeit, und endlich kam sie bei dem Ostwind an. Sie fragte ihn nun wieder, ob er ihr nicht sagen könne, wie sie zu dem Prinzen käme, der auf dem Schloß wohne, das östlich von der Sonne und westlich vom Mond läge. «Ja, von dem Prinzen hab ich wohl reden hören und von dem Schloß auch», sagte der Ostwind. «Aber den Weg kann ich dir nicht sagen, denn ich habe nie so weit geweht. Ich will dich aber zu meinem Bruder, dem Westwind, führen, vielleicht, daß der es weiß, denn der ist viel stärker als ich. Du kannst dich auf meinen Rücken setzen, dann will ich dich hintragen.» Das Mädchen setzte sich nun auf seinen Rücken, und fort ging es. Als sie bei dem Westwind ankamen, erzählte ihm der Ostwind, er habe ein Mädchen mitgebracht, das den Prinzen heiraten solle, der auf dem Schloß wohne, das östlich von der

Sonne und westlich vom Mond läge, und fragte ihn, ob er nicht den Weg dahin wüßte. «Nein», versetzte der Westwind, «so weit habe ich nie geweht. Wenn du es aber willst», sagte er zu dem Mädchen, «so kannst du dich auf meinen Rücken setzen, dann will ich dich zu dem Südwind bringen; vielleicht kann der es dir sagen, denn der ist weit stärker als ich und weht und streift überall herum.» Das Mädchen setzte sich auf seinen Rücken, und da dauerte es denn nicht lange, so waren sie bei dem Südwind. Als sie ankamen, fragte ihn der Westwind, ob er nicht den Weg nach dem Schloß wüßte, das östlich von der Sonne und westlich vom Mond läge, denn das Mädchen, das er mitgebracht hätte, solle den Prinzen heiraten, sagte er. «So?» sagte der Südwind, aber den Weg wußte er auch nicht. «Ich hab mein Lebtag viel herumgeweht», sagte er, «aber so weit bin ich nie gekommen. Wenn du es aber wünschest», sagte er zu dem Mädchen, «so will ich dich zu meinem Bruder, dem Nordwind, führen, der ist der älteste und stärkste von uns allen, und wenn der den Weg dir nicht sagen kann, so erfährst du ihn niemals.» Das Mädchen mußte sich nun auf seinen Rücken setzen, und fort ging es, daß die Heide wackelte.

Es dauerte nicht lange, so kamen sie bei dem Nordwind an; aber der war so wild und ungestüm, daß er ihnen schon von weitem lauter Schnee und Eis ins Gesicht blies. *«Was wollt ihr?»* rief er, so daß es ihnen kalt über die Haut lief. «Oh, du mußt nicht so gegen uns auffahren», sagte der Südwind, «denn das bin ich, dein Bruder, und das hier ist das Mädchen, das den Prinzen heiraten soll, der auf dem Schloß wohnt, das östlich von der Sonne und westlich vom Mond liegt, und nun wollte sie dich gern fragen, ob du nicht da herum Bescheid wüßtest.»

«Ja, ich weiß wohl, wo es liegt», sagte der Nordwind, «ich habe mal ein Espenblatt dahin geweht; aber da war ich so

müde, daß ich nicht wieder wehen konnte manchen lieben Tag. Wenn du aber durchaus dahin willst», sagte er zu dem Mädchen, «und dich nicht fürchtest, so will ich dich auf meinen Rücken nehmen und zusehen, ob ich dich hinwehen kann.»

Ja, sagte das Mädchen, hin wolle und müsse sie, wenn's nur auf irgendeine Weise angehen könne, und bange wäre sie ganz und gar nicht, ob's auch noch so schlimm gehen sollte.

«So mußt du die Nacht hierbleiben», sagte der Nordwind, «denn wir müssen den Tag vor uns haben, wenn wir hin wollen.»

Früh am andern Morgen weckte sie der Nordwind, blies sich auf und machte sich so groß und stark, daß es ganz entsetzlich war, und fort ging's durch die Luft, als ob's bis ans Ende der Welt gehen sollte. Da entstand ein so gewaltiger Sturm, daß ganze Dörfer und Wälder umwehten, und als sie über's große Meer kamen, versanken die Schiffe zu Hunderten. Immer ging's fort übers Wasser, und das war so weit, so weit, daß kein Mensch es glauben sollte; aber der Nordwind wurde schwächer und immer schwächer, und so schwach wurde er, daß er beinah nicht mehr wehen konnte, und er sank tiefer und immer tiefer hinunter, und zuletzt ging es so niedrig, daß die Wellen ihm an die Fersen schlugen. «Bist du bange?» fragte er das Mädchen. «Nein, ganz und gar nicht», sagte sie. Nun waren sie nicht mehr weit vom Lande, und der Nordwind hatte kaum noch so viele Kräfte übrig, daß er sie an den Strand unter die Fenster des Schlosses wehen konnte, das östlich von der Sonne und westlich vom Mond lag. Da war er aber auch so matt und hinfällig, daß er sich viele Tage lang ausruhen mußte, eh er wieder nach Hause konnte.

Den andern Morgen setzte das Mädchen sich unter die Fenster des Schlosses und spielte mit dem goldnen Apfel, und die erste, welche sie sah, war die Nasenprinzessin, die der Prinz

heiraten sollte. «Was willst du für deinen goldnen Apfel haben?» fragte sie das Mädchen, indem sie das Fenster aufmachte.
«Der ist nicht feil, weder für Gold noch für Geld», sagte das Mädchen.
«Wenn du ihn nicht verkaufen willst, weder für Gold noch für Geld, was willst du denn dafür haben?» sagte die Prinzessin. «Ich will dir geben, was du verlangst.»
«Ja, wenn ich eine Nacht bei dem Prinzen schlafen darf, so sollst du ihn haben», sagte das Mädchen. «Ja, das magst du gern», sagte die Prinzessin und nahm den goldnen Apfel. Als aber das Mädchen in die Kammer des Prinzen kam, war dieser fest eingeschlafen; sie rief ihn und rüttelte ihn und weinte und jammerte; aber sie konnte ihn nicht ermuntern. Am Morgen, als es hell wurde, kam die Prinzessin mit der langen Nase und jagte sie wieder hinaus.
Den Tag setzte das Mädchen sich wieder unter die Fenster des Schlosses und schlang das Garn auf ihren goldnen Haspel, und nun geschah es wieder ebenso wie gestern. Die Prinzessin fragte sie, was sie für den Haspel haben wolle; aber das Mädchen sagte, er wäre nicht feil, weder für Gold noch für Geld; wenn sie aber noch eine Nacht bei dem Prinzen schlafen dürfe, so solle die Prinzessin ihn haben. Die sagte sogleich ja und nahm den goldnen Haspel. Als aber das Mädchen hinaufkam, war der Prinz wieder fest eingeschlafen; und wieviel sie ihn auch rief und rüttelte und weinte und jammerte, so konnte sie ihn doch nicht ermuntern; und am Morgen, als es hell wurde, kam die Prinzessin mit der langen Nase und jagte sie wieder hinaus.
An diesem Tage setzte sich das Mädchen mit ihrem goldnen Rocken unter die Fenster hin und spann. Als die Prinzessin mit der langen Nase den Rocken sah, wollte sie den auch gern haben; sie machte das Fenster auf und fragte das Mädchen,

was sie haben wolle für ihren goldnen Rocken. Das Mädchen sagte aber wieder wie die beiden vorigen Male, für Gold und Geld sei er nicht feil; wenn die Prinzessin sie aber noch eine Nacht bei dem Prinzen wolle schlafen lassen, dann solle sie ihn haben. Ja, das dürfe sie gern, sagte die Prinzessin und nahm den goldnen Rocken. Nun hatten aber einige Leute, die neben der Kammer des Prinzen schliefen, seit zwei Nächten ein so klägliches Rufen und Wimmern von einem Frauenzimmer drinnen gehört, und das erzählten sie am Morgen dem Prinzen. Als nun am Abend die Prinzessin mit der Suppe kam, die der Prinz immer zu trinken pflegte, eh er zu Bett ging, tat er, als ob er sie tränke, aber goß die Suppe hinter sich; denn er ahnte nun wohl, daß die Prinzessin einen Schlaftrunk hineingetan hatte. Wie nun am Abend das Mädchen in die Kammer kam, war der Prinz noch wach und freute sich über alle Maßen, das Mädchen wiederzusehen; und sie mußte ihm nun erzählen, wie es ihr ergangen war und wie sie zu dem Schloß gekommen sei. Als sie ihm alles erzählt hatte, sagte er: «Du kommst grade zu rechter Zeit, denn morgen soll meine Hochzeit mit der Prinzessin sein; aber ich frage nichts nach ihr und ihrer langen Nase, sondern du bist die einzige, die ich haben will. Ich werde darum sagen, ich möchte gern sehen, wozu meine Braut taugt, und von der Prinzessin verlangen, daß sie die drei Talgflecke aus meinem Hemd wasche. Darauf wird sie sich denn wohl einlassen, aber ich weiß, daß sie es nicht zustande bringt; denn die Flecke sind von deiner Hand darauf getröpfelt, und nur Christenhände können sie wieder auswaschen, aber nicht die Hände von solchem Trollpack, wozu sie gehört. Ich werde aber sagen, ich wolle keine andre Braut haben als die, welche es zustande brächte, und wenn sie es dann alle versucht haben und nicht damit fertig werden können, dann werde ich dich rufen, daß du es auch versuchst.» Hierauf brachten sie die Nacht munter und vergnügt miteinander zu.

Als aber am Tage die Hochzeit werden sollte, sagte der Prinz: «Ich möchte doch erst sehen, wozu meine Braut taugt.» Das wäre nicht mehr als billig, meinte die Stiefmutter. «Ich habe ein so schönes Hemd», sagte der Prinz, «und das möchte ich gern zum Bräutigamshemd haben; aber nun sind mir drei Talgflecke hineingekommen, und die wollt ich gern wieder ausgewaschen haben; darum habe ich mir vorgenommen, keine andre zu heiraten als die, welche dazu taugt.» Je nun, das wäre ja nicht so gefährlich, meinten die Frauen und gingen darauf ein; und die Prinzessin mit der langen Nase fing an zu waschen, was sie nur konnte; aber je länger sie wusch, desto größer und schwärzer wurden die Flecke. «Ach, du verstehst dich nicht darauf», sagte das alte Trollweib, ihre Mutter, «gib mir mal her!» Als aber die nun das Hemd bekam, wurde es noch schwärzer, und je mehr sie es wusch und rieb, desto größer wurden die Flecke. Nun sollten die andern Trollweiber das Hemd waschen; aber je länger sie es wuschen, desto abscheulicher war es anzusehen, und zuletzt sah das ganze Hemd aus, als hätt es im Schornstein gehangen.
«Ach, ihr taugt alle nicht dazu!» sagte der Prinz. «Da sitzt eine arme Bettlerdirne unter den Fenstern; ich bin gewiß, die versteht sich besser aufs Waschen als ihr alle zusammen. *Komm mal herein, du Dirne!*» rief er; und als das Mädchen kam, fragte er sie: «Kannst du wohl das Hemd da rein waschen?»
«Ich weiß nicht», sagte das Mädchen, «aber ich denke wohl.» Das Mädchen nahm nun das Hemd und fing an zu waschen, und da wurde es unter ihren Händen so weiß, wie frisch gefallener Schnee, und noch weißer.
«Ja, dich will ich haben!» sagte der Prinz. Da ward das alte Trollweib so arg, daß es barst; und die Prinzessin mit der langen Nase und das andre Trollpack, glaub ich, ist auch geborsten; denn ich habe nachher nie wieder etwas von ihnen gehört.

Der Prinz und seine Braut ließen nun alle Christen frei, die im Schloß gefangen waren; darauf nahmen sie soviel Gold und Silber, als sie nur fortschaffen konnten, und zogen weit weg von dem Schloß, das östlich von der Sonne und westlich vom Mond lag. Wie sie aber fortgekommen sind und wo sie hinzogen, das weiß ich nicht; sind es aber die, welche ich meine, so sind sie nicht gar so weit von hier.

(Aus dem Norwegischen von Friedrich Bresemann)

Das brave Mädchen und das störrische Mädchen

(Ozark Mountains, USA)

*E*inst lebte eine alte Frau draußen im Wald, die hatte zwei Töchter. Eine davon war ein braves Mädchen, und die andere war störrisch, aber die alte Frau mochte die Störrische lieber. Also ließen sie das brave Mädchen die ganze Arbeit machen, und es mußte mit einer stumpfen Axt Holz spalten. Das störrische Mädchen lag einfach den ganzen Tag flach auf dem Rükken und tat nie etwas.

Das brave Mädchen ging hinaus, Zweige sammeln, und bald sah sie eine Kuh. Die Kuh sagt: «Um Himmels willen, melke mich, mein Euter platzt gleich!» Also melkte das brave Mädchen die Kuh, aber es trank nichts von der Milch. Kurz darauf sieht es einen Apfelbaum, und der Baum sagt: «Um Himmels willen, pflück meine Äpfel, sonst breche ich!» Also pflückte das Mädchen die Äpfel, aber es aß keinen. Wenig später sieht es ein Maisbrot im Ofen, und das Brot sagt: «Um Himmels willen, nimm mich heraus, ich verbrenne!» Also zog das brave Mädchen das Brot heraus, aber es probierte keinen Krümel davon. In diesem Augenblick kam ein altes Männlein vorüber, und das überschüttete das Mädchen mit einem Sack Goldstücke, die überall an ihr klebenblieben. Als das brave Mädchen nach Hause kam, pflückte es Goldstücke von sich ab wie Federn von einer Gans.

Am nächsten Tag ging das störrische Mädchen aus, um auch Gold abzubekommen. Bald sieht es eine Kuh, und die Kuh sagt: «Um Himmels willen, melke mich, mein Euter platzt gleich!» Aber das störrische Mädchen trat der alten Kuh bloß in den Bauch und ging einfach weiter. Kurz darauf sieht es einen Apfelbaum, und der Baum sagt: «Um Himmels willen, pflück meine Äpfel, sonst breche ich!» Aber das störrische Mädchen lachte nur und ging weiter. Weniger später sieht es ein Maisbrot im Ofen, und das Brot sagt: «Um Himmels willen, nimm mich heraus, ich verbrenne!» Aber das störrische Mädchen achtete überhaupt nicht darauf und ging weiter. In diesem Augenblick kam ein altes Männlein vorüber, und das überschüttete das Mädchen mit einem Kessel Teer, der überall an ihr klebenblieb. Als das störrische Mädchen nach Hause

kam, war es so schwarz, daß die alte Frau nicht wußte, wer das war.

Die Leute versuchten alles mögliche, und schließlich hatten sie den größten Teil des Teers entfernt. Doch das störrische Mädchen sah danach immer irgendwie häßlich aus und hatte nie Glück. Geschah dem kleinen Biest auch ganz recht.

(Aus dem Englischen von Gerhard Döhler)

Das Mädchen ohne Hände

(Russisch)

In einem Zarenreich, nicht in unserem Reich, lebte einst ein reicher Kaufmann. Er hatte zwei Kinder, einen Sohn und eine Tochter. Als Vater und Mutter gestorben waren, sprach der Bruder zu seiner Schwester: «Laß uns diese Stadt verlassen, Schwesterlein; ich will mir einen Kaufladen mieten und Handel treiben, für dich aber eine Wohnung nehmen; und so werden wir unser Auskommen finden.»

Sie wanderten nun in ein anderes Gouvernement. Und als sie dort angelangt waren, richtete sich der Bruder ein und mietete einen Laden mit Weißwaren. Es kam ihm aber in den Sinn zu heiraten, und da nahm er sich ein Weib. Das war jedoch eine Zauberin.

Als der Bruder in seinen Laden gehen wollte, um Handel zu treiben, befahl er seiner Schwester: «Gib acht im Hause, Schwester.» Die Frau aber grollte darüber, weil er der Schwester die Aufsicht anvertraut hatte. Sie paßte die Zeit ab, wo der Mann nach Hause zurückkehren wollte, und zerschlug alle Möbel. Dann ging sie ihm entgegen und sagte: «Sieh nur,

was für eine Schwester du hast, sie hat alle Möbel in der Stube zerschlagen.»
«Nun, das läßt sich schon ersetzen», antwortete der Mann.
Am nächsten Tag ging er wieder in den Laden, nahm Abschied von seinem Weibe und von der Schwester und befahl ihr: «Gib acht im Hause, so gut du nur kannst.»
Da wartete die Frau die Zeit ab, wo der Mann heimkehren wollte, ging in den Stall und schlug dem Lieblingspferd ihres Mannes mit einem Säbel den Kopf ab. Dann trat sie auf die Treppe hinaus und erwartete den Gatten. «Sieh nur, wie schändlich deine Schwester ist! Deinem Lieblingspferd hat sie den Kopf abgehauen!»
«Ach, mögen die Hunde das Aas fressen», antwortete der Mann.
Am dritten Tage machte er sich wieder auf in seinen Laden, nahm Abschied und sagte zur Schwester: «Gib bitte auf die Frau acht, damit sie sich nicht selbst oder dem Kinde ein Leid antut, denn vielleicht gebiert sie eher, als zu erwarten ist.» Kaum gebar die Frau aber ein Kind, als sie ihm gleich den Kopf abschlug. Nun saß sie da und weinte über das tote Kind. Als ihr Mann heimkehrte, rief sie: «Schau nur deine Schwester an! Kaum hatte ich das Kind geboren, da nahm sie es und schlug ihm mit dem Säbel den Kopf ab!» Der Mann erwiderte nichts darauf, fing bitterlich an zu weinen und ging fort.
Die Nacht kam heran. Um Mitternacht stand der Bruder auf und sprach zu seiner Schwester: «Liebes Schwesterlein! Mach dich zurecht und komm mit mir zur Messe.» Sie antwortete: «Lieber Bruder! Heut ist doch gar kein Feiertag.»
«Doch Schwesterlein, es ist schon Feiertag; komm nur mit.»
«Es ist noch zu früh, Bruder, um hinzufahren», sagte sie.
«Nein», erwiderte er, «ihr Weiber trödelt ja so lange; mach dich rasch fertig!» Die arme Schwester begann sich anzukleiden, konnte aber nicht zu Ende kommen, denn immer wieder

sanken ihr die Arme herunter. Der Bruder kam zu ihr und sagte: «Mach flinker, Schwester, zieh dich an!»
«Es ist noch früh, Bruder!»
«Nein, Schwesterlein, es ist nicht mehr früh, sondern schon hohe Zeit.» Endlich war die Schwester fertig. Sie setzten sich in den Wagen und fuhren zur Messe.
Über kurz oder lang kamen sie in einen Wald. Da fragte die Schwester: «Was ist das für ein Wald?» Der Bruder antwortete: «Er steht als ein Schutz rund um die Kirche.» Bald darauf verfing sich ein Wagenrad in einem Strauch. Der Bruder sagte: «Steh auf, Schwesterlein, und mach das Rad frei.»
«Ach, liebes Brüderlein, ich kann ja nicht, mein Kleid wird schmutzig werden.»
«Ich werde dir ein neues Kleid kaufen, Schwesterlein, ein besseres als dieses hier.» Da stieg sie vom Wagen und wollte das Rad frei machen – der Bruder aber hackte ihr die Hände bis zum Ellenbogen ab, schlug dann auf die Pferde ein und fuhr davon.
Die Schwester blieb zurück, brach in Tränen aus und wanderte durch den Wald. So weit sie auch ging, und so lange sie auch herumirrte und stolpern mußte, sie fand keinen Weg, der sie aus dem Walde hinausführte.

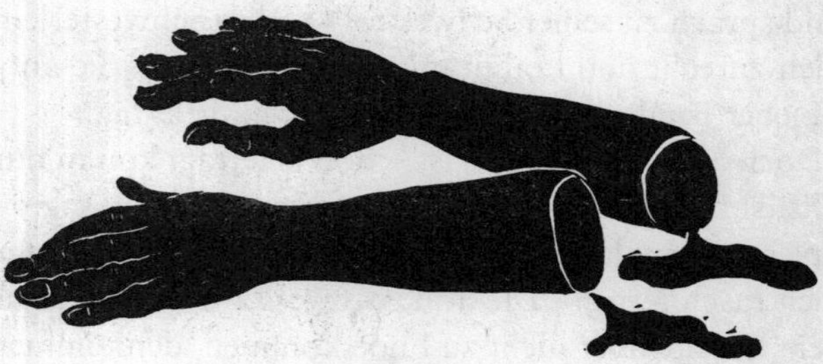

Endlich, nach langen Jahren stieß sie auf einen Fußpfad und gelangte ins Freie. Sie folgte ihm und kam in eine Kaufmannsstadt und bettelte bei einem sehr reichen Kaufmann unter den Fenstern um ein Almosen. Dieser Kaufmann aber hatte einen Sohn, einen einzigen, und der verliebte sich in die Bettlerin. Er sprach zu seinen Eltern: «Väterchen und Mütterchen, verheiratet mich!»
«Mit wem sollen wir dich denn verheiraten?»
«Mit dieser Bettlerin.»
«Ach, mein Lieber, haben denn die Kaufleute in unserer Stadt keine schönen Töchter?»
«Gebt mir diese zur Frau; wollt Ihr es nicht, so tue ich mir ein Leid an.» Der Handel gefiel ihnen aber nicht recht, denn es war ja ihr einziger Sohn. Sie riefen alle Kaufleute und die ganze Geistlichkeit zusammen und fragten: «Was meint Ihr, sollen wir ihn mit der Bettlerin verheiraten oder nicht?» Da sprachen die Priester: «Es ist wohl sein Schicksal, daß Gott ihm bestimmt hat, die Bettlerin zu heiraten.»
Und so lebte er denn mit ihr ein Jahr und ein zweites und machte sich dann auf in das andere Gouvernement, wo ihr Bruder in seinem Laden saß. Er nahm Abschied und bat seine Eltern: «Väterchen und Mütterchen, verlaßt mein Weib nicht; gleichviel, was sie auch gebären wird, schreibt mir sofort!» Und als der Sohn weggefahren war, da gebar seine Frau nach zwei oder drei Monaten einen Sohn: bis zu den Ellbogen waren die Arme aus Gold, auf den Hüften schimmerten Sterne, auf der Stirne glänzte der helle Mond, auf dem Herzen die goldene Sonne!
Wie freuten sich da der Vater und die Mutter! Gleich schrieben sie ihrem lieben Sohn einen Brief und schickten schnell einen Alten mit dieser Botschaft fort. Die Schwägerin aber, die Zauberin, hatte schon davon erfahren und rief den Alten zu sich: «Komm herein, Väterchen, erhol dich!»

«Nein, ich habe keine Zeit, mit eiliger Bestellung schickte man mich.»
«Aber komm nur, Väterchen, erhol dich und iß bei mir Mittagsbrot.» Sie setzte ihn an den Tisch, seinen Ranzen aber trug sie fort, zog den Brief hervor, las ihn, riß ihn in Fetzen und schrieb einen anderen: «Dein Weib hat einen Sohn geboren: zur Hälfte ein Hund, zur Hälfte ein Bär.»
Kam der Alte zum Kaufmannssohn und überbrachte den Brief; der Sohn las ihn durch und weinte bitterlich. Dann schrieb er zurück und befahl, der Frau bis zu seiner Rückkehr kein Leides zu tun: «Ich komme selbst und werde sehen, was für ein Kind sie mir geboren hat.» Und abermals rief die Zauberin den Alten zu sich: «Komm herein, setz dich nieder und erhol dich.» Er trat ein, sie schwatzte ihm irgend etwas vor, las den Brief, zerriß ihn und schrieb: «Sobald der Brief in Eure Hände kommt, sollt Ihr sie gleich von Haus und Hof jagen.»
Der Alte brachte diesen Brief heim; die Eltern lasen ihn und betrübten sich sehr. «Was soll das heißen, was tut er uns an? Wir haben ihn heiraten lassen, und nun ist ihm sein Weib zuwider geworden!» Sie trauerten mehr um das Kind als um die Frau. Sie segneten Mutter und Kind und schickten sie fort. Sie wanderte weit und weinte bittere Tränen. War es lang darauf oder kurz?
Ringsumher war nichts als freies Feld, kein Wald und kein Dorf. Sie kam in ein einsames Tal und hatte großen Durst. Da erblickte sie zur rechten Hand einen Brunnen. Nun hätte sie gern getrunken, aber wollte sich nicht vorbeugen, um das Kind nicht fallen zu lassen. Plötzlich schien es ihr jedoch, als steige das Wasser. Sie bückte sich; da fiel das Kind ins Wasser. Sie ging um den Brunnen herum und weinte: Wie wollte sie nun das Kind herausziehen? Da kam ein alter Mann und fragte: «Warum weinst du, Magd?»

«Wie sollt ich nicht weinen! Ich beugte mich vor, um Wasser zu trinken, und da fiel mein Kind hinein.» – «Bücke dich nur und zieh es heraus.»
«Ich hab ja keine Hände, Väterchen, nur Arme bis zum Ellbogen.»
«Beuge dich nur hinab und nimm dein Kind heraus!» Da trat sie zum Brunnen und streckte die Arme hinunter, der liebe Gott aber hatte Erbarmen mit ihr – und mit einem Male waren ihre Hände heil wie zuvor! Sie beugte sich nieder und zog das Kind heraus; und dann betete sie zu Gott und verneigte sich nach allen vier Seiten.
Und als sie Gott gedankt hatte, ging sie weiter, kam zu dem Hause, wo ihr Bruder und ihr Mann lebten, und bat um ein Nachtlager. Da sagte ihr Mann zum Bruder: «Laß die Bettlerin ein; die Bettelweiber verstehen Märchen und Geschichten zu erzählen, sie können aber auch Wahres berichten.» Die Schwägerin aber meinte: «Wir haben keinen Platz für ein Nachtlager, es ist zu eng!»
«Nein, laß sie bitte nur ein; ich habe es lieber als mein Leben, wenn die Bettelweiber Märchen und Geschichten erzählen!» Da ließ man sie denn ein, und sie setzte sich mit ihrem Kinde auf den Ofen. Sprach ihr Mann zu ihr: «Nun, Frauchen, erzähl uns ein Märchen oder eine Geschichte.» Sie antwortete ihm: «Märchen und Geschichten versteh ich nicht zu erzählen, aber Wahres kann ich Euch wohl berichten. – Hört zu, Ihr Herren, wovon ich Euch sagen werde.» Und sie fing an zu erzählen:
«In einem Zarenreich, nicht in unserem Reich, lebte einst ein reicher Kaufmann. Er hatte zwei Kinder, einen Sohn und eine Tochter. Als der Vater und die Mutter gestorben waren, sprach der Bruder zu seiner Schwester: ‹Laß uns fortgehen, aus dieser Stadt.› Sie gingen in ein anderes Gouvernement. Dort richtete sich der Bruder ein und mietete einen Laden mit Weißwaren.

Es kam ihm aber in den Sinn zu heiraten; und er nahm sich eine Frau, die war eine Zauberin ...»
Da brummte die Schwägerin dazwischen: «Was schwatzt sie für einen Unsinn zusammen!» Ihr Mann aber sagte: «Erzähle, erzähle nur, Mütterchen, lieber als mein Leben sind mir Geschichten!»
Da fuhr die Bettlerin fort: «Und als sich der Bruder aufmachte, um in seinem Laden Handel zu treiben, befahl er der Schwester: ‹Gib acht im Hause, Schwester.› Die Frau aber war beleidigt, weil er alles der Schwester anvertraute; da zerschlug sie aus Wut alle Möbel ....» Und als sie erzählte, wie er sie zur Messe gebracht und ihr die Hände abgeschlagen hatte und wie sie geboren und die Schwägerin den Alten zu sich gelockt hatte, schrie die Schwägerin abermals: «Was für einen Unsinn erzählt sie!» Aber der Mann der Bettlerin sagte zum Bruder: «Befiehl deinem Weibe zu schweigen! Die Geschichte ist doch wunderschön!» Und sie erzählte, wie der Mann geschrieben hatte, daß man das Kind behalten solle bis zu seiner Rückkehr. Die Schwägerin aber brummte: «Was für einen Unsinn redet sie!» Und dann berichtete die Bettlerin, wie sie in dieses Haus gekommen sei; die Schwägerin aber schrie: «Seht sie an, was sie euch vorzuschwatzen weiß!» Da rief jedoch der Mann dem Bruder zu: «Befiehl ihr, den Mund zu halten! Was unterbricht sie fortwährend?» Und dann erzählte die Bettlerin zu Ende, wie man sie in die Stube gelassen und wie sie angefangen habe, die Wahrheit zu berichten ... Und sie zeigte auf die drei und sagte: «Das ist mein Mann, das ist mein Bruder, diese aber ist meine Schwägerin!» Da sprang der Mann zu ihr auf den Ofen, sagte: «Nun, mein Lieb, zeig mir dein Kind; haben Vater und Mutter die Wahrheit geschrieben?» Und als sie das Kind aufwickelten, erleuchtete es das ganze Zimmer! «Es ist die reinste Wahrheit. Sie hat uns kein Märchen erzählt, hier ist mein Weib und dort mein Sohn – bis zu den Ellbogen in Gold, an

den Seiten schimmern Sterne, auf der Stirne glänzt der helle Mond und auf dem Herzen die goldene Sonne!» Da nahm der Bruder die beste Stute aus dem Stall, band sein Weib an den Schwanz und ließ das Pferd hinaus auf das freie Feld. So lange jagte es herum, bis nur noch der Zopf von der Frau übrigblieb, der Leib aber wurde auf dem Felde in Fetzen geschleift. Dann spannten sie ein Dreigespann vor den Wagen und fuhren heim zu Vater und Mutter; sie lebten glücklich und zufrieden und mehrten ihr Hab und Gut.

Dort war auch ich,
Met und Wein trank ich,
Übern Schnurrbart floß es mir,
In den Mund nicht kam es mir.

V

Hexen

Die chinesische Prinzessin

(Kaschmir)

Zur Zeit des Großmoguls Schah Jahan wurde das Kaschmir-Tal von einem Herrscher mit Namen Ali Mardan Khan regiert. Er liebte die Jagd sehr. Eines Tages sah er, in einem Wald in der Nähe des schönen Dal-Sees auf der Suche nach Wild, einen Hirsch. Er ließ seine Gefährten hinter sich und jagte ihm nach. Nach einiger Zeit entrann ihm der Hirsch und verschwand im Gebüsch.

Ali Mardan zügelte sein Pferd und wartete eine Weile, in der Hoffnung, der Hirsch werde wieder aus seinem Versteck hervorkommen, aber der blieb verschwunden.

Müde und enttäuscht ritt Ali Mardan zu seinen Gefährten zurück, als er plötzlich jemanden weinen hörte. Er ging dem Geräusch nach, und da fand er unter einem Baum ein überwältigend schönes Fräulein sitzen, reich gekleidet und mit Juwelen geschmückt. Es war offensichtlich, daß sie nicht aus diesem Land stammte.

Ali Mardan war von ihrer Schönheit geblendet. Er stieg ab und erkundigte sich, wer sie sei und warum sie weine.

«Ach, Herr», antwortete sie, «ich bin die Tochter eines chinesischen Königs. Mein Vater ist im Kampf zwischen ihm und dem Herrscher einer Nachbarprovinz gefallen. Viele unserer Edelleute wurden gefangengenommen; aber mir gelang es, auf irgendeine Weise zu entfliehen. Seitdem bin ich von Ort zu Ort gewandert, bis ich schließlich hierherkam.»

«Schönes Fräulein», sagte Ali Mardan tröstend zu ihr, «nun mußt du nicht mehr weiterwandern. Nichts wird dir geschehen, denn ich bin der Herrscher dieses Landes.»

Als die chinesische Prinzessin dies hörte, weinte sie.

«Ach, mein Herr», sagte sie, «ich weine um meinen Vater, ich weine um meine Mutter, ich weine um mein Land, und ich weine um mich. Was wird aus mir werden ohne Freunde und Zuhause, wie kann ich leben?»

«Weine nicht länger, meine Schöne», sagte der König mitfühlend. «Ziehe in meinen Palast, wo du sicher bist und jede Bequemlichkeit vorfindest.»

«Das tue ich mit Freuden», sagte das Mädchen, noch immer unter Tränen, «und wenn du mich bitten würdest, deine Frau zu werden, dann könnte ich mich nicht verweigern.»

Als er diese Worte hörte, leuchtete Ali Mardans Gesicht auf. Er nahm das Mädchen bei den Händen.

«Komm, meine Liebste! Ich werde dich zu meiner Frau machen.» Und er nahm sie mit in seinen Palast, und bald darauf waren sie verheiratet.

Ali Mardan und seine Frau lebten schon einige Zeit glücklich zusammen, als sie eines Tages zu ihm kam und sagte:

«Baue mir einen Palast am See, damit ich vom Balkon aus mein Spiegelbild im Wasser sehen kann.»

Daraufhin erteilte Ali Mardan unverzüglich Befehle zum Bau des neuen Palasts. Tausende von Arbeitern und Maurern wurden beschäftigt, um das Bauwerk zu vollenden, und in kürzester Zeit schmückte ein herrlicher Palast aus Marmor das Ufer des Dal-Sees. Von drei Seiten umgaben ihn Gärten voll seltener, wunderbar duftender Blumen, und dort am See lebte die chinesische Prinzessin glücklich mit Ali Mardan, dessen Liebe zu ihr täglich zunahm.

Doch lange währte ihr Glück nicht. Eines Morgens erwachte Ali Mardan und fühlte sich nicht wohl.

«Ich habe Bauchschmerzen», sagte er zu seiner chinesischen Frau.

Er kümmerte sich nicht sehr darum. Als die Schmerzen aber den ganzen Tag über anhielten, schickte seine Frau nach dem Leibarzt, der den Herrscher untersuchte und ihm eine Arznei gab; doch die Schmerzen ließen nicht nach. Ali Mardan blieb

im Bett, und die chinesische Prinzessin sorgte ständig für ihn. Viele Tage vergingen, ohne daß eine Besserung eintrat.
Nun wollte es der Zufall, daß ein Yogi mit einem kleinen Krug Wasser am Dal-See vorbeikam. Er war erstaunt, dort den neuen Palast zu sehen.
«Ich habe hier noch nie einen Palast gesehen», sagte er sich. «Wer mag den bloß gebaut haben?»
Da er sich müde fühlte und es ein heißer Tag war, ging er in den Palastgarten und setzte sich unter einen Baum. So friedlich fühlte er sich inmitten der Blumenbeete, und so schön sangen die Vögel um ihn her, daß er bald einschlummerte.
Nun machte um diese Stunde Ali Mardan, der sich etwas besser fühlte, einen Spaziergang durch den Garten. Er ging langsam, von seinen Höflingen gestützt.
Ali Mardan war ein demütiger Mann und stets sehr respektvoll gegenüber heiligen Männern, welchen Glaubens auch immer; statt also ärgerlich über den Eindringling zu werden, lächelte er.
«Stört den schlafenden Yogi nicht», sagte er zu seinen Dienern. «Holt das beste Bett herbei, das ihr finden könnt, und legt diesen heiligen Mann sanft darauf.» Dann erblickte er den Krug mit Wasser und fügte hinzu:
«Geht auch damit sorgsam um.»
Als der Yogi zwei Stunden später erwachte, wunderte es ihn, daß er in einem so bequemen Bett lag.
«Keine Sorge», sagte ein Diener, der sich näherte, als er den Yogi wach sah. «Du bist Gast von Ali Mardan, dem Herrscher von Kaschmir, der dich zu sehen wünscht.»
Dann merkte er, daß der Yogi nach etwas suchte, und fügte hinzu:
«Dein Krug ist sicher aufbewahrt; beunruhige dich nicht.»
Dann wurde der Yogi in den Raum des Herrschers geleitet. Er fand ihn auf seinem Bett liegend.

«Hast du gut geruht, heiliger Mann?» fragte Ali Mardan sanft. «Wer bist du, und woher kommst du?»
«Herr», erwiderte der Yogi, «ich bin ein demütiger Schüler meines Gurus, der in einiger Entfernung von hier in einem Wald lebt. Mein Meister trinkt gern das Wasser einer heiligen Quelle und schickt mich ab und zu, es zu holen. Als ich das letzte Mal hier vorüberkam, stand kein Palast da, daher war ich erstaunt, als ich heute diesen hier vorfand. Doch ich muß jetzt Abschied von dir nehmen, denn ich habe mich schon verspätet, und mein Meister wird besorgt sein, wenn ich nicht vor Einbruch der Dunkelheit zurückkehre.»
Dann dankte der Yogi für die ihm erwiesene Freundlichkeit und wollte gerade das Schlafzimmer verlassen, als Ali Mardan plötzlich einen Anfall von Schmerzen erlitt. Der Yogi erkundigte sich und erfuhr von der rätselhaften Krankheit des Herrschers. Dann verließ er den Palast.
An jenem Abend kehrte der Yogi zu seinem Meister zurück und berichtete diesem über die Ereignisse des Tages. Besonders erwähnte er die Gastfreundschaft, die ihm der Herrscher erwiesen hatte. Der Guru war sehr erfreut, davon zu hören.
Dann erzählte der Schüler ihm, daß der Herrscher von einer seltsamen Krankheit befallen sei, die kein Arzt bislang habe heilen können.
«Es tut mir leid, von seiner Krankheit zu hören», sagte der Guru. «Führe mich morgen zu ihm, und wir wollen sehen, ob wir ihm irgendwie helfen können.»
Am nächsten Morgen führte der Schüler seinen Meister zu dem Palast und bat um eine Audienz bei dem Herrscher, der sich noch in seinem Schlafzimmer aufhalten mußte. Der Schüler stellte Ali Mardan seinen Meister vor und nannte ihm auch den Grund ihres Besuchs.
«Deine heilige Gegenwart ehrt mich sehr, o Guru», sagte Ali

Mardan. «Und wenn du mich von dieser Krankheit heilen kannst, werde ich dir mein Leben lang dankbar sein.»
«Zeige mir deinen Körper», sagte der heilige Mann.
Kaum hatte der Herrscher sich entblößt, fragte der Guru schon:
«Hast du in letzter Zeit geheiratet?»
«Ja», sagte Ali Mardan und erzählte dem heiligen Mann kurz von seiner Begegnung mit der chinesischen Prinzessin und seiner Ehe mit ihr.
«Genau wie ich vermutet habe», bemerkte der heilige Mann. Dann sagte er in ernstem Ton:
«O Herrscher! Du bist wirklich sehr krank, aber ich kann dich heilen, wenn du das tust, was ich dir sage.»
Der Herrscher war beunruhigt und versicherte dem Guru, er werde die Anweisungen befolgen.
An diesem Abend befahl Ali Mardan gemäß den Anweisungen des Gurus, zweierlei *kitcheri* zu kochen, einmal salzig und einmal süß, und auf einer Platte so angerichtet, daß das salzige *kitcheri* auf der einen und das süße auf der andern Seite lag. Als sich der Herrscher und seine chinesische Frau wie üblich zum Essen setzten, drehte er ihr die salzige Seite der Platte zu. Sie fand ihren Teil zu salzig, da sie ihren Mann jedoch mit Appetit essen sah, sagte sie nichts und aß schweigend.
Dann wurde es Zeit, sich zu Bett zu begeben. Den Anweisungen des Gurus gemäß hatte Ali Mardan den Dienern befohlen, das Trinkwasser aus dem Schlafzimmer zu entfernen und den Raum von außen zu verschließen.
Wie erwartet, wachte die chinesische Prinzessin mitten in der Nacht sehr durstig auf, und als sie kein Wasser und keinen Weg hinaus fand, wurde sie verzweifelt. Sie blickte auf ihren Mann, um sicher zu sein, daß er fest schlief; dann nahm sie die Gestalt einer Schlange an, glitt durchs Fenster und hinunter in den See, um ihren Durst zu stillen. Nach wenigen Minuten

kam sie auf die gleiche Weise zurück, nahm ihre menschliche Gestalt wieder an und legte sich neben ihren Mann.
Ali Mardan, der nur so getan hatte, als ob er schliefe, war entsetzt über das, was er gesehen hatte, und fand in dieser Nacht keinen Schlaf mehr. Früh am nächsten Morgen suchte er den heiligen Mann auf und erzählte ihm, was in der Nacht geschehen war.
«O Herrscher!» sagte der heilige Mann. «Wie du gesehen hast, ist deine Gattin keine Frau, sondern eine Lamia – eine Schlangenfrau.» Dann erklärte er Ali Mardan:
«Wenn hundert Jahre hindurch kein Blick eines Menschen auf eine Schlange fällt, bildet sich auf ihrem Kopf ein Kamm, und sie wird König der Schlangen, und wenn sie für weitere hundert Jahre keinem Menschen unter die Augen kommt, verwandelt sie sich in einen Drachen, und wenn sie für dreihundert Jahre von keinem Menschen erblickt wird, erlangt sie den Zustand einer Lamia. Eine Lamia besitzt ungeheure Kräfte und kann nach Belieben ihre Erscheinung wechseln. Besonders gern nimmt sie die Gestalt einer Frau an. Das, o Herrscher, ist deine Frau», schloß er.
«Wie grauenvoll!» rief der Herrscher aus. «Gibt es denn keine Möglichkeit, diesem Ungeheuer zu entkommen?»
«Doch, die gibt es», antwortete der heilige Mann, «nur müssen wir vorsichtig handeln, damit sie keinen Verdacht schöpft, denn wenn sie auch nur vermutet, daß ihr Geheimnis aufgedeckt ist, wird sie nicht nur dich vernichten, sondern auch dein Land. Tu darum genau, wie ich dir sage.»
Dann teilte der Guru dem Herrscher seinen Plan mit, der sogleich ausgeführt wurde. In einiger Entfernung von dem Palast wurde ganz aus Harz ein Haus errichtet, in dem es nur ein Schlafzimmer und eine Küche gab. Ein großer Ofen mit einem starken Deckel wurde in der Küche gebaut.
Dann gab der königliche Arzt Ali Mardan den Rat, sich für

vierzig Tage in dieses Haus zurückzuziehen. Während dieser Zeit solle es niemandem außer seiner Frau erlaubt sein, ihn zu sehen.
Seine Frau war nur zu froh, Ali Mardan ganz für sich allein zu haben. Einige Tage verstrichen, in denen sie glücklich für all seine Bedürfnisse sorgte. Eines Tages sagte Ali Mardan zu seiner Frau:
«Der Arzt hat mir ein bestimmtes Brot verschrieben; bitte backe es für mich.»
«Ich mag Öfen nicht», sagte sie.
«Aber mein Leben ist in Gefahr», sagte der Herrscher. «Wenn du mich wirklich liebst, tu es für mich.»
Ihr blieb keine andere Wahl, als das Brot zu backen. Sie ging in die Küche und machte sich an die Arbeit. Als sie sich gerade über die Öffnung des Ofens beugte, um das Brot zu wenden, nützte Ali Mardan die Gelegenheit, nahm all seine Kraft zusammen, stieß sie hinein und klappte den Deckel zu, so daß sie nicht entkommen konnte. Dann eilte er hinaus und setzte, wie der heilige Mann ihm aufgetragen hatte, das Haus in Brand, welches sofort aufloderte, da es aus Harz gebaut war.
«Du hast gut gehandelt», sagte der Guru, der in diesem Moment herbeikam. «Nun geh in deinen Palast und ruhe dich dort zwei Tage aus. Am dritten Tag komm zu mir, und ich werde dir etwas zeigen.»
Der Herrscher gehorchte. In diesen zwei Tagen gewann er seine Gesundheit vollständig zurück. Er wurde so wohlgelaunt und stark, wie er es an dem Tag gewesen war, an dem er die falsche chinesische Prinzessin getroffen hatte.
Am dritten Tag gingen Ali Mardan und der Guru wie verabredet zu der Stelle, an der das Haus aus Harz gestanden hatte. Es war nichts davon übrig als ein Haufen Asche.
«Suche sorgfältig die Asche durch», sagte der heilige Mann, «und du findest darin einen Kieselstein.»

Ali Mardan suchte einige Minuten.
«Hier ist er», sagte er schließlich.
«Gut», sagte der Guru, «nun wähle. Was willst du haben, den Kiesel oder die Asche?»
«Den Kiesel», antwortete der König.
«Einverstanden», sagte der heilige Mann. «Dann nehme ich die Asche.»
Worauf er die Asche sorgsam in den Saum seines Gewands füllte und mit seinem Schüler davonging.
Ali Mardan entdeckte bald die Kraft des Kiesels. Es war der Stein des Philosophen, dessen Berührung alles Metall in Gold verwandeln kann. Doch worin der Wert der Asche bestand, blieb ein Geheimnis, denn Ali Mardan sah weder den Guru noch seinen Schüler jemals wieder.

(Aus dem Englischen von Gerhard Döhler)

Die Katzenhexe

(Afroamerikanisch)

Dies geschah zur Zeit der Sklaverei in North Carolina. Ich hab es meine Großmutter oft genug erzählen hören.

Meine Großmutter war Köchin und Hausmädchen bei dieser Familie von Sklavenhaltern – sie müssen Bissit geheißen haben, weil sie eine Bissit war. Nun, der Master hatte Schafe, und er schor seine Schafe und bewahrte die Wolle im ersten Stock auf. Und seine Frau beschuldigte die Köchin, ihre Wolle zu stehlen. «Jeden Tag wird meine Wolle weniger und weniger; jemand nimmt von meiner Wolle.» Sie wußte, daß niemand leicht ins Haus hinauf konnte außer dem Hausmädchen. Also nahmen sie sie mit hinaus und machten ihr die Hölle heiß wegen der Wolle, und der Master peitschte sie fürchterlich aus.

Wenn Großmutter nach oben putzen ging, hatte sie oft eine Katze in dem Haufen Wolle liegen sehen. Also dachte sie, die Katze hat die Wolle zusammengedrückt und wenig aussehen lassen. Und sie sagte sich, sie wird der Katze mit einem Schlachtermesser den Kopf abschneiden, wenn sie sie noch mal erwischt. Und sie hat sie erwischt. Sie packte die Katze beim Fuß, beim Vorderfuß, und hackte ihn ihr mit dem Messer ab. Und die Katze lief die Treppe runter und aus dem Haus.

So drehte sie den Fuß, den sie abgeschnitten hatte, und er wurde lebendig, verwandelte sich in eine Hand. Und die Hand trug einen goldenen Ring am Finger, mit Anfangsbuchstaben darin. Meine Großmutter brachte die Hand runter zu ihrer Herrin und zeigte sie ihr. Großmutter konnte nicht lesen und schreiben, aber die Miss wohl, und sie sah die Buchstaben auf dem Ring. Also gab es große Entrüstung, sie fingen an, darüber zu klatschen, wie es Nachbarn untereinander so tun, und sie hielten Ausschau nach einem, der vielleicht seine Hand ver-

loren hatte. Und sie fanden heraus, daß es diese reiche junge Frau war, die Sklaven besaß und mit einem jungen Mann verheiratet war, aber noch nicht lang. (Hexen bleiben nicht lange an einem Ort; sie ziehen weiter.) Am nächsten Morgen wollte sie nicht aufstehen und ihrem Mann das Frühstück zubereiten, weil sie nur noch eine Hand hatte. Und als er den Klatsch hörte und die Hand mit dem Goldring seiner Frau sah und sie ohne die Hand im Bett fand, da wußte er, daß sie die Katzenhexe war. Und er sagte, er wolle sie nicht mehr haben.
Es war Brauch, alte Hexen umzubringen. Sie nahmen sie und steckten sie an eine Eisenstange, sie spießten sie auf und gossen Teer um sie herum und zündeten sie an und verbrannten sie.
Sie hatte Hexenkünste studiert und wollte die Wolle haben. Sie konnte überallhin, wie der Wind, wie ein Geist. Wenn ihr Mann im Bett lag, schlüpfte sie immer davon, durch Schlüssellöcher, wenn nötig in Gestalt einer Ratte – sie können sich verwandeln –, und stahl Sachen und brachte sie heim.
Meine Großmutter hat das als die reine Wahrheit erzählt.

(Aus dem Englischen von Gerhard Döhler)

Baba Jaga

(Russisch)

Es lebten einmal ein Mann und eine Frau; als der Mann Witwer wurde, heiratete er eine andere, und von der ersten Frau blieb ein Töchterchen zurück. Die böse Stiefmutter liebte das Mädchen nicht, sie schlug es und sann darauf, wie sie es umbringen könnte. Eines Tages war der Vater verreist, da sagte die Stiefmutter zu dem Mädchen: «Geh zu deiner Tante, meiner Schwester, bitte sie um Nadel und Faden, damit du dir ein Hemd nähen kannst!» Diese Tante aber war die Baba Jaga Beinernes Bein.

Aber das Mädchen war nicht dumm, sie ging vorher zu ihrer leiblichen Tante. «Guten Tag, liebe Tante!»

«Guten Tag, meine Gute! Weshalb kommst du?»

«Die Stiefmutter schickt mich zu ihrer Schwester um Nadel und Faden, damit ich mir ein Hemd nähen kann.»

Die Tante lehrte sie: «Liebe Nichte, dort wird eine Birke mit ihren Zweigen dich in die Augen peitschen – du mußt sie mit einem Seidenband festbinden; dort wird ein Tor knarren und zuschlagen – du mußt ihm Öl unter die Fersen gießen; dort werden Hunde über dich herfallen – du mußt ihnen Brot zuwerfen; dort wird ein Kater dir in die Augen springen – du mußt ihm ein Stück Schinken geben.» Darauf ging das Mädchen weiter. Sie ging und ging und kam schließlich an.

Da stand ein kleines Haus. In dem Haus saß die Baba Jaga Beinernes Bein und webte. «Guten Tag, liebe Tante!»

«Guten Tag, meine Gute!»

«Die Mutter schickt mich zu dir um Nadel und Faden, damit ich mir ein Hemd nähen kann.»

«Gut; setz dich einstweilen und webe ein bißchen.»

Das Mädchen setzte sich an den Webstuhl, und die Baba Jaga sagte zu ihrer Magd: «Geh, heize die Badestube und bade meine Nichte. Bade sie aber ordentlich; ich möchte sie zum Frühstück essen.» Das Mädchen saß da, weder tot noch lebendig, fürchtete sich sehr und bat die Magd: «Meine Gute, schüre das Feuer nicht, sondern schütte Wasser darauf und trage das Wasser mit einem Sieb herbei.» Und sie schenkte der Magd ein Tüchlein.

Die Baba Jaga wartete. Sie trat an das Fenster und fragte: «Webst du, meine Liebe?»

«Ich webe, liebe Tante, ich webe, meine Gute.» Die Baba Jaga ging vom Fenster weg, und das Mädchen gab dem Kater ein Stück Schinken und fragte: «Könnte ich nicht weglaufen?»

«Hier hast du einen Kamm und ein Handtuch», sagte der Kater. «Nimm sie und lauf weg; die Baba Jaga wird dich verfolgen. Halte das Ohr an die Erde, und wenn du hörst, daß sie nicht mehr weit von dir ist, mußt du zuerst das Handtuch hinter dich werfen, ein breiter, breiter Fluß wird dann hinter dir fließen; wenn die Baba Jaga den Fluß überquert und dich weiter verfolgt, mußt du abermals das Ohr an die Erde halten, und sobald du hörst, daß sie nicht mehr weit von dir ist, den Kamm hinter dich werfen, und ein dichter, dichter Wald wird hinter dir emporwachsen. Durch diesen Wald wird die Hexe nicht hindurchkommen.»

Das Mädchen nahm das Handtuch und den Kamm und lief fort; die Hunde wollten sich auf sie stürzen, sie warf ihnen Brot hin, und die Hunde ließen sie durch; das Tor wollte vor ihr zuschlagen, sie goß ihm Öl unter die Fersen, und die Torflügel ließen sie durch. Die Birke wollte ihr in die Augen peitschen – sie band sie mit einem seidenen Band fest, und die Birke ließ sie durch. Der Kater aber setzte sich an den Webstuhl und webte: Er hat weniger gewebt, als die Fäden verwirrt.

Die Baba Jaga trat an das Fenster und fragte: «Webst du auch, liebe Nichte? Webst du, meine Gute?»

«Ich webe, Tante! Ich webe!» antwortete der Kater verdrießlich.
Die Baba Jaga stürzte ins Haus, sah, daß das Mädchen fort war, und begann, den Kater zu prügeln und zu beschimpfen, weil er dem Mädchen nicht die Augen ausgekratzt hätte. «Ich diene dir schon so lange, und du hast mir nie einen Knochen gegeben, aber von ihr habe ich Schinken bekommen.» Die Baba Jaga begann, alle zu beschimpfen und zu prügeln: die Hunde, die Torflügel, die Birke und die Magd. Die Hunde sagten: «Wir dienen dir schon so lange, du hast uns nicht einmal eine verbrannte Kruste gegeben, aber von ihr haben wir Brot bekommen.» Die Torflügel sagten: «Wir dienen dir schon so lange, und du hast uns noch nie Wasser unter die Fersen gegossen, aber von ihr haben wir Öl bekommen.» Die Birke sagte: «Ich diene dir schon so lange, und du hast mich nicht einmal mit einem Strick festgebunden, aber von ihr habe ich ein seidenes Band bekommen.» Die Magd sagte: «Ich diene dir schon so lange, aber du hast mir noch nie ein Läppchen geschenkt, sie aber hat mir ein Tüchlein geschenkt.»
Die Baba Jaga Beinernes Bein stieg hurtig in den Mörser, trieb ihn mit dem Stößel an, wischte die Spur mit dem Ofenbesen aus und wollte das Mädchen einholen. Das Mädchen legte das Ohr an die Erde und hörte, daß die Baba Jaga ihr nachjagte. Als sie nicht mehr weit von ihr war, nahm sie das Handtuch, warf es hinter sich, und schon strömte hinter ihr ein breiter, breiter Fluß! Die Baba Jaga kam an den Fluß und knirschte vor Wut mit den Zähnen; sie kehrte nach Hause zurück, holte ihre Ochsen und trieb sie an den Fluß. Die Ochsen tranken den ganzen Fluß bis auf den letzten Tropfen aus. Die Baba Jaga nahm die Verfolgung wieder auf. Das Mädchen legte das Ohr an die Erde und hörte, daß die Baba Jaga nicht mehr weit von ihr war – da warf sie den Kamm hinter sich: ein dichter, dichter Wald wuchs hinter ihr empor! Die Baba Jaga wollte

sich durchnagen, aber wie sehr sie sich auch mühte, sie konnte sich nicht hindurchnagen und mußte unverrichteter Dinge nach Hause zurückkehren.
Der Mann aber war nach Hause gekommen und fragte: «Wo ist denn meine Tochter?»
«Sie ist zu ihrer Tante gegangen», sagte die Stiefmutter. Es dauerte nicht lange, da kam das Mädchen gelaufen.
«Wo warst du?» fragte der Vater. «Ach, Väterchen», sagte das Mädchen, «die Mutter hatte mich zu der Tante geschickt um Nadel und Faden, damit ich mir ein Hemd nähen kann, aber die Tante, die Baba Jaga, wollte mich verschlingen.»
«Wie bist du ihr entkommen, Töchterchen?» Das Mädchen erzählte, wie alles sich zugetragen hatte. Als der Mann alles gehört hatte, geriet er in großen Zorn über seine Frau und schoß sie nieder; er lebte mit seiner Tochter glücklich und in Frieden, das Gute mehrte sich, auch ich bin dort gewesen, habe Met und Bier getrunken, alles lief den Schnurrbart herunter und nicht ein Tropfen in den Mund.

(Aus dem Russischen von Svetlana Geier)

Frau Nummer drei

(Chinesisch)

Während der T'ang-Epoche stand westlich von der Stadt K'ai Fêng Fu ein Gasthof namens «Brückentaverne», dessen Wirtin eine Frau von etwa dreißig Jahren war. Niemand wußte, wer sie war oder woher sie kam, und in der Umgebung nannte man sie «Frau Nummer drei». Sie war kinderlos, hatte keine Verwandten und galt als Witwe. Der Gasthof war komfortabel und geräumig; die Wirtin war wohlhabend und besaß eine Schar ausgezeichneter Esel.

Überdies war sie großzügig. Wenn ein Reisender knapp bei Kasse war, reduzierte sie ihre Preise oder ließ ihn kostenlos wohnen; folglich war ihr Gasthof niemals leer.

Eines Tages, irgendwann zwischen den Jahren 806 und 820 westlicher Zeitrechnung, kehrte ein Mann namens Chao Chi Ho, der nach Lo Yang (damals die Hauptstadt Chinas) unterwegs war, für die Nacht in der «Brückentaverne» ein. Es hatten sich bereits sechs oder sieben Gäste eingefunden, die jeder ein Bett in einem großen Schlafraum erhalten hatten. Chao, der als letzter gekommen war, erhielt ein Bett in einer Ecke zugeteilt, an die Wand zum Schlafzimmer der Wirtin angrenzend. Frau Nummer drei behandelte ihn gut, wie sie es mit all ihren Gästen tat. Vor dem Schlafengehen bot sie ihnen ein Glas Wein an und trank selbst eines mit. Ziemlich spät, nachdem sämtliche Gäste zu Bett gegangen waren, zog sich die Wirtin in ihr Zimmer zurück, schloß die Tür und blies das Licht aus.

Die andern Gäste schnarchten friedlich, doch Chao fand keine Ruhe.

Gegen Mitternacht hörte er die Wirtin in ihrem Zimmer Gegenstände verrücken und linste durch einen Riß in der Wand. Sie zündete eine Kerze an und nahm aus einer Kiste einen Ochsen, einen Bauern und einen Pflug – kleine Holzfiguren, etwa eine Handlänge groß. Sie stellte sie neben dem Kamin auf den gestampften Lehmfußboden des Zimmers, nahm etwas Spukke aus ihrem Mund und sprengte sie über die Figuren. Sogleich erwachten sie zu Leben. Der Bauer trieb den Ochsen an, der den Pflug zog, und sie gruben auf dem Fußboden eine Fläche etwa von der Größe einer Matte um. Als das Pflügen erledigt war, übergab die Wirtin dem Bauern einen Packen Buchweizenkörner. Die säte er aus, und sofort begannen sie zu sprießen. In wenigen Minuten blühten sie und trugen ihrerseits schon reife Körner. Dann erntete der Bauer das Getreide, drosch es und übergab es Frau Nummer drei, die ihm auftrug, es in einer kleinen Mühle zu mahlen. Dann legte sie den Bauern, seinen Ochsen und seinen Pflug – die wieder zu Holzfigürchen geworden waren – zurück in ihre Kiste und verwendete das Buchweizenmehl zum Backen von Kuchen.

Beim Krähen des Hahns standen die Gäste auf und bereiteten sich zum Aufbruch vor, aber die Wirtin sagte: «Ihr dürft nicht ohne Frühstück abreisen», und tischte ihnen die Buchweizenkuchen auf.

Chao war sehr unruhig, also dankte er ihr und verließ den Gasthof. Als er über die Schulter zurückblickte, sah er jeden Gast in dem Augenblick, da er von den Kuchen kostete, auf alle viere niederfallen und anfangen «iah» zu schreien. Jeder von ihnen hatte sich in einen schönen, kräftigen Esel verwandelt; und die Wirtin trieb sie sogleich in ihren Stall und eignete sich ihr Gepäck an.

Chao erzählte keinem Menschen von seinem Abenteuer; aber als er einen Monat später seine Geschäfte in Lo Yang erledigt hatte, kehrte er zurück und machte eines Abends in der «Brükkentaverne» halt. Er hatte frische Buchweizenkuchen bei sich, von der gleichen Größe und Form wie die, welche Frau Nummer drei bei seinem ersten Besuch gebacken hatte.

Durch Zufall war es im Gasthof diesmal leer, und sie machte es ihm sehr behaglich. Bevor er zu Bett ging, fragte sie ihn, ob er etwas zu bestellen wünsche.

«Nicht heute abend», erwiderte er, «aber ich würde gern morgen früh etwas essen, bevor ich aufbreche.»

«Sie sollen ein gutes Frühstück haben», sagte sie.

Während der Nacht fand die übliche wunderbare Vermehrung von Buchweizen statt, und am nächsten Morgen setzte die Wirtin Chao eine Platte Buchweizenkuchen vor. Als sie einen Augenblick hinausgegangen war, nahm Chao einen der Kuchen von der Platte und ersetzte ihn durch einen von seinen eigenen. Dann wartete er, bis sie zurückkam. Als sie wiederkam, sagte sie: «Sie essen ja überhaupt nichts.»

«Ich habe auf Sie gewartet», antwortete er. «Ich habe ein paar Kuchen bei mir. Wenn Sie keinen von meinen versuchen, esse ich auch keinen von Ihren.»

«Geben Sie mir einen», sagte Frau Nummer drei.

Chao reichte ihr den Zauberkuchen, den er von der Platte genommen hatte, und sobald sie hineinbiß, fiel sie auf alle viere und begann «iah» zu schreien. Sie hatte sich in eine schöne, kräftige Eselin verwandelt.

Chao sattelte sie und ritt auf ihrem Rücken nach Hause, den Kasten mit den Holzfigürchen im Gepäck; doch da er den Zauberspruch nicht kannte, konnte er weder die Figuren zum Arbeiten bringen noch andere Leute in Esel verwandeln.

Frau Nummer drei war der kräftigste, ausdauerndste Esel, den man sich vorstellen konnte. Sie war imstande, auf jeder Straße 100 Li am Tag zurückzulegen.

Vier Jahre später ritt Chao auf ihr an einem Tempel vorüber, der dem Berg Hua geweiht war, als plötzlich ein alter Mann anfing, in die Hände zu klatschen und zu rufen: «Hallo, Frau Nummer drei von der Brücke, was ist denn mit Ihnen passiert?» Dann griff er nach dem Zügel und sagte zu Chao: «Sie hat Ihnen übel mitzuspielen versucht, zugegeben, aber sie hat für ihre Sünden genug gebüßt. Lassen Sie mich sie jetzt befreien.» Dann nahm der alte Mann ihr das Halfter ab, und sogleich löste sich ihre Eselshaut auf, und sie stand aufrecht als Mensch da. Sie grüßte den alten Mann und verschwand. Niemand hat je wieder von ihr gehört.

(Deutsch von Gerhard Döhler)

VI

Unglückliche Familien

Das Mädchen, das sieben Jungen vertrieb

(Marokkanisch)

Es lebte einmal eine Frau, die sieben Söhne hatte. Jedesmal, wenn ihre Wehen begannen, sagte sie: «Diesmal wird es eine Tochter.» Aber es war jedesmal ein Junge.
Nun war sie wieder schwanger, und der Zeitpunkt der Geburt näherte sich, die Schwester ihres Mannes kam, um ihr beizustehen. Ihre sieben Söhne gingen auf die Jagd, aber bevor sie aufbrachen, baten sie ihre Tante: «Wenn unsere Mutter ein Mädchen gebiert, hänge die Spindel über die Tür. Wenn wir das sehen, kehren wir um und kommen nach Hause. Wenn sie einen weiteren Jungen gebiert, hängst du die Sichel über die Tür. Wenn wir die sehen, gehen wir davon.» Die Frau haßte ihre Neffen, drum hängte sie die Sichel über die Tür, obwohl das Neugeborene tatsächlich ein Mädchen war. Als die Jungen die Sichel sahen, gingen sie davon in die Wüste.
Das Kind erhielt den Namen Wudei'a-die-Subei'a-fortschickte oder Das Mädchen, das sieben Jungen vertrieb. Es wuchs heran und begann mit anderen Mädchen zu spielen. Eines Tages stritt sie sich mit ihren Freundinnen, und die sagten zu ihr: «Wenn du etwas taugen würdest, wären deine sieben Brüder dann am Tag deiner Geburt in die Wüste gegangen?»
Wudei'a lief heim zu ihrer Mutter. «Ist es wahr, daß ich sieben Brüder habe?» fragte sie.
«Sieben Brüder hast du wohl», sagte ihre Mutter, «aber am Tag deiner Geburt gingen sie auf die Jagd und seitdem – o Kummer und Leid – haben wir nichts mehr von ihnen gehört.»
«Dann gehe ich sie suchen», sagte das Mädchen.
«Wie willst du das anstellen, wo wir sie seit fünfzehn Jahren nicht mehr gesehen haben?» fragte ihre Mutter.

«Ich suche die Welt von Anfang bis Ende ab, bis ich sie finde», sagte Wudei'a.
Also gab ihre Mutter ihr ein Reitkamel und befahl einem Diener und einer Dienerin, sie zu begleiten. Nachdem sie eine Weile unterwegs waren, sagte der Diener: «Steig ab und laß die Dienerin auf dem Kamel reiten.»
«Ya Ummi, o meine Mutter», rief Wudei'a. Und ihre Mutter antwortete: «Warum rufst du?»
«Der Diener will, daß ich vom Kamel steige.» Ihre Mutter befahl dem Diener, Wudei'a reiten zu lassen, und sie reisten ein Stück weiter. Da versuchte der Diener erneut, Wudei'a zum Absteigen zu bewegen, und wieder rief sie ihre Mutter um Hilfe an. Doch beim drittenmal antwortete ihre Mutter nicht auf ihren Ruf, denn sie waren schon zu weit fort. So zwang der Diener sie, vom Kamel zu steigen und die Dienerin reiten zu lassen. Mit blutenden Füßen wanderte Wudei'a weiter, denn sie war es nicht gewöhnt, so weit zu gehen.
Drei Tage waren sie unterwegs, die Dienerin auf dem Kamel und Wudei'a weinend und mit um die Füße gewickelten Lumpen hinterher. Am dritten Tag begegneten sie einer Handelskarawane. Der Diener sagte: «Ihr Herren dieser Karawane, habt ihr sieben Männer gesehen, die in der Wildnis jagten?»
«Noch vor Mittag werdet ihr auf sie stoßen; ihr Schloß liegt an eurem Weg», antworteten die Händler.
Nun erhitzte der Diener Pech in der Sonne und rieb Wudei'a damit ein, bis ihre Haut ganz schwarz war. Er führte das Kamel zum Tor des Schlosses und rief: «Gute Nachrichten, Ihr Herren! Ich bringe Euch Eure Schwester.»
Die sieben Brüder liefen herbei, um den Diener ihres Vaters zu begrüßen, sagten aber: «Wir haben keine Schwester; unsere Mutter hat einen Sohn geboren!» Der Diener ließ das Kamel niederknien und deutete auf die Dienerin. «Eure Mutter hat eine Tochter geboren, und nun ist sie zu euch gekommen.»

Die Brüder hatten ihre Schwester nie gesehen – wie sollten sie sie erkennen? Sie glaubten dem Diener ihres Vaters, als er ihnen sagte, die Dienerin wäre ihre Schwester und Wudei'a ihre Sklavin.
Am nächsten Tag sagten die Brüder: «Heute setzen wir uns mit unserer Schwester zusammen; wir gehen nicht auf die Jagd.» Der älteste Bruder sagte zu dem schwarzen Sklavenmädchen: «Komm her und untersuche mein Haar nach Läusen.» Da bettete Wudei'a den Kopf ihres Bruders auf ihre Knie und weinte, während sie ihm das Haar durchkämmte. Eine Träne fiel auf ihren Arm. Ihr Bruder rieb die Stelle, und unter dem Pech kam die weiße Haut hervor. «Erzähl mir deine Geschichte», sagte der älteste Bruder. Schluchzend sagte ihm Wudei'a alles. Da nahm ihr Bruder sein Schwert, ging ins Schloß und schlug dem Diener und der Dienerin die Köpfe ab. Er machte Wasser warm und brachte Seife herbei, und Wudei'a wusch sich, bis ihre Haut wieder weiß war. Ihre Brüder sagten: «Nun sieht sie wirklich wie unsere Schwester aus.» Und sie küßten sie und blieben den ganzen Tag und den folgenden mit ihr zusammen. Aber am dritten Tag sagten sie: «Schwester, verriegle das Schloßtor, denn wir gehen auf die Jagd und kommen erst nach sieben Tagen wieder. Schließ die Katze mit dir ein und sorge für sie. Iß nichts, ohne ihr einen Teil abzugeben.»
Sieben Tage wartete Wudei'a zusammen mit der Katze im Schloß. Am achten Tag kehrten die Brüder mit der Jagdbeute zurück. Sie fragten: «Hast du dich gefürchtet?»
«Wovor sollte ich mich fürchten?» fragte Wudei'a zurück. «Mein Zimmer hat sieben Türen, sechs aus Holz und die siebte aus Eisen.» Nach einiger Zeit gingen die Brüder wieder auf die Jagd. «Niemand wagt es, sich unserm Schloß zu nähern», erklärten sie ihr. «Paß nur auf die Katze auf; von allem, was du ißt, gib ihr die Hälfte. Und sollte etwas geschehen, so

kennt sie unsere Jagdgründe – sie und die Taube auf dem Fenstersims.»

Als Wudei'a putzte, während sie auf ihre Brüder wartete, fand sie eine dicke Bohne auf dem Boden und hob sie auf. «Was ißt du da?» fragte die Katze. «Nichts. Ich habe beim Kehren nur eine Bohne gefunden», sagte Wudei'a. «Warum hast du mir nicht die Hälfte abgegeben?» fragte die Katze. «Ich hab's vergessen», sagte Wudei'a. «Jetzt sieh, wie ich es dir vergelte», sagte die Katze. «Wegen einer halben Bohne?» fragte Wudei'a. Aber die Katze lief in die Küche, pinkelte ins Feuer und löschte es aus.

Nun gab es kein Feuer mehr zum Kochen. Wudei'a stand an der Schloßmauer und blickte in die Ferne, bis sie weit draußen ein Licht sah. Sie ging darauf zu, und als sie die Stelle erreichte, fand sie einen Ghul an seinem Feuer sitzen. Sein Bart war so lang, daß ihm die eine Hälfte als Sitzmatte und die andere als Decke diente. «Sei gegrüßt, Vater Ghul», sagte Wudei'a. Und der Ghul erwiderte: «Bei Allah, hättest du nicht erst gegrüßt, würde man jetzt auf allen Hügeln das Knacken deiner jungen Knochen hören.»

«Ich brauche ein bißchen Feuer», sagte Wudei'a. Der Ghul erwiderte: «Ein großes Stück Glut kostet dich einen Streifen deiner Haut vom kleinen Finger bis unter dein Kinn. Oder wenn du nur wenig Glut möchtest, von deinem Ohr bis zu deinem Daumen.»

Wudei'a nahm das große Stück Glut und begab sich auf den Rückweg, stark aus ihrer Wunde blutend. Ein Rabe folgte ihr und warf Erde auf jeden Blutfleck, um ihn zu verdecken. Als sie das Schloßtor erreichte, flatterte der Vogel hinauf auf die Mauer. Wudei'a erschrak und schalt ihn: «Möge Gott dich so in Furcht versetzen wie du mich.»

«Ist das der Lohn für Freundlichkeit?» sagte der Rabe. Er ließ sich von der Mauer auf die Erde fallen, trippelte zurück und

legte all die Blutflecken wieder frei, die er bedeckt hatte, von der Schwelle bis zum Lager des Ghul.
Mitten in der Nacht wachte der Ghul auf und folgte der Blutspur, bis er zum Schloß der Brüder kam. Er überwand das Tor, fand aber das Zimmer des Mädchens mit sieben Türen gesichert – sechs aus Holz und die siebte aus Eisen. Er sagte: «Wudei'a-die-Subei'a-fortschickte, was tat dein alter Vater, als du kamst?»
Sie antwortete:

«Er lag auf einem goldnen Bett,
Feine Seide unter sich,
Feine Seide über sich.»

Der Ghul lachte und zerschmetterte eine der hölzernen Türen. Dann ging er davon. Doch in den Nächten darauf geschah das gleiche, bis er alle sechs Holztüren aufgebrochen hatte. Nur die siebte war noch übrig, die Tür aus Eisen.
Nun fürchtete sich Wudei'a. Sie schrieb eine Botschaft auf ein Stück Papier und band sie der Taube ihrer Brüder mit einem Faden um den Hals. «O Taube, die meine Brüder lieben», sagte sie, «trage ihnen durch die Luft meine Worte zu.» Der zahme Vogel flog davon und rastete nicht, bevor er auf dem Schoß des ältesten Bruders landete. Der las die Botschaft seiner Schwester auf dem Zettel:

Sechs Türen sind zerbrochen; nur die siebte blieb bestehen.
Kommt rasch, wollt ihr die Schwester wiedersehen.

Die sieben Männer sprangen in die Sättel, und am frühen Nachmittag waren sie bereits zu Hause. Das Schloßtor war zerbrochen, die sechs hölzernen Türen zum Zimmer ihrer

Schwester waren zersplittert. Durch die eiserne siebte Tür riefen sie: «Schwester, Schwester, hier sind deine Brüder; schließ auf und berichte uns, was geschehen ist.»
Als sie ihre Geschichte beendet hatte, sagten sie: «Möge Allah dir Weisheit einflößen, haben wir dir nicht aufgetragen, nie etwas zu essen, ohne mit der Katze zu teilen? Wie konntest du das vergessen?»
Dann bereiteten sie sich auf den Besuch des Ghul vor. Sie hoben eine tiefe Grube aus und füllten sie mit Feuerholz. Sie zündeten es an und schürten das Feuer, bis die Grube voll glühender Kohle war. Dann bedeckten sie die Grube sorgfältig mit einer Matte und warteten.
Der Ghul kam und fragte: «Wudei'a-die-Subei'a-fortschickte, was tat dein alter Vater, als du kamst?»
Sie antwortete durch ihre Tür:

«Er prügelte Esel und seine Brut,
Fraß Eingeweide und trank Blut,
Langes, verfilztes Haar er hatte,
Das diente ihm als Liegematte.
Ach, mag er stürzen in das Feuer
Und drin verbrennen, das Ungeheuer.»

Der Ghul kochte vor Wut. Unter Gebrüll durchbrach er die siebte Tür. Wudei'as Brüder traten ihm entgegen und sagten: «Komm, Nachbar, setz dich ein Weilchen zu uns.» Doch als der Ghul seine Beine unterschlug, um sich auf die Strohmatte zu setzen, purzelte er in die mit Glut gefüllte Grube. Die Brüder warfen Holz auf ihn, immer mehr, bis er völlig verbrannt war, sogar seine Knochen. Nichts blieb von ihm übrig außer dem Nagel seines kleinen Fingers, der ins Zimmer gesprungen war. Der blieb auf dem Fußboden liegen, bis Wudei'a mit einem Lappen die Fliesen sauberwischte. Dabei ritzte ihr der

Nagel den Finger auf und drang unter ihre Haut. Im selben Augenblick fiel das Mädchen um und blieb reglos liegen.
Ihre Brüder fanden sie und hielten sie für tot. Sie weinten und jammerten und machten eine Bahre für sie, die sie dem Kamel ihres Vaters auf den Rücken banden, und sagten:

«Trag sie, Kamel von unserm Vater,
Trag sie heim zu unserer Mutter.
Halte unterwegs nicht an,
Mag da kommen Frau oder Mann.
Knie nur für den, der sagt ‹Schu!›»

Das Kamel erhob sich und tat, wie sie ihm aufgetragen hatten. Weder blieb es stehen noch rannte es, es ging einfach den Weg zurück, den es gekommen war. Als es die Hälfte der Strecke zurückgelegt hatte, entdeckten es drei Männer, die glaubten, sie hätten ein verirrtes Kamel ohne Reiter vor sich. «Laßt es uns fangen!» sagten sie und riefen, es solle stehenbleiben. Aber das Kamel ging weiter.
Plötzlich rief einer der Männer seinen Freunden zu: «Wartet, ich muß mir den Schuh zubinden!» Als das Kamel das Wort «Schuh» hörte, ließ es sich auf die Knie nieder. Erfreut liefen die Männer herbei, um es am Zügel zu nehmen. Doch was sahen sie da? Eine hölzerne Bahre und darauf ein lebloses Mädchen! «Ihre Familie ist reich», sagte der eine, «schaut euch den Ring an ihrem Finger an!» Und kaum war ihm der Gedanke gekommen, zog er auch schon an dem funkelnden Schmuckstück, um es an sich zu nehmen. Doch dabei löste er den Fingernagel des Ghul, der Wudei'a beim Putzen unter die Haut gedrungen war. Das Mädchen wurde lebendig und setzte sich auf. «Ein langes Leben dem, der mich vom Tod zurückgebracht hat», sagte sie. Dann wendete sie das Kamel und ließ es auf das Schloß ihrer Brüder zugehen.

Weinend fielen die Männer Wudei'a um den Hals und hießen sie willkommen. «Laßt uns zu Vater und Mutter gehen und ihnen die Hände küssen, bevor sie sterben», sagte der älteste Bruder. «Du bist zu uns wie ein Vater gewesen», sagten die übrigen, «und dein Wort gilt uns wie das eines Vaters.» So bestiegen sie alle ihre Pferde und brachen mit ihrer Schwester, die das Kamel ritt, auf in die Heimat.

«O meine Söhne, was hat euch dazu bewegt, die Welt zu verlassen, in der ich lebe?» sagte ihr Vater, als er sie geküßt und willkommen geheißen hatte. «Was hat euch dazu bewegt, mich und eure Mutter zu verlassen, die Tag und Nacht um euch geweint hat?» Am ersten Tag und am zweiten und am dritten ruhten die jungen Männer sich aus und sagten nichts. Doch am vierten Tag, nachdem sie gegessen hatten, erzählte der Älteste die Geschichte jenes Tags, an dem ihre Tante sie so boshaft in die Wildnis geschickt hatte, bis sie einander alle wiederfanden. Und von da an lebten sie alle zusammen und waren glücklich.

So endet die Geschichte von Wudei'a-die-Subei'a-fortschickte.

(Aus dem Englischen von Gerhard Döhler)

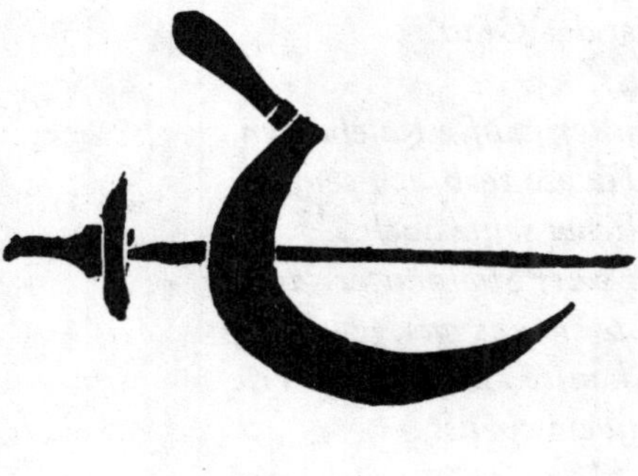

Der Markt der Toten

(Westafrikanisch: Dahomey)

Es lebten einmal zwei Frauen eines Mannes. Die erste Frau gebar Zwillinge, starb aber selbst im Kindbett. Also sorgte die zweite Frau für die Kinder. Der ältere Zwilling hieß Hwese, der andere Hwevi. Wenn die Stiefmutter Getreide stampfte, nahm sie das feine Mehl obendrauf weg und überließ ihnen das, was nicht eßbar war.

Eines Tages gab ihnen die Stiefmutter je eine kleine Kalebasse und schickte sie Wasser holen. Sie gingen zum Bach, aber auf dem Rückweg rutschte Hwese aus und zerbrach seine Kalebasse. Der andere sagte: «Wenn wir jetzt heimkommen, wird sie Hwese schlagen und mich in Ruhe lassen. Also zerbreche ich meine auch.»

Als die Stiefmutter sah, was geschehen war, holte sie eine Peitsche und peitschte die beiden aus.

Hwevi sagte: «Ich kaufe eine Perle.»

Hwese sagte: «Ja, kaufen wir beide eine Perle für Ku. Wir gehen hin und besuchen den, der das Tor zum Tod bewacht. Vielleicht läßt er uns unsere Mutter sehen.»

«Tief ist das Grab,
Tief, tief,
Stiefmutter kaufte Kalebassen,
Doch Hwese zerbrach seine
Und Hwevi seine auch.
Als wir's der Stiefmutter sagten,
Peitschte sie uns aus,
Drum kaufte Hwese eine Perle
Und Hwevi ebenso.»

Gut. Sie gingen also zum Wächter der Todestür. Der fragte sie: «Was wollt ihr?»
Hwevi sagte: «Als wir gestern Wasser holen gingen, zerbrach mein Bruder Hwese seine Kalebasse. Da zerbrach ich meine auch. Unsere Stiefmutter hat uns geschlagen und den ganzen Tag lang nichts zu essen gegeben. Drum sind wir hergekommen, um dich zu bitten, uns hier eintreten zu lassen. Wir wollen unsere Mutter besuchen.»
Als der Wächter das hörte, öffnete er das Tor.

«Tief ist das Grab,
Tief, tief,
Stiefmutter kaufte Kalebassen,
Doch Hwese zerbrach seine
Und Hwevi seine auch.
Als wir's der Stiefmutter sagten,
Peitschte sie uns aus,
Drum kaufte Hwese eine Perle
Und Hwevi ebenso.
Die gaben wir dem Wächter des Tors,
Da öffnete es sich.»

Im Innern gab es zwei Märkte, den Markt der Lebenden und den Markt der Toten.
Gut. Jeder fragte sie: «Wo kommt ihr her, wo kommt ihr her?» Die Lebenden fragten das und die Toten auch. Die Kinder sagten: «Gestern zerbrachen wir die kleinen Kalebassen unserer Stiefmutter. Sie schlug uns und gab uns nichts zu essen. Wir baten den Mann, der am Tor wacht, uns unsere Mutter besuchen zu lassen; vielleicht kauft sie uns zwei neue Kalebassen.»
Gut. Dann kam ihre Mutter und kaufte ihnen auf dem Markt der Lebenden zwei *acasa*. Dann wandte sie sich um und gab einem lebenden Mann Geld, damit er zwei Kalebassen auf

dem Markt der Lebenden kaufe, und gab die ihren Kindern. Dann ging sie selbst zum Markt der Toten und kaufte Kokosnüsse als Gabe für die andere Frau. Nur würde die Frau mit Sicherheit sterben, sobald sie die Kokosnüsse aß.
Gut. Nun sagte die Mutter zu den Kindern: «Geht jetzt brav nach Hause und sagt eurer Stiefmutter guten Tag. Dankt ihr dafür, daß sie so gut für euch sorgt.»

«Tief ist das Grab,
Tief, tief,
Stiefmutter kaufte Kalebassen,
Doch Hwese zerbrach seine
Und Hwevi auch.
Als wir's der Stiefmutter sagten,
Peitschte sie uns aus,
Drum kaufte Hwese eine Perle
Und Hwevi ebenso.
Die gaben wir dem Wächter des Tors,
Da öffnete es sich.
Als unsere Mutter
Unsere Geschichte hörte,
Kaufte sie uns zwei Kalebassen
Für unsere Stiefmutter.»

Die Stiefmutter suchte nach den beiden Jungen. Überall schaute sie nach ihnen, fand aber nicht heraus, wohin sie gegangen waren. Als sie heimkehrten, fragte sie die Kinder: «Wo seid ihr gewesen?»
Sie sagten: «Wir haben unsere Mutter besucht.»
Doch die Stiefmutter schimpfte sie aus: «Nein, ihr lügt. Keiner kann die Toten besuchen.»
Gut. Die Kinder gaben ihr die Kokosnüsse. Sie sagten: «Hier, unsere Mutter schickt sie dir.»

Die andere Frau lachte sie aus: «Ihr habt eine Tote gefunden, die mir Kokosnüsse schickt?»
Aber als die Stiefmutter die Kokosnüsse aß, starb sie.

«Tief ist das Grab,
Tief, tief.
Stiefmutter kaufte Kalebassen,
Doch Hwese zerbrach seine
Und Hwevi auch.
Als wir's der Stiefmutter sagten,
Peitschte sie uns aus,
Drum kaufte Hwese eine Perle
Und Hwevi ebenso.
Die gaben wir dem Wächter am Tor,
da öffnete es sich.
Als unsere Mutter
Unsere Geschichte hörte,
Kaufte sie uns zwei Kalebassen
Für unsere Stiefmutter.
Zu Hause wollte unsere Stiefmutter Leben kaufen,
Aber wir gaben ihr Früchte
Im Überfluß, Überfluß.»

Wenn in Dahomey jemand stirbt, geht die Familie zu einem Seher, und der bringt die Toten zum Sprechen, so daß man ihre Stimmen hört. Als sie die tote Stiefmutter riefen, sagte sie: «Erzählt allen anderen Frauen, daß mein Tod von den Waisenkindern herrührte. Erzählt ihnen auch, daß Mawu sagt: Wenn es mehrere Frau gibt und eine stirbt und Kinder zurückläßt, dann müssen die andern für die Kinder der Toten sorgen.»
Daher geht das Kind einer toten Frau an die zweite Frau desselben Mannes über, wenn er eine zweite hat, und die muß das mutterlose Kind besser versorgen als ihre eigenen Kinder. Und

deshalb behandelt man Waisen niemals schlecht. Denn sobald du sie schlecht behandelst, stirbst du. Noch am selben Tag. Du wirst nicht einmal krank. Ich weiß das selber. Ich bin ein Waisenkind. Mein Vater läßt mich nachts nie allein hinaus. Wann immer ich ihn um etwas bitte, gibt er es mir.

(Aus dem Englischen von Gerhard Döhler)

Die Frau, die ihres Sohns Frau heiratete

(Eskimo)

Es lebte einmal eine alte Frau, die ihres Sohns hübsche junge Frau begehrte. Dieser Sohn war ein Jäger, der oft viele Tage nacheinander unterwegs war. Als er einmal auf Jagd war, setzte die alte Frau sich hin und fertigte sich aus Seehundknochen und Leder einen Penis an. Sie befestigte diesen Penis an ihrer Taille und zeigte ihn ihrer Schwiegertochter, die ausrief: «Wie schön ...»

Danach schliefen sie zusammen. Bald fuhr die alte Frau in einem großen Kajak hinaus auf die Jagd, genau wie ihr Sohn. Und wenn sie zurückkam, zog sie sich aus, ließ ihre Brüste hüpfen und sagte: «Schlaf mit mir, meine liebe kleine Frau, schlaf mit mir ...»

Zufällig kehrte der Sohn einmal von der Jagd zurück und sah die Seehunde seiner Mutter vor dem Haus liegen. «Wessen Seehunde sind das?» fragte er seine Frau.

«Geht dich nichts an», erwiderte sie.

Voller Mißtrauen gegen sie grub er sich ein Loch hinter dem Haus und versteckte sich dort. Er nahm an, ein anderer Jäger erhebe in seiner Abwesenheit Ansprüche auf seine Frau. Bald sah er jedoch seine Mutter in ihrem Kajak mit einer großen Mützenrobbe heimwärts paddeln. Mutter und Sohn erjagten immer nur große Mützenrobben. Die alte Frau ging an Land, zog sich aus und ließ ihre Brüste hüpfen und sagte: «Meine liebe kleine Frau, sei doch so freundlich, mich zu entlausen ...»

Der Sohn war über das Benehmen seiner Mutter überhaupt nicht erfreut. Er kam aus seinem Versteck hervor und schlug die alte Frau so heftig, daß er sie tötete. «Jetzt mußt du mit mir fortziehen», sagte er zu seiner Frau, «denn auf unserem Heim liegt ein Fluch.»

Da begann seine Frau entsetzlich zu zittern und zu beben. «Du hast meinen lieben Gatten umgebracht», schrie sie. Und wollte nicht aufhören zu weinen.

(Aus dem Englischen von Gerhard Döhler)

Die böse Stiefmutter

(Westafrikanisch: Togo)

*E*s gab einmal einen gewissen Mann, der zwei Frauen hatte. Die erste gebar ihm einen kleinen Jungen, und die zweite hatte keine Kinder. Nun geschah es, daß die Mutter des Jungen krank wurde, und als sie sich dem Tod nahe wußte, ließ sie die zweite Frau kommen und übergab ihr die Verantwortung für ihren Sohn mit diesen Worten: «Ich gehe jetzt dahin und muß meinen Jungen zurücklassen. Nimm ihn zu dir und sorge für ihn und nähre ihn, als wäre er dein eigener.» Die zweite Frau war dazu bereit, und kurz darauf starb die Frau.

Aber die überlebende Frau vergaß ihr Versprechen und behandelte den mutterlosen Jungen schlecht. Sie gab ihm weder Essen noch Kleidung, und das arme Kind mußte sich selbst nach Kräften versorgen.

Eines Tages rief die Frau das Kind zu sich und sagte ihm, es solle sie zum Holzsuchen in den Busch begleiten. Der Junge gehorchte und ging mit der Frau. Als sie weit vom Dorf entfernt waren, ging die Frau zum Reisigsammeln in den Busch, und der Junge setzte sich in den Schatten eines hohen Baums. Plötzlich fiel ihm auf, daß eine Menge Früchte vom Baum gefallen waren, und er fing an, davon zu essen. Er war sehr hungrig, und erst als er alle gefallenen Früchte gegessen hatte, fühlte er sich satt. Dann schlief er ein, und als er nach einer Weile aufwachte, fühlte er sich wieder hungrig. Aber auf dem Boden lagen keine Früchte mehr, und er war viel zu klein, um sich welche von den Ästen zu pflücken. Da fing er zu singen an, und weil er ein Loblied auf den Baum sang, sieh da – die Äste des Baums begannen sich zu senken, so daß er hinaufsteigen konnte. Da pflückte er so viele Früchte, wie er essen konnte, und nahm noch ein paar in dem Lumpen, der ihm als Kleidung diente, für später mit. Immer noch singend, stieg er

vom Baum und wartete auf die Frau. Kurz darauf kam sie, und sie gingen heim.
Ein paar Tage später saß der Junge vor dem Haus und aß von den gepflückten Früchten, als die Frau ihn bemerkte und fragte, was er da habe. Er sagte es ihr, und die Frau nahm ihm ein paar Früchte ab und sagte, es sei in Ordnung. Dann forderte sie den Jungen auf, mit ihr zu dem Baum zu gehen, damit sie noch mehr von diesen neuen, ausgezeichnet schmeckenden Früchten pflücken könnten.
Sie gingen los, und als sie in die Nähe des Baums kamen, begann der Junge wieder zu singen; willig senkte der Baum seine Äste, und die Frau stieg hinauf. Da hörte der Junge zu singen auf, und die Äste schnellten mit der Frau in die Höhe. Die Frau rief nach dem Jungen, aber der antwortete, Nyame habe ihm jetzt Verstand verliehen und ihm beigebracht, für seine Nahrung selbst zu sorgen, und da sie ihn vernachlässigt habe, würde jetzt er sie im Stich lassen. Dann ging er heim ins Dorf. Als ihn dort alle Leute fragten, wo die Frau sei, antwortete er, sie sei zum Holzsuchen in den Busch gegangen. Es wurde Abend, und die Frau war noch immer nicht da. Also versammelten sich die Leute unter dem Dorfbaum und befragten den Jungen erneut, aber der antwortete wie zuvor.

Am nächsten Morgen kamen sie wieder zusammen und baten den Jungen, ihnen die Stelle zu zeigen, wo er sich von seiner Stiefmutter getrennt hatte. Als sie ihn lange darum gebeten hatten, gab er endlich nach und führte sie im Busch zu der Stelle, wo die Leute die Frau oben im Baum sitzen sahen. Sie fragten sie, wie sie da hinaufgekommen sei, und sie erzählte es ihnen. Daraufhin baten sie den Jungen alle zu singen. Lange

weigerte er sich, aber schließlich gab er nach und fing an, sein Loblied auf den Baum zu singen. Sogleich senkten sich die Äste, und die Frau war befreit.
Dann zogen alle zurück ins Dorf und berichteten dem Häuptling, was sie gesehen hatten. Sofort rief er die Ältesten herbei und ließ die Frau holen. Er machte ihr deutlich, daß sie nicht gerettet worden wäre, wenn sich der Junge nicht zum Singen bereit gefunden hätte, und befahl ihr, darüber auszusagen, wie sie das mutterlose Kind behandelt hatte. Sie gestand, sich schlecht verhalten zu haben, und daraufhin sagte der Häuptling: «Daraus sollen alle Männer lernen, daß, wenn ein Mann viele Frauen hat, die Kinder behandelt werden sollen als deren gemeinsame Kinder. Den Sohn ihres Ehemanns soll jede Frau als ihren eigenen betrachten, und jedes Kind soll alle Frauen seines Vaters Mutter nennen.»

(Aus dem Englischen von Gerhard Döhler)

Tuglik und ihre Enkelin

(Eskimo)

Es gab einmal eine große Narwal-Jagd, an der alle teilnahmen außer einer alten Frau namens Tuglik und ihrer Enkeltochter Qujapik. Die beiden wurden ziemlich hungrig, aber sie hatten keine Ahnung, wie sie Essen für sich jagen sollten. Doch die alte Tuglik kannte ein paar Zauberworte, die sie in Trance aussprach. Plötzlich verwandelte sie sich in einen Mann. Sie hatte einen Seehundknochen als Penis und Walspeckstücke als Hoden. Ihre Vagina wurde zu einem Schlitten. Sie sagte zu ihrer Enkeltochter:

«Jetzt kann ich zu den Fjorden hinausfahren und Nahrung für uns besorgen.»
Das Mädchen antwortete: «Aber was machst du mit dem Schlitten ohne Hunde, die ihn ziehen?»
Doch die Zauberkräfte der alten Frau waren so stark, daß sie ihre eigenen Läuse in ein Gespann Schlittenhunde verwandeln konnte. Die Hunde bellten und jaulten und waren bereit aufzubrechen, also ließ Tuglik ihre Peitsche knallen und sauste mit ihnen davon zu den Fjorden. Tag für Tag fuhr sie so davon, und jeden Abend kehrte sie mit irgendwelcher Jagdbeute heim, und wenn es nur ein paar Schneehühner waren. Als sie einmal auf der Jagd war, kam ein Mann zu ihrer Hütte. Er schaute sich um und sagte:
«Wessen Harpune ist das, kleines Mädchen?»
«Ach, nur die von meiner Großmutter», sagte Qujapik.
«Und wessen Kajak ist das?»
«Nur das von meiner Großmutter.»
«Du kommst mir schwanger vor. Wer ist dein Mann?»
«Meine Großmutter ist mein Mann.»

«Na, da wüßte ich aber einen besseren Mann für dich ...»
Nun kehrte die alte Frau mit einem erlegten Walroß auf dem Schlitten zurück. «Qujapik!» rief sie. «Qujapik!» Aber da war keine Qujapik mehr. Das Mädchen hatte all ihre Sachen genommen und mit ihrem neuen Mann das Dorf verlassen.
Da sah Tuglik keinen Reiz mehr darin, ein Mann zu sein – Mann oder Frau, das ist völlig gleichgültig, wenn ein Mensch allein ist. Also murmelte sie ihre Zauberworte und wurde wieder zu einer schrumpligen alten Frau mit einer Vagina statt eines Schlittens.

(Aus dem Englischen von Gerhard Döhler)

Nourie Hadig

(Armenisch)

*E*s lebte einmal ein reicher Mann, der eine sehr schöne Frau und eine schöne Tochter hatte, die Nourie Hadig – Granatapfelkern – genannt wurde. Jeden Monat, wenn der Mond am Himmel erschien, fragte die Frau: «Neumond, bin ich die Schönste oder bist es du?» Und jeden Monat antwortete der Mond: «Du bist die Schönste.»
Aber als Nourie Hadig vierzehn Jahre alt wurde, war sie soviel schöner als ihre Mutter, daß der Mond sich gezwungen sah, anders zu antworten. Als die Mutter wieder ihre ewige Frage stellte, sagte eines Monats der Mond: «Weder ich noch du. Vaters und Mutters einziges Kind, Nourie Hadig, ist die Schönste von allen.» Der Name paßte genau auf Nourie Hadig, denn sie hatte vollkommen weiße Haut und rosige Wangen. Und wenn ihr je einen Granatapfel gesehen habt, dann

wißt ihr, daß er saftige rote Kerne hat, mit roter Haut und reinweißer Umhüllung.
Die Mutter wurde sehr eifersüchtig – so eifersüchtig, daß sie krank wurde und zu Bett ging. Als Nourie Hadig an diesem Tag von der Schule zurückkam, weigerte sich ihre Mutter, sie zu sehen und mit ihr zu sprechen. «Meine Mutter ist heute sehr krank», sagte Nourie Hadig sich. Als ihr Vater heimkam, erzählte sie ihm, daß ihre Mutter krank sei und sich weigere, mit ihr zu sprechen. Der Vater ging zu seiner Frau und fragte freundlich: «Was ist mit dir, Frau? Was quält dich?»
«Etwas so Wichtiges ist geschehen, daß ich es dir sofort sagen muß. Wen brauchst du mehr, dein Kind oder mich? Beide kannst du uns nicht haben.»
«Wie kannst du so reden?» fragte er sie. «Du bist doch keine Stiefmutter. Wie kannst du über dein eigen Fleisch und Blut solche Dinge sagen? Wie kann ich mich von meinem eigenen Kind trennen?»
«Was du tust, ist mir gleichgültig», sagte die Frau. «Du mußt sie loswerden, daß ich sie nie wieder sehe. Töte sie und bring mir ihr blutiges Hemd.»
«Sie ist dein Kind ebenso wie meines. Aber wenn du sagst, daß ich sie töten muß, dann wird sie getötet», antwortete der Vater traurig. Dann ging er zu seiner Tochter und sagte: «Komm, Nourie Hadig, wir gehen einen Besuch machen. Hol dir ein paar Kleider und komm mit.»
Die beiden gingen weit weg, bis es dunkel zu werden begann. «Warte hier, während ich zum Bach gehe und uns Wasser zu unserm Essen hole», sagte der Vater zu seiner Tochter.
Nourie Hadig wartete und wartete auf die Rückkehr ihres Vaters, aber er kehrte nicht zurück. Da sie nicht wußte, was sie tun sollte, streifte sie weinend durch den Wald und suchte nach einem Unterschlupf. Endlich sah sie in der Ferne Licht, und als sie darauf zuging, kam sie zu einem großen Haus.

«Vielleicht nehmen die Leute hier mich für die Nacht auf», sagte sie sich. Aber als sie Hand an die Tür legte, ging die von selbst auf, und als sie eingetreten war, schloß sich die Tür von selbst. Nourie Hadig versuchte, sie wieder zu öffnen, aber es gelang ihr nicht.

Sie wanderte durch das Haus und sah viele Schätze. Ein Zimmer war voll Gold; ein anderes voll Silber; eines war mit Pelzen gefüllt, ein weiteres mit Hühnerfedern; ein drittes mit Perlen, und eines war voller Teppiche. Nourie Hadig öffnete die Tür zu einem anderen Zimmer und sah darin einen schönen jungen Mann schlafen. Sie rief ihn an, aber er antwortete nicht.

Plötzlich hörte sie eine Stimme, die ihr auftrug, für diesen Jungen zu sorgen und ihm sein Essen zu kochen. Sie müsse das Essen neben sein Bett stellen und dann hinausgehen; wenn sie zurückkäme, wäre das Essen verzehrt. Das müsse sie sieben Jahre lang tun, denn so lange liege ein Zauberbann auf dem Jungen.

Also kochte Nourie Hadig jeden Tag und sorgte für den Jungen. Beim ersten Neumond, nachdem sie von zu Hause fortgegangen war, fragte ihre Mutter: «Neumond, bin ich die Schönste oder bist du es?»

«Weder ich noch du», erwiderte der Neumond. «Vaters und Mutters einziges Kind, Nourie Hadig, ist die Schönste von allen.»

«Oh, das bedeutet, daß mein Mann sie doch nicht getötet hat», sagte sich die böse Frau. Sie war so wütend, daß sie wieder ins Bett ging und sich krank stellte. «Was hast du unserm schönen Kind angetan?» fragte sie ihren Mann. «Was hast du ihm bloß getan?»

«Du hast gesagt, ich soll sie loswerden. Also bin ich sie losgeworden. Du hast verlangt, daß ich dir ihr blutiges Hemd bringe, und das hab ich getan», erwiderte ihr Mann.

«Als ich das gesagt habe, war ich krank. Ich wußte nicht, was ich sage», behauptete seine Frau. «Jetzt tut es mir leid, und ich habe vor, dich als Mörder deines Kindes der Justiz zu übergeben.»

«Frau, was sagst du da? Du hast es mir befohlen, und jetzt willst du mich der Justiz übergeben?»

«Du mußt mir sagen, was du mit unserm Kind gemacht hast!» schrie die Frau. Obwohl der Mann seiner Frau nicht verraten wollte, daß er ihre Tochter nicht getötet hatte, sah er sich nun doch dazu gezwungen. «Ich habe sie nicht umgebracht, Frau. Ich habe statt ihrer einen Vogel getötet und ihr Hemd in sein Blut getaucht.»

«Du mußt sie wieder zurückbringen, andernfalls weißt du, was mit dir geschieht», sagte die Frau drohend.

«Ich habe sie im Wald gelassen. Aber ich weiß nicht, was danach mit ihr geschehen ist.»

«Na schön, dann finde ich sie», sagte die Frau. Sie reiste an ferne Orte, konnte aber Nourie Hadig nicht finden. Bei jedem Neumond stellte sie ihre Frage, und immer wurde ihr versichert, Nourie Hadig sei die Schönste von allen. Also suchte sie immer weiter nach ihrer Tochter.

Als Nourie Hadig vier Jahre lang in dem verzauberten Haus gelebt hatte, blickte sie eines Tages durchs Fenster und sah eine Gruppe von Zigeunern in der Nähe lagern. «Ich bin einsam hier oben. Könnt ihr mir ein hübsches Mädchen ungefähr meines Alters heraufschicken?» rief sie ihnen zu. Als sie sich dazu bereit erklärten, lief sie in das goldene Zimmer und nahm sich eine Handvoll Goldstücke. Die warf sie den Zigeunern hinunter, die ihr dafür das Ende eines Seils zuwarfen. Dann kletterte daran ein Mädchen herauf und war flink bei seiner neuen Herrin angekommen.

Nourie Hadig und die Zigeunerin wurden gute Freundinnen und beschlossen, sich die Versorgung des schlafenden Jungen

zu teilen. An einem Tag bediente ihn die eine, am nächsten Tag die andere. So machten sie es drei Jahre hindurch. Eines warmen Sommertags fächelte die Zigeunerin dem Jungen Luft zu, als er plötzlich erwachte. Da er annahm, die Zigeunerin habe ihn die gesamten sieben Jahre hindurch versorgt, sagte er zu ihr: «Ich bin ein Prinz, und du sollst meine Prinzessin werden, zum Dank dafür, daß du so lange für mich gesorgt hast.» Die Zigeunerin sagte: «Wenn du das sagst, dann soll es so sein.»
Nourie Hadig, die gehört hatte, was die beiden sagten, war sehr verbittert. Sie war vier Jahre lang allein im Haus gewesen, bevor die Zigeunerin kam, und hatte drei Jahre lang gemeinsam mit ihrer Freundin Dienst getan, und dennoch sollte das andere Mädchen den gutaussehenden Prinzen heiraten. Keines der Mädchen erzählte dem Prinzen, wie er in Wahrheit versorgt worden war.
Alles wurde für die Hochzeit vorbereitet, und der Prinz beabsichtigte, in die Stadt zu gehen und das Brautkleid zu kaufen. Doch bevor er fortging, fragte er Nourie Hadig: «Du mußt mir zumindest eine Zeitlang gedient haben. Sag, was du gern mitgebracht hättest.»
«Bring mir einen Stein der Geduld mit», antwortete Nourie Hadig.
«Was möchtest du sonst noch?» fragte er, erstaunt über die bescheidene Bitte.
«Dein Glück.»
Der Prinz ging in die Stadt und kaufte das Brautkleid; dann ging er zu einem Edelsteinschleifer und verlangte einen Stein der Geduld.
«Für wen ist er gedacht?» fragte der Mann.
«Für meine Dienerin», erwiderte der Prinz.
«Hier habe ich einen Stein der Geduld», sagte der Edelsteinschleifer. «Wenn man großen Kummer hat und ihn dem Stein der Geduld erzählt, stellen sich gewisse Veränderungen ein.

Wenn man sehr schlimmen Kummer hat, so schlimm, daß der Stein der Geduld den Schmerz nicht ertragen kann, dann schwillt er an und zerbirst. Wenn man andererseits ein großes Getue um kleine Wehwehchen macht, schwillt nicht der Stein der Geduld an, sondern der Sprecher, und wenn es niemanden gibt, der ihn rettet, dann platzt er. Horche also an der Tür deiner Dienerin. Nicht jeder weiß, daß es den Stein der Geduld gibt, und deine Dienerin muß eine höchst ungewöhnliche Person sein und eine wertvolle Geschichte erzählen können. Halte dich bereit, in ihr Zimmer zu eilen und sie vor dem Platzen zu bewahren, falls sie in Gefahr ist.»

Als der Prinz nach Hause kam, gab er seiner Verlobten das Kleid und Nourie Hadig den Stein der Geduld. In der folgenden Nacht horchte der Prinz an Nourie Hadigs Tür. Das schöne Mädchen stellte den Stein der Geduld vor sich hin und begann, ihm ihre Geschichte zu erzählen:

«Stein der Geduld», sagte sie, «ich war das einzige Kind in einer wohlhabenden Familie. Mein Mutter war sehr schön, aber mein Unglück war es, daß ich noch schöner war als sie. Bei jedem Neumond fragte meine Mutter, wer die schönste Frau auf der Welt sei. Und der Neumond antwortete stets, meine Mutter sei die schönste. Eines Tages fragte meine Mutter wieder, und der Mond sagte, Nourie Hadig sei die Schönste auf der ganzen Welt. Meine Mutter wurde sehr eifersüchtig und verlangte von meinem Vater, er solle mich töten und ihr mein blutiges Hemd bringen. Mein Vater brachte dies nicht über sich, darum ließ er mich unbeschadet davongehen. Nun sag mir, Stein der Geduld, bin ich geduldiger oder du?»

Der Stein begann anzuschwellen.

Das Mädchen fuhr fort: «Als mein Vater mich verließ, ging ich so lange, bis ich in der Ferne dieses Haus sah. Ich ging darauf zu, und als ich die Tür berührte, ging sie wie von Zauberhand auf. Sobald ich drinnen war, schloß sich die Tür hinter mir und öffnete sich erst sieben Jahre später. Im Haus fand ich einen schönen Jungen. Eine Stimme befahl mir, ihm das Essen zu kochen und für ihn zu sorgen. Das tat ich vier Jahre lang, Tag für Tag, Nacht für Nacht; ich lebte in diesem fremden Haus, ohne mit jemandem sprechen zu können, ohne meine Stimme zu hören. Stein der Geduld, sag mir, bin ich geduldiger oder du?»

Der Stein der Geduld schwoll ein wenig mehr an.

«Eines Tages lagerten Zigeuner unter meinem Fenster. Da ich so lange allein gewesen war, kaufte ich ein Zigeunermädchen und zog es an einem Seil hinauf in das Haus, in dem ich gefangen war. Nun wechselten wir uns in der Pflege des verhexten Jungen ab. An einem Tag kochte ich, am andern sie. Drei Jahre später, als die Zigeunerin ihm gerade Luft zufächelte, wachte der Junge auf und sah sie. Er glaubte, sie hätte ihm die ganze Zeit gedient, und nahm sie zur Verlobten. Und die Zigeunerin, die ich gekauft und als meine Freundin betrachtet hatte, sagte kein Wort über mich. Stein der Geduld, sag mir, bin ich geduldiger oder du?»

Der Stein der Geduld schwoll und schwoll und schwoll. Mittlerweile hatte der Prinz diese höchst ungewöhnliche Geschichte mitgehört und kam eilends ins Zimmer, um das Mädchen

vor dem Platzen zu bewahren. Aber kaum war er über die Schwelle getreten, da platzte der Stein der Geduld.
«Nourie Hadig», sagte der Prinz, «es ist nicht meine Schuld, daß ich die Zigeunerin statt deiner zur Frau gewählt habe. Ich kannte nicht die ganze Geschichte. Du sollst meine Frau werden, und die Zigeunerin wird uns dienen.»
«Nein, da du mit ihr verlobt bist und alles für die Hochzeit vorbereitet ist, mußt du die Zigeunerin heiraten», sagte Nourie Hadig.
«Das wird nicht geschehen. Du mußt meine Frau und ihre Herrin werden.» Also heirateten Nourie Hadig und der Prinz.
Nourie Hadigs Mutter hatte inzwischen immer weiter nach ihrer Tochter gesucht. Eines Tages fragte sie wieder den Neumond: «Neumond, bin ich die Schönste oder bist es du?»
«Weder ich noch du. Die Prinzessin von Adana ist die Schönste von allen», sagte der Neumond. Da wußte die Mutter sofort, daß Nourie Hadig jetzt verheiratet war und in Adana lebte. So ließ sie einen herrlichen Ring anfertigen, so schön und funkelnd, daß niemand ihm widerstehen konnte. Aber sie tauchte den Ring in eine Zauberflüssigkeit, die den Träger in Schlaf versetzte.
Als sie ihr Werk fertig hatte, rief sie eine alte Hexe, die auf dem Besenstiel durch die Luft ritt. «Hexe, wenn du diesen Ring hier der Prinzessin von Adana als Geschenk bringst, dann gebe ich dir, was dein Herz sich wünscht.»
Da brach die Hexe unverzüglich nach Adana auf. Der Prinz war nicht zu Hause, als die Hexe eintraf, und sie konnte mit Nourie Hadig und der Zigeunerin allein sprechen. Die Hexe sagte: «Prinzessin, dieser wunderbare Ring ist ein Geschenk deiner ergebenen Mutter. Sie war krank zu der Zeit, als du das Haus verließest, und sagte zornige Worte, aber dein Vater hätte nicht auf sie hören sollen, wo sie doch solche Schmerzen litt.» Dann ließ sie den Ring bei Nourie Hadig und ritt davon.

«Meine Mutter möchte nicht, daß ich glücklich bin. Warum schickt sie mir einen so schönen Ring?» fragte Nourie Hadig die Zigeunerin.
«Was kann ein Ring schon schaden?» meinte die Zigeunerin. Also streifte Nourie Hadig den Ring über den Finger. Kaum hatte sie ihn an, da wurde sie bewußtlos. Die Zigeunerin brachte sie zu Bett, konnte aber sonst nichts tun.
Bald kam der Prinz nach Hause und fand seine Frau in tiefem Schlaf vor. Er konnte sie schütteln, wie er wollte, sie wachte nicht auf; aber ein liebliches Lächeln war auf ihrem Gesicht, und niemand, der sie betrachtete, konnte glauben, daß sie sich in Trance befand. Sie atmete, schlug aber die Augen nicht auf. Niemand konnte sie wecken.
«Nourie Hadig, du hast so lange Jahre für mich gesorgt», sagte der Prinz, «jetzt sorge ich für dich. Ich lasse nicht zu, daß sie dich begraben. Du sollst immer hier liegen, und die Zigeunerin wird dich nachts beschützen, während ich tags Wache halte.» So geschah es. Nicht einmal in drei Jahren schlug Nourie Hadig die Augen auf. Ein Heilkundiger nach dem andern kam, doch keiner konnte dem schönen Mädchen helfen.
Eines Tages führte der Prinz einen weiteren Heilkundigen zu Nourie Hadig, der ihr zwar überhaupt nicht helfen konnte, dies aber nicht zugeben wollte. Als er mit dem verhexten Mädchen allein war, fiel ihm der herrliche Ring auf. «Sie trägt so viele Ringe und Halsketten, daß niemand es merken wird, wenn ich diesen Ring da meiner Frau mitbringe», sagte er sich. Als er ihr den Ring vom Finger zog, öffnete sie die Augen und setzte sich auf. Der Heilkundige schob ihr sofort wieder den Ring auf den Finger. «Aha! Ich habe das Rätsel gelöst!»
Am nächsten Tag forderte er große Reichtümer vom Prinzen dafür, daß er seine Frau heile. «Ich gebe dir, was du willst, wenn du meine Frau heilen kannst», sagte der Prinz.
Der Heilkundige, der Prinz und die Zigeunerin begaben sich

ans Bett von Nourie Hadig. «Warum der ganze Schmuck und Zierat? Schickt es sich, daß eine kranke Frau Juwelen trägt? Rasch», sagte er zu der Zigeunerin, «befreie sie von allem Gold.» Die Zigeunerin nahm der Prinzessin alles ab außer dem Ring. «Nimm den Ring da auch ab!» befahl der Heilkundige.

«Aber diesen Ring hat ihre Mutter ihr geschickt, er ist ein kostbares Andenken», sagte die Zigeunerin.

«Was sagst du da? Wann hat ihre Mutter ihr einen Ring geschickt?» fragte der Prinz. Bevor die Zigeunerin antworten konnte, zog der Heilkundige Nourie Hadig den Ring vom Finger. Sogleich setzte die Prinzessin sich auf und begann zu sprechen. Sie waren alle glücklich: der Heilkundige, der Prinz, die Prinzessin und die Zigeunerin, die nun eine wahre Freundin von Nourie Hadig war.

In der Zwischenzeit hatte der Mond jedesmal, wenn die Mutter ihre ewige Frage stellte, geantwortet: «Du bist die Allerschönste!» Doch als Nourie Hadig wieder gesund war, sagte der Mond: «Weder ich noch du. Vaters und Mutters einziges Kind, Nourie Hadig, die Prinzessin von Adana, ist die Schönste von allen.» Die Mutter war so verblüfft und zornig darüber, daß ihre Tochter lebte, daß sie auf der Stelle vor Wut starb.

Vom Himmel fielen drei Äpfel: einer für mich, einer für den Märchenerzähler und einer für die Person, die euch unterhalten hat.

(Aus dem Englischen von Gerhard Döhler)

Schönheit und Pockengesicht

(Chinesisch)

Es gab einmal zwei Schwestern; die ältere war sehr schön, und alle nannten sie «Schönheit»; aber die jüngere hatte viele Pockennarben im Gesicht, und alle nannten sie «Pockengesicht». Sie war die Tochter der Zweitfrau und sehr verwöhnt und von schlechtem Charakter. Schönheits Mutter war gestorben, als ihre Tochter noch sehr klein war, und hatte sich nach ihrem Tod in eine gelbe Kuh verwandelt, die im Garten lebte. Schönheit liebte die gelbe Kuh, die es sehr schwer hatte, weil die Stiefmutter sie so schlecht behandelte.

Eines Tages führte die Stiefmutter die häßliche Tochter ins Theater aus und ließ die ältere zu Hause. Sie wäre gern mitgekommen, doch die Stiefmutter sagte: «Ich nehme dich morgen mit, wenn du den Hanf in meinem Zimmer glättest.»

Schönheit setzte sich vor den Hanfhaufen, aber nach langer Mühe hatte sie erst die Hälfte davon geglättet. Weinend trug sie den ganzen Berg zu der gelben Kuh, die alles verschluckte und dann ordentlich geglättet wieder ausspuckte. Schönheit trocknete ihre Tränen und gab ihrer Stiefmutter den Hanf, sobald die heimkam: «Mutter, hier ist der Hanf. Darf ich morgen mit ins Theater?»

Aber am nächsten Tag weigerte sich die Stiefmutter wieder, sie mitzunehmen, und sagte: «Du darfst hin, wenn du die Sesamkörner von den Bohnen getrennt hast.» Das arme Mädchen mußte sie Korn für Korn verlesen, bis ihm von der anstrengenden Arbeit die Augen schmerzten. Wieder ging Schönheit zu der gelben Kuh, die zu ihr sagte: «Du dummes Mädchen, du mußt sie mit einem Fächer trennen.» Als sie die säuberlich verlesenen Sesamkörner ihrer Stiefmutter brachte, sah die ein, daß sie Schönheit nicht länger am Theaterbesuch hindern konnte, sagte aber: «Wie kann ein Dienstmädchen so schlau sein? Wer hat dir geholfen?» Und Schönheit mußte zugeben, daß die gelbe Kuh sie beraten hatte, was die Stiefmutter sehr ärgerlich machte. Ohne ein Wort zu sagen, schlachtete und aß sie darum die gelbe Kuh, aber Schönheit hatte die Kuh so gern gehabt, daß sie ihr Fleisch nicht essen konnte. Statt dessen legte sie die Knochen in einen Tontopf und versteckte ihn in ihrem Schlafzimmer.

Tag für Tag nahm die Stiefmutter sie nicht ins Theater mit, und als sie eines Abends einmal wieder mit Pockengesicht hingegangen war, wurde Schönheit so ärgerlich, daß sie alles im Haus kaputtschlug, einschließlich des Tontopfs. Woraufhin es krachte und ein weißes Pferd, ein neues Kleid und ein Paar bestickter Schuhe zum Vorschein kamen. Das plötzliche Auftauchen dieser Dinge erschreckte Schönheit sehr, aber sie sah bald, daß dies wirkliche Gegenstände waren, und so zog sie rasch das neue Kleid und die Schuhe an, sprang auf das Pferd und ritt zum Tor hinaus.

Während sie so so dahinritt, fiel einer ihrer Schuhe in den Graben. Sie wollte absteigen und ihn holen, konnte es aber nicht; zugleich wollte sie ihn nicht dort liegenlassen. Sie wußte nicht recht, was tun, als ein Fischhändler auftauchte.

«Bruder Fischhändler! Bitte hebe mir den Schuh da auf», sagte sie zu ihm. Der antwortete grinsend: «Mit dem größten Vergnügen, wenn du mich heiratest.»

«Wer könnte dich heiraten?» sagte sie ärgerlich. «Fischhändler stinken immer.» Als er sah, daß er keine Chance hatte, ging der Fischhändler seines Wegs. Als nächster kam der Geselle eines Reishändlers vorbei, und sie sagte zu ihm: «Bruder Reishändler, bitte, gib mir meinen Schuh.»

«Sicher, wenn du mich heiratest», sagte der junge Mann. «Einen Reishändler heiraten! Die sind immer am ganzen Körper mit Reisstaub bedeckt.»

Der Reishändler ging davon, aber bald kam ein Ölhändler

vorbei, den sie ebenfalls bat, ihr den Schuh aufzuheben. «Das tue ich, wenn du mich heiratest», erwiderte er.
«Wie kann eine Frau dich heiraten», sagte Schönheit seufzend, «Ölhändler sind immer so fettig.»
Kurz darauf kam ein Gelehrter vorbei, den sie ebenfalls bat, ihr den Schuh zu bringen. Der Gelehrte betrachtete sie und sagte dann: «Das tue ich sofort, wenn du versprichst, mich zu heiraten.» Der Gelehrte sah sehr gut aus, darum nickte sie zustimmend, und er hob den Schuh auf und steckte ihn ihr an den Fuß. Dann nahm er sie mit zu sich nach Hause und machte sie zu seiner Frau.
Drei Tage darauf besuchte Schönheit mit ihrem Mann ihre Eltern, um ihnen den schuldigen Respekt zu erweisen. Ihre Stiefmutter und Schwester hatten ihr Verhalten völlig geändert und behandelten das Paar aufs freundlichste und zuvorkommendste. Am Abend wollten sie, daß Schönheit noch bei ihnen bliebe, und sie erklärte sich bereit, ihrem Mann in einigen Tagen zu folgen, da sie glaubte, die Bitte sei freundlich gemeint.
Am nächsten Morgen nahm ihre Schwester sie bei der Hand und sagte lachend zu ihr: «Schwester, komm, laß uns in den Brunnen schauen. Da werden wir sehen, wer von uns schöner ist.» Arglos kam Schönheit mit zum Brunnen und beugte sich darüber, aber da gab ihre Schwester ihr einen Schubs und stieß sie in den Brunnen, den sie rasch mit einem Korb bedeckte. Die arme Schönheit verlor das Bewußtsein und ertrank.
Nach zehn Tagen begann der Gelehrte sich zu fragen, warum seine Frau noch nicht zurückgekehrt war. Er sandte einen Boten, und die Stiefmutter schickte ihn mit der Nachricht zurück, Schönheit sei schwer an Windpocken erkrankt und könne zur Zeit nicht reisen. Das glaubte der Gelehrte und schickte täglich Soleier und andere stärkende Köstlichkeiten für die Kranke, die alle in den Magen der häßlichen Schwester wanderten.

Nach zwei Monaten fühlte die Stiefmutter sich von den anhaltenden Botschaften des Gelehrten gestört, entschloß sich zum Betrug und schickte ihm ihre eigene Tochter als Ehefrau zurück. Der Gelehrte war entsetzt, als er sie sah, und sagte: «Du meine Güte! Wie hast du dich verändert! Du kannst nicht Schönheit sein. Nie war meine Frau ein solches Monstrum!» Pockengesicht antwortete ernst: «Wenn ich nicht Schönheit bin, wer dann deiner Meinung nach? Du weißt genau, daß ich schwer an Windpocken erkrankt war, und nun möchtest du mich verleugnen. Ich sterbe! Ich sterbe!» Und sie fing an zu jammern. Der gutherzige Gelehrte konnte es nicht ertragen, sie weinen zu sehen, und obwohl er noch immer seine Zweifel hatte, bat er sie um Vergebung und versuchte, sie zu trösten, so daß sie allmählich aufhörte zu weinen.

Schönheit jedoch war in einen Sperling verwandelt worden und kam immer herbei, wenn Pockengesicht ihr Haar kämmte. Dann rief sie: «Kamm einmal, piep; Kamm zweimal, piep; Kamm dreimal, piep, hinauf in den Nacken von Pockengesicht.» Und die böse Frau antwortete: «Kamm einmal, Kamm zweimal, Kamm dreimal, hinauf in den Nacken von Schönheit.»

Der Gelehrte fand diese Unterhaltung höchst rätselhaft, und er fragte den Sperling: «Warum singst du das? Bist du vielleicht meine Frau? Wenn du es bist, rufe dreimal, dann setze ich dich in einen goldenen Käfig und behalte dich im Haus.»

Der Sperling rief dreimal, und der Gelehrte kaufte einen goldenen Käfig für das Vögelchen. Die häßliche Schwester war sehr ärgerlich, als sie sah, daß ihr Mann den Sperling im Käfig hielt, und heimlich tötete sie ihn und warf ihn in den Garten, wo er sich erneut verwandelte – in eine Bambuspflanze mit vielen Sprößlingen. Wenn Pockengesicht die Keime aß, bildete sich auf ihrer Zunge ein Geschwür, doch der Gelehrte fand sie ausgezeichnet.

Wieder wurde die böse Frau mißtrauisch und ließ den Bambus fällen und ein Bett daraus anfertigen, aber als sie sich darauf legte, wurde sie von unzähligen Nadeln gestochen, während der Gelehrte das Bett höchst bequem fand. Wieder wurde sie zornig und warf das Bett hinaus.

Die Nachbarin des Gelehrten war eine alte Frau, die Geldbörsen verkaufte. Eines Tages sah sie auf ihrem Heimweg das Bett und dachte sich: «Niemand ist darauf gestorben, warum haben sie das Bett hinausgeworfen? Ich nehme es.» Und sie trug das Bett in ihr Haus und schlief sehr gut darauf. Am nächsten Tag sah sie, daß das Essen in der Küche fertig gekocht war. Sie aß es, war aber natürlich ein bißchen nervös, da sie keine Ahnung hatte, wer es zubereitet haben könnte. Dann stellte sich über mehrere Tage hinweg heraus, daß sie immer zu Abend essen konnte, sobald sie nach Hause kam, aber schließlich überwog ihre Besorgnis, und sie kam einmal am frühen Nachmittag heim; sie ging in die Küche und sah einen dunklen Schatten Reis waschen. Flink lief sie hin und faßte den Schatten an der Taille. «Wer bist du?» fragte sie. «Und warum kochst du für mich?»

Der Schatten erwiderte: «Ich sage dir alles. Ich bin die Frau deines Nachbarn, des Gelehrten, und heiße ‹Schönheit›. Meine Schwester hat mich in den Brunnen geworfen und ertränkt, aber meine Seele ist erhalten geblieben. Bitte, gib mir einen Reistopf als Kopf, einen Stecken als Hand, ein Geschirrtuch für die Eingeweide, Feuerhaken als Füße; dann kann ich meine frühere Gestalt wieder annehmen.»

Die alte Frau gab ihr, worum sie bat, und im nächsten Moment erschien ein schönes Mädchen. Die alte Frau war so entzückt, ein so bezauberndes Mädchen zu sehen, daß sie es genau ausfragte. Das Mädchen erzählte der Frau alles und sagte dann: «Alte Frau, ich habe eine Tasche, die du vor dem Haus des Gelehrten zum Kauf anbieten mußt. Wenn er heraus-

kommt, mußt du sie ihm verkaufen.» Und sie gab ihr eine bestickte Tasche.
Am nächsten Tag stellte die alte Frau sich vor das Haus des Gelehrten und rief, sie habe eine Tasche zu verkaufen. Wütend über den Lärm, kam er heraus und fragte sie, was für Taschen sie verkaufe, und sie zeigte ihm Schönheits bestickte Tasche. «Woher hast du diese Tasche?» fragte er sie. «Ich habe sie meiner Frau geschenkt.» Daraufhin erzählte die alte Frau die ganze Geschichte dem Gelehrten, der außer sich vor Freude war über die Nachricht, daß seine Frau noch lebte. Er regelte alles mit der alten Frau, breitete ein rotes Tuch auf dem Boden aus und brachte Schönheit zurück in sein Haus.
Als Pockengesicht ihre Schwester wiederkehren sah, gab sie keinen Frieden. Sie fing an zu murren und zu behaupten, die Frau gebe nur vor, Schönheit zu sein, und sei in Wirklichkeit ein Geist. Sie wolle einen Prozeß, bei dem geklärt würde, wer die echte Ehefrau sei.
Auch Schönheit wollte die Sache geklärt wissen und sagte: «Gut. Unterwerfen wir uns einer Probe.»
Pockengesicht schlug vor, sie sollten auf Eiern laufen, und wer die Schalen zerbräche, wäre die Verliererin; aber obwohl sie alle Schalen zerbrach und Schönheit keine, weigerte sie sich, ihre Niederlage einzugestehen, und bestand auf einer weiteren

Probe. Diesmal sollten sie eine aus Messern bestehende Leiter hinaufsteigen. Schönheit stieg hinauf und hinunter, ohne den winzigsten Kratzer davonzutragen, doch Pockengesicht hatte schon bis zu den Knochen zerschnittene Füße, bevor sie zwei Sprossen hinaufgestiegen war. Obwohl sie erneut verloren hatte, bestand sie auf einer weiteren Probe – sie sollten in einen Kessel mit heißem Öl springen. Pockengesicht hoffte, daß Schönheit, die als erste würde springen müssen, darin verbrennen würde. Doch Schönheit überstand das kochende Öl unverletzt, während die böse Schwester hineinfiel und nicht wieder auftauchte.
Schönheit legte die geschwärzten Knochen der bösen Schwester in einen Kasten und schickte ihn ihrer Stiefmutter durch eine stotternde Dienerin, die sagen sollte: «Die Knochen von deiner Tochter.» Aber die Stiefmutter aß für ihr Leben gern Rochen und verstand «Rochen von deiner Tochter». Sie dachte, ihre Tochter schicke ihr frischen Fisch, und öffnete erfreut den Kasten; aber als sie darin die verkohlten Knochen ihrer Tochter sah, stieß sie einen durchdringenden Schrei aus und fiel tot um.

(Aus dem Englischen von Gerhard Döhler)

Alter

(Eskimo)

*E*s war einmal eine Frau, die war alt, blind und konnte nicht mehr gehen. Sie bat eines Tages ihre Tochter um Wasser. Die Tochter war so angeödet von ihrer alten Mutter, daß sie ihr eine Schale Urin zu trinken gab. Die alte Frau trank die Schale

aus und sagte dann: «Du bist mir eine Hübsche, Tochter. Sag mir – wen hättest du lieber zum Liebhaber, eine Laus oder einen Drachenkopf-Fisch?»
«Oh, einen Drachenkopf-Fisch», sagte die Tochter lachend, «weil er sich nicht so leicht erdrücken läßt, wenn ich mit ihm schlafe.»
Woraufhin die alte Frau anfing, Drachenkopf-Fische aus ihrer Vagina zu ziehen, einen nach dem andern, bis sie tot umfiel.

(Aus dem Englischen von Gerhard Döhler)

VII

Die Moral von der Geschichte

Rotkäppchen

(Französisch)

Es war einmal ein kleines, hübsches Mädchen. Seine Mutter liebte es innig, und seine Großmutter liebte es sogar noch mehr. Die gute Frau nähte ihr eine rote Kappe, wie die feinen Damen sie zum Ausreiten tragen. Die Kappe stand dem Kind so gut, daß es bald von allen Rotkäppchen genannt wurde.

Eines Tages, als die Mutter gerade beim Kuchenbacken war, sagte sie zu Rotkäppchen:

«Deine Großmutter ist krank; du mußt sie besuchen gehen. Nimm einen dieser Kuchen für sie mit und einen kleinen Topf Butter.»

Rotkäppchen machte sich auf zum nächsten Dorf, um ihre Großmutter zu besuchen. Als sie durch den Wald ging, traf sie einen Wolf, der sie fressen wollte, sich aber nicht traute, weil in der Nähe Holzfäller bei der Arbeit waren. Er fragte sie, wohin sie ginge. Das arme Mädchen wußte nicht, wie gefährlich es ist, mit Wölfen zu schwatzen, und antwortete arglos:

«Ich gehe meine Großmutter besuchen und bringe ihr diesen Kuchen und diesen kleinen Topf Butter von meiner Mutter mit.»

«Lebt deine Großmutter weit weg?» fragte der Wolf.

«O ja», sagte Rotkäppchen. «Sie lebt noch hinter der Mühle dort hinten, im ersten Haus, wenn man ins Dorf kommt.»

Der Wolf machte sich auf dem kürzesten Weg davon, und Rotkäppchen nahm den längsten Weg, und sie machte ihn sogar noch länger, denn sie vertrödelte viel Zeit damit, Nüsse zu sammeln, Schmetterlinge zu jagen und Blumen am Wegrand zu pflücken.

Der Wolf erreichte bald Großmutters Haus. Er klopfte an die Tür, tock tock tock.

«Wer ist da?»

«Deine Enkelin, Rotkäppchen», sagte der Wolf und verstellte dabei die Stimme. «Ich hab dir selbstgebackenen Kuchen und einen kleinen Topf Butter von meiner Mutter mitgebracht.»
Großmutter lag im Bett, denn es ging ihr nicht gut. Sie rief:
«Drück die Klinke runter und komm rein!»
Der Wolf schob den Riegel weg und öffnete die Tür. Er hatte seit drei Tagen nichts gegessen. Er warf sich auf die gute Frau und schlang sie hinunter. Dann schloß er die Tür hinter sich, legte sich in Großmutters Bett und wartete auf Rotkäppchen. Schließlich klopfte sie an die Tür, tock tock tock.
«Wer ist da?»
Rotkäppchen hörte die heisere Stimme des Wolfes und dachte, daß sich ihre Großmutter erkältet hätte. Sie antwortete:
«Es ist deine Enkelin, Rotkäppchen. Ich hab dir selbstgebackenen Kuchen und eine kleinen Topf Butter von meiner Mutter mitgebracht.»
Der Wolf verstellte die Stimme und sagte:
«Drück die Klinke runter und komm rein.»
Rotkäppchen schob den Riegel weg und öffnete die Tür.
Als der Wolf sie hereinkommen sah, versteckte er sich unter der Bettdecke und sagte zu ihr:

«Stell den Kuchen und die Butter in den Brotkorb und leg dich zu mir ins Bett.»
Rotkäppchen zog ihre Kleider aus und legte sich ins Bett. Sie war erstaunt, wie komisch ihre Großmutter aussah. Sie sagte zu ihr:
«Großmutter, was hast du für starke Arme!»
«Damit ich dich besser festhalten kann, mein Schatz.»
«Großmutter, was hast du für starke Beine!»
«Damit ich besser laufen kann, mein Schatz.»
«Großmutter, was hast du für große Ohren!»
«Damit ich besser hören kann, mein Schatz.»
«Großmutter, was hast du für große Augen!»
«Damit ich besser sehen kann, mein Schatz.»
«Großmutter, was hast du für große Zähne!»
«Damit ich dich besser fressen kann.»
Da warf sich der böse Wolf auf Rotkäppchen und schlang auch sie hinunter.

(Aus dem Englischen von Miriam Mandelkow)

Fußwasser

(Irisch)

In jedem Haus auf dem Lande haben vor langer Zeit die Bewohner des Hauses immer ihre Füße so gewaschen, wie sie es noch heute tun, und wenn man die Füße gewaschen hatte, mußte man immer das Wasser wegschütten, weil man nie schmutziges Wasser über Nacht im Haus behalten sollte. Die alten Leute sagten immer, daß im Haus etwas Schlimmes passieren würde, wenn das Fußwasser drinnen bliebe und nicht weggeschüttet würde, und außerdem sagten sie immer, daß man beim Wegschütten des Wassers «Achtung» sagen sollte, falls eine arme Seele oder ein Geist im Weg stünden. Aber dies sei, wie es wolle – ich muß nun endlich meine Geschichte erzählen.

Eine Witwe lebte einmal vor langer Zeit im Osten von Limerick County in einem einsamen Haus, und eines Nachts, als sie und ihre Tochter zu Bett gingen, vergaßen sie doch tatsächlich, das Fußwasser wegzuschütten. Sie waren noch gar nicht lange im Bett, als es an der Tür klopfte und die Stimme draußen sagte: «Schlüssel, laß uns rein!»

Nun, die Witwe sagte nichts, und auch die Tochter schwieg.

«Schlüssel, laß uns rein», rief es wieder, und tatsächlich! Diesmal sprach der Schlüssel: «Ich kann euch nicht reinlassen, bin ich hier doch festgebunden an den Bettpfosten der alten Frau.»

«Fußwasser, laß uns rein!» sagte die Stimme, und da zerbrach der Kübel mit Fußwasser, und das Wasser schwamm in der Küche umher, und die Tür öffnete sich, und herein kamen drei Männer mit Säcken voll Wolle und drei Frauen mit Spinnrädern, und sie setzten sich ums Feuer, und die Männer nahmen zentnerweise Wolle aus den Säcken, und die kleinen Frauen spannen sie zu Fäden, und die Männer packten die Fäden wieder in die Säcke.

Und so ging es ein paar Stunden, und die Witwe und das Mädchen wurden fast verrückt vor Angst. Aber das Mädchen be-

wahrte sich noch ein Fünkchen Verstand und entsann sich einer weisen Frau, die nicht allzuweit weg lebte, und schon war sie raus aus ihrem Zimmer und unten in der Küche, und sie nimmt sich einen Eimer. «Ihr sollt'n Schluck Tee bekommen, nach all der Arbeit», sagt sie völlig unverfroren, und schon ist sie draußen.

Sie halfen ihr nicht und hinderten sie auch nicht.

Flugs zur weisen Frau und heraus mit der Geschichte. «Das ist ein böser Fall, und es ist gut, daß du zu mir gekommen bist», sagte die weise Frau, «denn du kannst lange reisen, ehe du jemanden findest, der dich von ihnen befreit. Sie sind nicht von dieser Welt, aber ich weiß, woher sie kommen. Und du mußt nun folgendes tun», und sie sagte ihr, was sie tun sollte.

Und schon war das Mädchen zurück, hatte den Eimer am Brunnen gefüllt und kam zurück zum Haus.

Und noch am Zaun warf sie den Eimer mit Getöse auf den Boden und rief mit schriller Stimme: «Ganz Sliabh na mBan brennt!»

Kaum hatten sie das gehört, waren die fremden Männer und Frauen auch schon draußen, und sie rannten ostwärts, dahin, wo der Berg ist.

Das Mädchen aber ging hinein, und kurzerhand warf sie den zerbrochenen Kübel raus und schob den Riegel vor die Tür. Und sie und ihre Mutter gingen zurück ins Bett.

Es dauerte nicht lange, und sie hörten wieder Schritte im Hof, und die Stimme rief: «Schlüssel, laß uns rein!»

Und der Schlüssel antwortete: «Ich kann euch nicht reinlassen. Hab ich euch nicht schon gesagt, daß ich am Bettpfosten der alten Frau festgebunden bin?»

«Fußwasser, laß uns rein!» sagte die Stimme.

«Wie denn?» sagte das Fußwasser. «Bin ich hier doch auf dem Boden unter euren Füßen!»

Sie schrien und heulten und tobten vor Zorn, weil sie nicht ins

Haus konnten. Aber es nützte alles nichts. Sie hatten keine Macht hereinzukommen, wenn das Fußwasser weggeschüttet war.
Und ich sage euch, es dauerte sehr lange, bis die Witwe oder ihre Tochter wieder mal vergaßen, das Fußwasser wegzuschütten und das Haus ordentlich sauberzumachen, bevor sie selbst zu Bett gingen.

(Aus dem Englischen von Miriam Mandelkow)

Ehefrauen kurieren Prahlerei

(Westafrikanisch)

Dies geschah vor langer Zeit. Wenn das Familienoberhaupt morgens seine Tauben rausließ, mischte er Bohnen und Mais und warf sie ihnen zum Fressen vor. Wenn die Tauben fertig gegessen hatten, bekamen sie einen Krug mit Wasser.
Kaum waren sie satt, fingen die Tauben an, die Mädchen mit ihrer Prahlerei zu ärgern. Sie sagten immer: «Wenn ich jemanden hätte, würde ich mit ihm kämpfen. Wenn ich jemanden hätte, würde ich mit ihm kämpfen.» Die Tauben sagten das ständig.
Die Frauen versammelten sich und sagten: «Wenn sie gegessen haben, sagen unsere Männer immer: ‹Wenn ich jemanden hätte, würde ich mit ihm kämpfen. Wenn ich jemanden hätte, würde ich mit ihm kämpfen.› Sind sie wirklich so stark?»
Die Frauen gingen zu Aklasu, dem Geier, und erzählten ihm, daß ihre Männer immer auf einen Kampf aus wären. Sie sagten: «Morgen kommst du, und wenn sie fertig gegessen haben, greifst du sie an. Aber du darfst sie nicht töten. Du kannst

ihnen allerdings einen gehörigen Schrecken einjagen.» Sie wiederholten: «Aber du darfst sie nicht töten.»
Als Geier kam, ließ er sich auf einem Baum in der Nähe nieder. Die männlichen Tauben wußten nichts von seiner Anwesenheit. Aber die Frauen wußten Bescheid. Nun, wie gewöhnlich, ließ der Hausherr sie alle zum Fressen nach draußen kommen. Bei Sonnenaufgang bekamen sie Mais und Bohnen hingeworfen, und als sie damit fertig waren, tranken sie Wasser.
Alle fingen sie wieder an. «Wenn ich jemanden hätte, würde ich mit ihm kämpfen. Wenn ich jemanden hätte, würde ich mit ihm kämpfen.» Als sie das sagten, warf sich der Geier auf sie, rupfte sie und zog ihnen die Federn aus.
Nun standen die Frauen am Rande und sahen zu.
Die Tauben schrien: «Laß uns los. Wir wollen nicht kämpfen. Wir haben das nur gesagt, um den Frauen angst zu machen. Laß uns los.» Geier zog ihnen alle Federn aus und flog davon.
Nun kamen die Frauen zu ihren Männern. Die Tauben hatten keine Federn mehr. Die Frauen verspotteten sie und wiederholten: «Wenn unsere Männer etwas sähen, würden sie es bekämpfen. Wenn unsere Männer jemanden hätten, würden sie mit ihm kämpfen.»

Die zerrupften Tauben stießen ihre Frauen an und sagten: «Was sagt ihr da? Was sagt ihr da?»
Heute sagt Taube immer: «Ich will nicht kämpfen. Ich bin nicht hier, um zu kämpfen.»

(Aus dem Englischen von Miriam Mandelkow)

Zungenfleisch

(Suaheli)

Ein Sultan lebte einst mit seiner Frau in einem Palast, aber seine Frau war unglücklich. Sie wurde jeden Tag magerer und träger. In der gleichen Stadt lebte ein armer Mann, dessen Frau gesund und fett und glücklich war. Als der Sultan das hörte, ließ er den armen Mann zu Hofe kommen und fragte ihn nach seinem Geheimnis. Der arme Mann sagte: «Sehr einfach. Ich gebe ihr Zungenfleisch.» Umgehend rief der Sultan den Schlachter und befahl ihm, alle Zungen von allen Tieren, die in der Stadt geschlachtet wurden, ihm allein, dem Sultan, zu verkaufen. Der Schlachter verbeugte sich und ging. Jeden Tag schickte er alle Zungen von allem Vieh, das er in seinem Laden hatte, in den Palast. Der Sultan hieß den Koch die Zungen auf jede nur erdenkliche Art und Weise backen, braten, rösten und pökeln und jedes Zungenmenü aus dem Kochbuch zubereiten. Dies mußte die Königin essen, drei- oder viermal am Tag – aber es nützte nichts. Sie wurde nur noch dünner und kränklicher. Der Sultan befahl nun dem armen Mann, mit ihm die Frauen zu tauschen – dem sich der arme Mann widerwillig beugte. Er nahm die magere Königin mit nach Hause und schickte seine eigene Frau in den Palast. Aber ach, dort wurde

sie dünner und dünner, trotz der guten Speisen, die der Sultan ihr anbot. Es war offensichtlich, daß sie im Palast nicht gedeihen konnte.
Jeden Abend, wenn der arme Mann nach Hause kam, begrüßte er seine neue königliche Frau, erzählte ihr von den Dingen, die er gesehen hatte, besonders von den lustigen Dingen, und dann erzählte er ihr Geschichten, die sie kreischen ließen vor Vergnügen. Und dann nahm er sein Banjo und sang Lieder für sie, und er kannte sehr viele Lieder. Bis spät in die Nacht spielte er mit ihr und unterhielt sie. Und siehe da, die Königin wurde in wenigen Wochen fett, wunderschön anzusehen, und ihre Haut war straff und glänzte wie die Haut eines jungen Mädchens. Und sie lächelte den ganzen Tag und dachte an all die lustigen Dinge, die ihr der neue Ehemann erzählt hatte. Als der Sultan sie zurückrief, weigerte sie sich. Also kam der Sultan sie holen und fand sie völlig verändert und glücklich. Er fragte sie, was der arme Mann mit ihr gemacht habe, und sie erzählte es ihm. Da verstand er die Bedeutung von Zungenfleisch.

(Aus dem Englischen von Miriam Mandelkow)

Des Holzhackers reiche Schwester

(Syrisch)

Es war einmal ein Mann mit zehn Kindern, der lebte am Fuße eines Berges. Jeden Tag stieg er auf den Berg und sammelte Brennholz, um es in der Stadt zu verkaufen. Bei Sonnenuntergang wartete seine hungrige Familie auf seine Rückkehr, und immer brachte er ihnen einen Laib Brot mit, manchmal mit

Zwiebeln oder einer Olive, damit es besser schmeckte. Er war ein armer Mann – aber was schlimmer war, ihm fehlte nicht nur Gold, sondern auch Grips.

Eines Tages, als das Holz auf dem Berg zur Neige ging, beschloß er, es auf einem anderen, ferner gelegenen Berg zu versuchen, der dicht mit Bäumen bewachsen war. Als er am Abend heimging, mit seiner Last auf dem Rücken, traf er eine elegant gekleidete Frau, die in rauschende Gewänder gehüllt war und deren Goldgeschmeide nur so klingelte. «Erkennst du deine eigene Schwester nicht, mein Bruder?» fragte sie. «Ich warte und warte vergeblich auf deinen Besuch, aber ich sehe, nicht jeder hat ein empfindsames Herz.»

«Ich habe keine Schwester», sagte der Mann.

«Was! Willst du mich nun gänzlich verleugnen? Aber sag, Bruder, was machst du hier?»

«Ich komme von der Arbeit und bin auf dem Weg nach Haus», seufzte der Holzhacker.

«Du solltest dir mal eine Pause gönnen von der Schufterei, ich will für dich sorgen», sagte die Frau. «Komm und hab teil an meinem Glück. Bring deine Kinder und deine Frau, sie alle können in meinem großen Haus wohnen. Ich habe viele gute Sachen: genug, um euch alle zufriedenzustellen!»

«Wirklich?» antwortete der Mann, denn er wußte nicht, was er dazu sagen sollte.

«Würde ich meinen eigenen Bruder belügen?» sagte die Frau. «Komm mit und überzeug dich selbst: dann kennst du schon den Weg für morgen.» Und sie nahm seine Hand und zog ihn mit sich.

Und was für ein Haus sie hatte! Säcke über Säcke voller Weizen und Linsen und getrockneter Bohnen! Reihenweise Krüge mit Olivenöl und Butterfett! Die Frau lud den Holzhacker zum Essen ein und kochte eigens für ihn ein neugeborenes Lamm. «Erinnert dich das nicht an vergangene Zeiten?» fragte sie ihn. Der Mann fiel über das Essen her wie ein Bettler, denn er hatte schon Monate lang kein Fleisch mehr gegessen. «Ich hab sie nie vorher gesehen, aber wer kann sie anderes sein als meine Schwester?» überlegte er. «Wer sonst würde mich so empfangen, wer sonst mich mit solcher Gastfreundschaft überschütten?» Und er eilte zurück, um seiner Frau davon zu berichten, und es ist ein Wunder, daß er sich nicht verletzte, so schnell rannte er.

Aber die Frau des Holzhackers wollte ihm nicht glauben. «Hätte ich nicht schon davon gehört, wenn ich eine Schwägerin hätte?» fragte sie. «Und wenn sie nicht meine Schwägerin ist, aus welchem guten Grund würde sie uns bei sich haben wollen?»

Sie versuchte, ihren Mann zur Vernunft zu bringen; sie versuchte es mit Überredung; aber am Ende mußte sie ihre zehn Kinder herbeiholen, und mit der mageren Kuh im Schlepptau folgte sie ihm zum Haus seiner Schwester.

Ein Festschmaus nach dem anderen erwartete sie. Einen Monat lang taten sie nichts anderes als zu essen, zu trinken und im Schatten zu liegen. Die Kinder, die nur noch aus Haut und Knochen bestanden hatten, wurden langsam runder. Der Holzhacker lachte und sagte: «Verflucht sei alle mühsame Arbeit! Möge Allah uns nie wieder schwierige Zeiten bescheren, sondern uns immer so leben lassen – frisch wie der junge Tag.»

Eines Nachts, als die Familie des Holzhackers im unteren Zimmer des Hauses schlief, schlich sich die Schwester von ihrem Dachboden herunter und machte sich an der Tür zu schaffen. Dabei murmelte sie vor sich hin:

«Ich habe keinen Vorrat mehr in Haus und Garten.
Doch bald sind diese reif, ich muß nicht lange warten.»

Denn sie war eine Ghul-Frau der Sorte, die sich von Menschenfleisch ernährt. Da wandte sich die Kuh, die an den Türpfosten gebunden war, dem Monster zu und sagte:

«Meine Augen sind wie Flammen und verbrennen dich.
Mein Schwanz peitscht dich aus, und er lähmt dich.
Meine Hörner durchbohren und entstellen dich.»

Und die Ghul-Frau mußte gehen, woher sie gekommen war. In der nächsten Nacht schlich sich das Monster wieder hinunter, und die Kuh versperrte ihr abermals den Weg. Aber in der dritten Nacht, als die Kuh versuchte, die Ghul-Frau abzuwehren, stieß sie mit ihrem Huf an die Holztür und weckte damit die Frau des Holzhackers. So hörte die Frau, wie ihre Schwägerin sagte:

«Ich habe keinen Vorrat mehr in Haus und Garten.
Doch bald sind diese reif, ich muß nicht lange warten.»

Und sie hörte, wie die Kuh antwortete:

«Meine Augen sind wie Flammen und verbrennen dich.
Mein Schwanz peitscht dich aus, und er lähmt dich.
Meine Hörner durchbohren und entstellen dich.»

Sie versuchte, ihren Mann wachzurütteln, aber er schlief tief und fest mit seinem vollen Bauch und bewegte sich nicht.
Am Morgen, als die Frau des Holzhackers ihm erzählte, was sie in der Nacht gehört hatte, sagte er, das sei wohl nur ein böser Traum gewesen. Jedoch am Mittag kam seine Schwester zu ihm und sagte: «Oh, mein Bruder, ich hab heute so ein furchtbares Verlangen nach Rindfleisch. Du wirst mir doch bestimmt das knochige Tier da nicht mißgönnen.»

Wie konnte ein Mann seiner Schwester etwas verweigern? Also tötete er die Kuh und ließ seine Frau das Fleisch kochen. Sie tat die appetitlichste Portion auf einen Teller und schickte ihre älteste Tochter damit zu ihrer Tante. Als das Mädchen ins Zimmer blickte, sah sie nicht ihre Tante, sondern einen Dämon mit wildem Haar und feurig roten Augen. Am Dachbalken hingen tote Männer und Frauen. Mucksmäuschenstill und auf Zehenspitzen ging sie zurück, aber in der Eile stolperte sie auf der Treppe und ließ das Essen vom Teller auf den Boden fallen. Ihre Mutter kam, um mit ihr zu schimpfen, und das Mädchen berichtete ihr, was sie gesehen hatte. Die Mutter wiederum erzählte es dem Vater, aber der Holzhacker sagte immer noch: «Das ist kindisches Geschwätz. Wie kann man solchen Luxus wegschmeißen wollen, wenn man Gott dafür danken und für dieses Geschenk beten sollte?»
In der folgenden Nacht gab es keine Kuh, die die Ghul-Frau daran hinderte einzutreten. Die Frau des Holzhackers beobachtete den Dämon, wie er jedes Kind befühlte und dabei wiederholte:

«Ich habe keinen Vorrat mehr in Haus und Garten.
Doch bald sind diese reif, ich muß nicht lange warten.»

«Schwägerin, was willst du?» rief die Frau des Holzhackers, die kein Auge zugetan hatte. «Ich hab nur meine Nichten und Neffen zugedeckt, um sie vor der Kälte zu schützen», sagte die Ghulin und stieg die Treppe hinauf in ihr eigenes Bett.
Am nächsten Tag kochte die Frau des Holzhackers eine Linsensuppe für ihre Kinder und schaute wortlos zu, wie sie ihre Kleider damit beschmutzten und bespritzten. Dann ging sie zu ihrer Schwägerin und sagte: «Ich möchte hinunter zum Bach gehen und die Kleider meiner Kinder waschen. Borge mir deinen Kupferkessel, damit ich Wasser erhitzen und meine Kin-

der baden kann.» Und ging hinunter zum Wadi und machte ein Feuer und warf grünes Holz darauf, damit es ordentlich rauchte. Sie hängte ein paar Lumpen auf, ließ sie im Wind flattern und versammelte ihre Kinder um sich. Dann betete sie: «Öffne dich, o weites Tor zu Allahs Obhut!» Und mit dem Kleidersaum zwischen den Zähnen und den Kindern an der Hand rannte und rannte sie, weg von der Ghul-Frau, zurück zu ihrem Haus am Fuße des Hügels.

Ab und zu kam die Ghul-Frau aus dem Haus, um einen Blick ins Tal zu werfen. Sie sah Rauchschwaden aufsteigen und Tücher im Wind wehen und sagte: «Da ist sie und wäscht ihre Wäsche!» Aber als sich der Abend neigte und die Sonne anfing unterzugehen und ihre Gäste immer noch nicht zurück waren, hastete sie hinunter, um zu sehen, was sie aufhielt. Da fand sie den Ort verlassen, Mutter und Kinder waren fort. Sie heulte so laut auf, daß es von den Hügeln widerhallte. Und sie schrie:

«Gemästet und gemästet hab ich sie.
Wozu? Essen können hätt ich sie!»

Der Holzhacker hielt gerade ein kleines Schläfchen im Laubengang vor der Tür, als er das Heulen hörte. Nun fing auch er an, sich zu beunruhigen. Er suchte nach einem Ort, an dem er sich verstecken könnte. Er konnte die Ghul-Frau schon kommen hören, und er wußte, daß sie ihr Messer eigens für ihn gewetzt hatte und für niemand sonst. In seiner Panik tauchte er im Kehrichthaufen unter und vergrub sich darin. Die Ghul-Frau fegte in den Hof wie ein Wirbelwind, knabberte dabei an den Fingern und schnaubte beim Atmen. Drinnen und draußen, vom Taubenschlag auf dem Dach bis zum Hühnerkorb unter der Treppe suchte sie nach ihm.

Schließlich kletterte die Ghul-Frau auf den Kehrichthaufen,

um besser sehen zu können. Als sie ihr Gewicht dahin verlagerte, wo der Holzhacker vergraben lag, kam ein lauter Rülpser aus seinem Mund.
«Warst du's, der da geseufzt hat, mein Kopftuch?» rief der Dämon. Und sie riß es sich vom Kopf. Sie stellte sich auf die Zehenspitzen, um so weit wie möglich sehen zu können, und der Magen des Holzhackers rumorte nochmals. «Warst du's, der sich beschwert hat, mein Gewand?» sagte sie und warf es hinunter. Und nun stand sie da in ihrer behaarten Haut, eine schreckliche Ghul-Frau, für alle sichtbar und zum Fürchten. Wieder hörte sie den Holzhacker unter sich und sagte: «Der Kehricht macht den Lärm! Laß sehen, warum.» Und sie schob die eine Hälfte des Haufens zur rechten, die andere zur linken Seite und zog den armen Holzhacker hervor.
«Nun», fragte sie, «sag mir, oh, mein Bruder, wo soll ich meine Zähne zuerst eingraben?»

«Fang an mit meinen Ohren.
Sie wollten ihre Warnungen nicht hören!»
weinte er.
«Und dann?» fragte der Dämon.
«Mach weiter mit den beiden Armen,
Die sie hierher gezwungen haben.»
«Und dann?»
«Dann nimm meine beiden Beine,
Weil die nicht kamen, ging sie alleine.»

Und so weiter, bis sie ihn ganz aufgegessen hatte, und nichts blieb, was auf ihre Fragen hätte antworten können. Aber so geht es mit faulen Männern: Mit ihren eigenen Händen graben sie sich die Grube, in die sie selber fallen.

Das war für dich die schönste der Geschichten.
Nun lasse ich von dir mir was berichten.

(Aus dem Englischen von Miriam Mandelkow)

Langsame Flucht

(Jamaikanisch)

Eine Ziege wanderte mit ihren Kindern umher auf der Suche nach schönem, frischem Gras, als es zu regnen anfing. Es goß in Strömen, also rannten sie schutzsuchend unter einen Felsvorsprung, ohne zu wissen, daß dies Löwes Haus war. Als Löwe die drei Ziegen kommen sah, grollte er.
Da bekamen die Mutter und ihre Kinder Angst, und sie sagte: «Guten Abend, Herr Pastor.»

Und Löwe sagte: «Guten Abend.» Sie sagte, sie suche einen Pastor, der die beiden Kinder taufen solle, denn sie wolle ihnen Namen geben. Löwe sagte, das würde er gerne tun: «Dieses hier heißt Abendessen, und dieses hier heißt Frühstück morgen, und du heißt Abendessen morgen.»
Nachdem sie diese Drohung von Löwe gehört hatten, wurde den Ziegen wirklich angst und bange, und die Herzen der Zicklein rasten vor Furcht. Löwe fragte die Mutterziege, was mit den beiden Kindern los sei, und sie sagte: «Ach, die fühlen sich immer unwohl in zu heißen Räumen.» Also fragte sie Löwe, ob sie unter diesen Umständen ein bißchen rausgehen und frische Luft schnappen könnten. Löwe erlaubte ihnen, bis zum Abendessen rauszugehen, aber dann müßten sie wieder reinkommen. Also flüsterte die Mutter ihren beiden Kindern zu, sie sollten so schnell wie möglich laufen, bis es dunkel würde.
Als aber Löwe sah, daß es Abend wurde und die Kinder nicht zurückkamen, fing er wieder zu brüllen an. Sie sagte, sie verstünde nicht, warum die Kinder so lange draußen blieben, also fragte sie Löwe, ob sie nicht mal rausgehen solle, um nach ihnen zu sehen, bevor es ganz dunkel würde. Der Löwe gab seine Zustimmung. Und sobald die Mutter draußen war, rannte sie davon wie der Blitz.
Frauen wissen mehr über das Leben als Männer, vor allem, wenn es um Kinder geht.

(Aus dem Englischen von Miriam Mandelkow)

Die Wege der Natur

(Armenisch)

Es war einmal ein König, der hatte nur eine Tochter. Er wollte, daß sie niemals heirate, damit er sich um sie kümmern und immer ein wachsames Auge auf sie haben könne. Er wollte, daß sie nichts von der Welt wisse, nichts vom Leben, und daß sie niemanden außer ihm lieben solle.

Nach reiflicher Überlegung rief er seinen Berater zu sich und besprach das Problem mit ihm. Zusammen entwarfen sie einen wunderschönen Palast auf einer einsamen Insel in der Mitte eines Sees. Das Mädchen, das zu dieser Zeit erst sieben Jahre alt war, sollte dort nur mit Dienerinnen und einer Lehrerin leben.

Der König führte diesen Plan aus. Er ließ einen wunderschönen Palast für seine Tochter bauen, und mehrere Dienerinnen und eine Lehrerin wurden eingestellt. Es gab keine Fenster in dem Palast, damit das Mädchen nicht nach draußen sehen konnte. Sie empfing keinen Besuch außer ihrem Vater, der jeden Sonntag für drei oder vier Stunden zu ihr kam. Alle Türen des Gebäudes waren verschlossen, und nur der König hatte einen Schlüssel für die Außentür.

Jahre vergingen, bis die Tochter achtzehn wurde. Sie lernte viel, aber sie fand die Bücher, die sie las, langweilig und nichtssagend. Sie fing an, sich zu fragen: «Was ist das für ein Leben? Alle meine Diener sind Frauen; mein Lehrer ist eine Frau. Wenn die ganze Welt nur aus Frauen besteht, was ist dann mein Vater?» Wenn sie mutiger gewesen wäre, hätte sie ihren Vater gefragt, aber so fragte sie nur ihre Lehrerin.

«Ich werde dir eine Frage stellen, aber du mußt sie mir ehrlich beantworten. Ich habe keine Mutter, keine Schwester, keine Freundin. Du bist für mich alles in einem. Antworte mir als Mutter. Warum bin ich hier allein auf dieser Insel? All die

Menschen um mich herum sind Frauen, nur mein Vater ist anders. Warum?»

Die Lehrerin hatte Order, ihrer Schülerin gegenüber diese Dinge mit keinem Wort zu erwähnen. Also sagte sie: «Ich darf darüber weder sprechen noch nachdenken und du auch nicht. Wenn dein Vater dich dabei erwischt, daß du über diese Dinge redest, ist unser Leben keinen *para* (türkische Münze) mehr wert.»

Aber das Mädchen hörte nicht auf, Fragen zu stellen, und verlangte nach Büchern, die ihr das Leben und die Welt erklären würden. Die Lehrerin brachte ihr schließlich ein solches Buch und bat das Mädchen, niemandem davon zu erzählen.

Das Mädchen fing an, über ihre Zukunft nachzudenken. «Werde ich mein ganzes Leben in diesem Gefängnis zubringen?» fragte sie sich immer und immer wieder. Eines Tages bat sie ihre Lehrerin, ihr Mehl, Eier, Butter und Milch zu besorgen, sie wolle einen Teig daraus zubereiten. Nachdem sie den Teig geknetet hatte, formte sie daraus einen Mann. Sie gestaltete seine Züge und schuf ein lebensgroßes Abbild.

Sie gebrauchte all ihre Zauberkraft, um das Abbild herzustellen, und fing an, zu Gott zu beten, damit er ihm eine Seele einhauche. «Mit meinen Händen hab ich ihn geformt, in meinem Geist hab ich ihn entworfen, und mit meinen Tränen bete ich darum, daß dieses Abbild ein Mensch werde», sagte sie. Sie wiederholte das Gebet viele Male, immer mit der Bitte, Gott möge diesem Abbild eine Seele einhauchen.

Schließlich erhörte Gott ihr Gebet: Dem Abbild wurde eine Seele eingehaucht. Die Lehrerin brachte dem Mann Kleider. Die beiden jungen Leute verliebten sich, und das Mädchen gab acht, den Jungen gut zu verstecken, damit ihn niemand sah, außer natürlich die Lehrerin, die ihnen geholfen hatte.

Das Mädchen kannte die wöchentlichen Besuchszeiten ihres Vaters und paßte auf, daß er ihr Geheimnis nicht entdeckte. Aber eines Sonntags hatte sie verschlafen, genau wie der Mann und die Lehrerin. Der Vater kam in den Palast, und was sah er – einen Mann an der Seite seiner Tochter! Er war außer sich vor Zorn! Er hatte soviel Geld und Mühe darauf verwandt, genau dies zu verhindern! Der König steckte alle – Tochter, Mann, Lehrerin und Dienerinnen – ins Gefängnis und ordnete an, den Jungen und das Mädchen sofort zu töten.

«Gib uns eine Chance, uns zu verteidigen», flehte die Tochter ihren Vater an. Endlich, denn er liebte seine Tochter von ganzem Herzen, erklärte sich der König bereit, sie anzuhören. Der Hof versammelte sich, und die Schuldigen wurden vor den Richter geführt. Die Prinzessin, als die Hauptangeklagte, sprach zuerst und erzählte die wahre Geschichte vom Anfang bis zum Ende.

«Mein Vater wollte nicht, daß ich jemals heirate, darum baute er ein Gefängnis und steckte mich da rein. Ich war nur von Frauen umgeben. Doch ich sah, daß mein Vater, der mich jeden Sonntag besuchte, anders war. Ich wollte leben und erfahren, was Liebe ist! Mit meiner Kenntnis der Zauberkunst schuf ich mir das Abbild eines Mannes aus Mehl, Butter, Eiern und Milch. Ich formte dieses Abbild mit meinen Händen, entwarf es mit meinem Kopf, und mit meinen Tränen betete ich

zu Gott, er möge ihm eine menschliche Seele geben. Gott in all seiner Güte erhörte mein Gebet. Diesen Mann, der da neben mir steht, habe ich selbst geschaffen. Er hat keine Familie, keine Verwandten und Freunde. Wenn du uns tötest, begehst du das schlimmste Verbrechen. Mein Wunsch wurde erfüllt: Ich habe gelebt, ich habe geliebt und wurde geliebt. Wenn du mich tötest, habe ich nichts zu bereuen.»
«Wie ist es nur möglich?» fragte einer den anderen.
«Ich werde diesen Fall untersuchen», sagte der König. Jedoch die Untersuchung ergab, daß die Prinzessin die Wahrheit gesprochen hatte, daß der Mann keine Familie hatte und es keinen Hinweis darauf gab, daß er je geboren wurde.
«Meine Kinder, ich habe ein großes Verbrechen begangen. Ich werde versuchen, den Schaden und das Leid, das ich euch zugefügt habe, wiedergutzumachen. Ich werde einen wunderschönen Palast für euch bauen und ihn ausstatten lassen. Auf daß ihr immer in Frieden leben werdet», sagte der König zu seiner Tochter und ihrem Gefährten.
Der König hielt sein Versprechen. Ein wunderschöner Palast wurde für die jungen Leute gebaut, und so lebten sie glücklich bis an ihr Ende.
Ihr seht also: Die Natur hilft dem Menschen, Gottes Gesetze und den Lauf der Welt zu verstehen. Niemand kann und sollte diese Naturgesetze ändern.

(Aus dem Englischen von Miriam Mandelkow)

Die zwei Frauen, die ihre Freiheit fanden

(Eskimo)

Es lebte einmal ein Mann, der hatte zwei Frauen. Sein Name war Eqqorsuaq. Und er war so eifersüchtig, daß er die Frauen immer in seiner Hütte einschloß. Er verprügelte sie, wenn sie ihm nicht gehorchten. Er tötete einen Mann namens Angaguaq, weil das Gerücht umging, Angaguaq hätte mit einer seiner Frauen geschlafen. Was nicht stimmte. Eqqorsuaq war ein etwas bösartiger Mensch.

Schließlich wurden die beiden Frauen ihres Mannes ein wenig überdrüssig. Sie verließen ihn und flohen die Küste entlang, bis sie völlig erschöpft und hungrig waren. Als sie nicht mehr weiterkonnten, sahen sie den riesigen Kadaver eines Wales, der an den Strand geschwemmt worden war. Sie krochen durch den Mund hinein und versteckten sich im Innern des Kadavers. Es roch verfault, aber besser ein fauler Geruch als weitere Schläge.

Inzwischen tobte Eqqorsuaq vor Wut. Er suchte überall nach seinen Frauen. Er fragte jeden im Dorf und bedrohte so manch einen. Aber niemand schien etwas über die verschwundenen Frauen zu wissen. Schließlich suchte der Mann den Medizinmann des Dorfes auf, der ihm erzählte:

«Du mußt den Körper eines großen Wales suchen, der sich auf der Klippe des Herzförmigen Berges befindet.»

Also machte sich Eqqorsuaq auf den Weg zur Klippe des Herzförmigen Berges. Auf dem ganzen Weg sang er Marschlieder, denn er freute sich darauf, seine Frauen zu verprügeln. Endlich gelangte er ans Ziel und sah den toten Wal. Aber der Gestank war so entsetzlich, daß er sich ihm nicht nähern konnte. Immer wieder rief er seine Frauen, aber es kam keine Antwort.

Vielleicht waren sie nicht mehr da. Eqqorsuaq lagerte drei Tage lang am Strand und ging dann nach Hause, fest entschlossen, den Medizinmann zu verprügeln.
Währenddessen lebten die beiden Frauen im Innern des Wals. Sie hatten sich so an den Gestank gewöhnt, daß er sie nicht mehr störte. Zu essen hatten sie genug, auch wenn es verfault war, und ein warmes Plätzchen zum Schlafen. Man erzählt sich, daß sie in ihrem neuen Zuhause sehr glücklich waren.

(Aus dem Englischen von Miriam Mandelkow)

Wie der Mann seiner Frau das Märchenhören verleidete

(Russisch)

Es lebte einmal ein Herbergswirt, der hatte ein Frau, die für ihr Leben gern Märchen hörte und keinen aufnehmen wollte, der keine Märchen erzählen konnte. Für den Mann war das ein großer Verlust, und er überlegte: «Wie kann ich meiner Frau die Märchen verleiden?»

Eines Tages, in einer dunklen Winternacht, klopfte ein alter Mann an die Tür, er war halb erfroren und bat um Obdach. Der Wirt öffnete und fragte: «Kannst du Märchen erzählen? Meine Frau nimmt keinen auf, der ihr nicht ein Märchen erzählt.»

Was sollte der Alte tun? Die Kälte setzte ihm arg zu, und er sagte: «Ich kann ihr eines erzählen.»

«Und wie lang ist dein Märchen?»

«So lang wie die ganze Nacht.»

So weit, so gut. Sie ließen den Alten herein. Der Wirt sagte zu seiner Frau: «So, Frau, der Alte versprach, dir die ganze Nacht lang ein Märchen zu erzählen, aber nur, wenn du ihn nicht unterbrichst und ihm nicht dreinredest.»

Der Alte sagte: «Ja, kein Dreinreden, sonst erzähle ich nicht weiter.»

Sie aßen zu Nacht und legten sich schlafen; der Alte begann: «Ein durstiger Uhu saß auf dem Baum und sah eine glasklare Quelle im Traum, er trank und trank nach Herzenslust und löschte nimmer seinen Durst ...»

Und so ging es immer weiter: «Ein durstiger Uhu saß auf dem Baum und sah eine glasklare Quelle im Traum, er trank und trank nach Herzenslust und löschte nimmer seinen Durst ...»

Die Wirtin hörte eine Weile zu, dann sagte sie: «Was ist denn das für ein Märchen, es ist doch immer dasselbe!»

«Warum unterbrichst du mich? Ich habe doch gesagt, daß du mir nicht dreinreden sollst: Das ist erst der Anfang, das Märchen kommt noch.»

Als der Mann das hörte, freute er sich und sprang von der Pritsche, denn so hatte er es sich gewünscht, ging auf seine Frau los und verprügelte sie. «Man hat dir doch gesagt, daß du den Mund halten sollst! Jetzt hast du uns das Märchen verdorben!» Er prügelte und prügelte, er prügelte und prügelte, so lange, bis seiner Frau die Märchen für immer verleidet waren und sie um nichts in der Welt mehr ein Märchen hören wollte.

(Aus dem Russischen von Svetlana Gei)

Ende

Anmerkungen

Diese Anmerkungen sind weniger wissenschaftlich als eigenwillig. Ich nenne darin meine Quellen und was ich über deren Quellen herausfinden konnte – manchmal wenig, manchmal viel. Manchmal erklären die Märchen sich selbst und bedürfen keiner Anmerkungen.

Sermerssuaq
«Erzählt als Scherz bei einer Geburtstagsfeier in Eskimo Point, Northwest Territories» im arktischen Kanada, aufgezeichnet von Lawrence Millman (s. Quellen).

I Tapfer, kühn und eigenwillig

Die Suche nach dem Glück
Ein Text aus Pontos in Ost-Griechenland. Die Geschichte werde in ganz Griechenland und Bulgarien erzählt, schreibt Herausgeber Dawkins, obwohl meistens ein Mann sein Glück (oder Schicksal) suchen gehe, oder vielmehr auf die Suche nach dem Grund für sein Glück oder Unglück.

Herr Fox
Eine uralte Geschichte, die englische Siedler mit über den Atlantik genommen haben.
List, Gier und Feigheit werden dem Fuchs überall auf der Welt zugeschrieben, obwohl man in China und Japan glaubt, daß Füchse die Gestalt schöner Frauen annehmen können.

(Vergl. die amerikanischen Slang-Wörter *fox* und *vixen* für eine attraktive Frau.)

Kakuarshuk
Aufgezeichnet in Severin Lunge, Rittenback, West-Grönland, von Lawrence Millman.

Das Versprechen
Nach einer alten Sammlung von Geschichten, die Feinheiten der Rechtsprechung im alten Burma demonstrieren: Maun Hbin Aung, *Burmese Law Tales,* Oxford, 1962.

Katharina Nußknackerin
Sind Feen die Geister der Toten oder gefallene Engel – oder vage Volkserinnerungen an die dunklen Pikten, die Steinzeitbewohner Nordenglands, wie J. F. Campbell 1890 vermutete? Jedenfalls gleicht der Lebenszyklus von Feen stark dem menschlichen – mit Geburten, Hochzeiten und Todesfällen. Der Dichter William Blake behauptete, er habe eine Feenbeerdigung beobachtet. Diese Feen tragen keine Flügel; nach der Tradition reiten sie auf Kreuzkrautstengeln oder Zweigen, ähnlich wie Hexen auf Besenstielen, und begeben sich mittels Zaubersprüchen in die Luft. Diese Wesen von brüsker und unromantischer Natur sind wahrhaft *irdisch* – sie wohnen am liebsten *in* Hügeln oder Erdwällen und sind selten wohltätig.

Das Fischermädchen und der Krebs
Eine Geschichte aus Chitrakot, Bastar State, von den Kuruk, einem der mittelindischen Stämme: Verrier Elwin, *Folk-Tales of Mahakoshal,* Oxford, 1944.
«Der Krebs gilt als monogam und als Vorbild männlicher Treue», versichert Elwin. «Beobachtet wurde die Fürsorge für das laichende Weibchen bei Wasserkrebsen, auch die Tatsache,

daß bei höhlenbauenden Krebsen immer nur ein Männchen und ein Weibchen einen Bau bewohnen.»

II Schlaue Frauen, findige Mädchen, gewitzte Lösungen

Maol a Chliobain

Eine Kombination mehrerer Fassungen; überwiegend aus dem Gälischen – nach Ann McGilbray, Islay –, übersetzt von J. F. Campbell, mit zusätzlichen Passagen, wie sie Flora McIntyre aus Islay sowie ein ungenanntes Mädchen, «Kindermädchen bei Mr. Robertson, Kämmerer von Argyll», in Inverary erzählt haben. Die Fassung dieses Mädchens schloß mit dem Ertrinken des Riesen. «Und was wurde aus Maol a Chliobain?» fragte Campbell die Erzählerin. «Hat sie den jüngsten Sohn des Bauern geheiratet?»
«Oh, nein, sie hat überhaupt nicht geheiratet.»

Das kluge Mädchen

Aus der Sammlung von Alexander Nikolajewitsch Afanasjew (1826–71), dem russischen Gegenstück zu den Brüdern Grimm, der seine Funde ab 1866 veröffentlichte. Damals blühte in Rußland die mündliche Literatur – wegen des verbreiteten Analphabetismus unter der armen Landbevölkerung. Bis zum Ende des 18. Jh. veröffentlichten russische Zeitungen die Anzeigen von Blinden, die sich um Anstellung als Geschichtenerzähler in den Häusern der Wohlhabenden bewarben; was daran erinnert, daß sich zweihundert Jahre früher drei blinde alte Männer am Bett von Iwan dem Schrecklichen abwechselten und dem schlaflosen Herrscher Märchen erzählten, bis er schließlich einschlummerte.

Dies ist die Geschichte eines geistigen Kampfs in drei Runden. Das Schauspiel des Kindes, das sich mit dem Richter mißt und gewinnt, hat etwas sehr Befriedigendes; darin ist die Geschichte besser als Andersens «Des Kaisers neue Kleider», weil niemand gedemütigt und jeder belohnt wird.
Aber es steckt noch mehr dahinter, als man auf den ersten Blick sieht; der Ethnologe Claude Lévi-Strauss stellt die These auf, daß zwischen Inzest und Rätseln eine enge Beziehung besteht, weil ein Rätsel zwei unvereinbare Begriffe und der Inzest zwei unvereinbare Personen vereint.
In seiner halbverrückten, aber gut annotierten Untersuchung *Die weiße Göttin* zitiert Robert Ranke-Graves die folgende Geschichte aus *History of Denmark* von Saxo Grammaticus (spätes 12. Jh.):
«Aslog, die letzte der Volsungen, Brynhilds Tochter von Sigurd, lebte auf einer Farm in Spangerejd in Norwegen, getarnt als rußverschmiertes Küchenmädchen ... Dennoch beeindruckte ihre Schönheit die Gefolgsleute des Helden Ragnar Lodbrog so, daß er daran dachte, sie zu heiraten, und sie, um ihre Würdigkeit auf die Probe zu stellen, aufforderte, mit ihm zu kommen – aber weder zu Fuß noch reitend, weder gekleidet noch nackt, weder fastend noch völlend, weder begleitet noch allein. Sie kam auf dem Rücken einer Ziege, mit einem auf dem Boden schleifenden Fuß, umhüllt nur von ihrem Haar und einem Fischernetz, mit einer Zwiebel an den Lippen, einem Hund an ihrer Seite.»
Was mich daran erinnert, daß die große Stummfilmschauspielerin Louise Brooks ihre Autobiographie «Nackt auf meiner Ziege» nennen wollte, eine Anspielung an die Walpurgisnacht-Szene in Goethes *Faust II*.
Die Hauptfunktion von Rätseln besteht darin, daß sie uns zeigen, wie sich eine logische Struktur einzig aus Wörtern herstellen läßt.

Der Speckjunge
Ein überall in der Arktis und in Grönland verbreitetes Märchen (Millman). Vergl. hiermit die armenische Geschichte «Die Wege der Natur» (VII, 7).

Das Mädchen, das sich im Baum aufhielt
Eine Geschichte des Bena-Mukini-Volks im heutigen Sambia. Paul Radin ed., *African Folktales and Sculpture*, New York, 1952.

Die Prinzessin im Lederanzug
Eine ägyptische Geschichte aus *Arab Folktales*, übersetzt und herausgegeben von Inea Bushnaq (New York, 1986). Hier ist das Thema «Beuge dich, um zu siegen» dominierend. Prinzessinnen verkleiden sich auf alle möglichen Weisen – mit Eselshäuten, Holzfässern, sogar als Kisten – und beschmieren sich mit Ruß, Pech etc.

Der Hase
Jan Knappert schreibt:
Die Suaheli-Sprecher lebten am Schnittpunkt zweier Welten. Ungezählte afrikanische Völker haben an der Ostküste Afrikas gesiedelt, ebenso ungezählte orientalische Völker, Seeleute und Händler, mit und ohne ihre Familien, aus Arabien, Persien, Indien oder Madagaskar stammend. Das Ergebnis ist die Kombination aus afrikanischen (Bantu-)Sprachen und islamischer Kultur, an einem Küstenabschnitt von 1000 Meilen zwischen Mogadischu und Mosambik.
Suaheli-Erzähler glauben, daß Frauen unverbesserlich sündhaft, diabolisch listig und sexuell unersättlich sind; im Interesse der Frauen hoffe ich, daß dies stimmt.
Jan Knappert, *Myths and Legends of the Swahili*, London, 1970.

Moosmantel
Das Aschenputtel der Zigeuner. 1915 aufgezeichnet nach der Erzählung des Zigeuners Taimie Boswell in Oswaldwhistle, Northumberland, England. Nach *Folktales of England,* hrsg. von Katharine M. Briggs und Ruth L. Tongue, London, 1965. «Die Technik der Zigeuner und Kesselflicker ist es, von Haus zu Haus zu gehen und möglichst mit der Hausherrin zu sprechen», schreiben die Herausgeberinnen. «Sie mißtrauen Dienstboten und Hauspersonal zutiefst. In vielen Fassungen mißhandelt der junge Herr – und nicht die Dienstboten – die Heldin.»

Wassilissa die Popentochter
Nach Afanasjew.

Der Schüler
Nach Jan Knappert.

Die Frau des reichen Bauern
Im Norwegen des 19. Jh. begann man wie in vielen andern, bislang von größeren Mächten dominierten Ländern nach eigenen Ausdrucksformen zu suchen. Peter Christen Asbjornsen und Jorgen Moe nahmen sich die Brüder Grimm zum Vorbild und hatten ähnliche nationale Motive; ihre Sammlung erschien 1841.

Wahre deine Geheimnisse
Aus dem heutigen Ghana, erzählt von A. W. Cardinall, einst District Commissioner der Goldküste, in *Tales Told in Togoland,* Oxford, 1931.
Das Hexenduell oder Verwandlungsduell, das in dem europäischen Kinderspiel «Schere, Papier, Stein» noch nachklingt, kommt zwischen übernatürlichen Wesen immer wieder vor.

Bei ihrem Prozeß gab 1662 Isobel Gowdie aus Auldearne, Schottland, die Hexenformel preis, mit der man sich in einen Hasen verwandelt: *«I shall go into a hare / With sorrow and sighing and mickle care / And I shall go in the Devil's name / Aye, till I come home again.»* (Ich schlüpfe in einen Hasen, mit Kummer und Seufzen und großer Sorge; und ich gehe in Teufels Namen, ja, bevor ich wieder heimkomme.)
Dies ist die beste aller «Mutter weiß es am besten»-Geschichten.

Die drei Maß Salz
Von der Insel Naxos. Herausgeber Dawkins schreibt: «Diese Geschichte ist ein komprimierter Roman und die pure Seifenoper – mit Mißverständnissen, verlorenen Kindern, verlassenen Frauen und dem großzügigen Umgang mit Reichtum: ‹Damals war jeder ein König.›»

Die listige Ehefrau
Nach Elwin.

Tante Kates Goomer-Staub
Im Ozark-Gebirge in Arkansas, USA, von Vance Randolph aufgezeichnet; nach *The Devil's Pretty Daughter and Other Ozark Folk Tales,* gesammelt von Vance Randolph mit Anmerkungen von Herbert Halpert, New York, 1955.

Petersilienmädchen
Die sechsjährige Daniela Almansi hörte diese Geschichte in Cortona – Toskana, Italien – von ihrem Kindermädchen. Ihre Mutter Claude Beguin übermittelte sie der Herausgeberin. Claude Beguin steuert die Information bei, daß Petersilie in Italien ein populäres Abtreibungsmittel ist. *A Dictionary of Superstitions,* hrsg. von Iona Opie und Moira Tatem (Oxford,

1989), enthält zwei entsprechende englische Rezepte, aber auch Beispiele für den weitverbreiteten Glauben, daß Babies im Petersilienbeet gefunden werden.

Die kluge Gretel
Auf Jacob Ludwig Grimm (1785–1863) und Wilhelm Carl Grimm (1786–1859) geht unsere Vorstellung davon, was ein Märchen ist, zurück; sie verwandelten ländliche Unterhaltungsgeschichten in Lesestoff, vorwiegend – wenn auch nicht ausschließlich – für Kinder; mit didaktischen und romantischen Zielen. Der Dichter Brentano hatte ihnen vorgeschlagen, mündliche Quellen zu nutzen. Neben den blutrünstigen, wild romantischen, rätselhaften Geschichten, die den Dichterseelen der Grimms besonders entsprachen, konnten sie es nicht unterlassen, Märchen wie dieses über die freche, freßlustige Gretel mit ihren roten Schuhen zu publizieren – die Verkörperung bürgerlicher Befürchtungen, was die Dienstboten da unten in der Küche wohl so treiben.

Der Fellburger
Wer mit Chaucer oder Boccaccio vertraut ist, wird dies als «tolldreiste Geschichte» erkennen, als die Anwendung von deftigem Humor auf menschliche Beziehungen. Die «tolldreiste Geschichte» ist ein von Volkskundlern wenig erforschtes Gebiet, obwohl sie uralt ist, überall vorkommt, endlos variiert wird, leicht zu behalten ist und heute so blüht wie eh und je – sie wird erzählt, wo immer ein paar Leute jeglicher Sorte sich unter formlosen Umständen versammeln. Der sexuelle Scherz ist die bei weitem am meisten verbreitete Form der volkstümlichen Geschichte in industrialisierten Gesellschaften und enthält, selbst wenn er unter Frauen erzählt wird, eine Menge Frauenfeindlichkeit; er ist das Reservoir von sexueller Angst und sexuellem Argwohn.

Man beachte die Rachsucht und Wut in dieser Geschichte, die vorsätzliche Vergewaltigung des Ehemanns.
Aus *Jokelore: Humorous Folktales from Indiana,* ed. Ronald L. Barker, Indiana, 1986.

III Narren und Närrinnen

Ein Quart Verstand

Nach Joseph Jacobs, *More English Fairy Tales,* London, 1894. «Die blöde Familie ist in den volkstümlichen englischen Geschichten stark vertreten», bemerkt Herausgeber Jacobs. Die weiblichen Familienmitglieder jedoch bleiben meist verschont.

Junger Mann am Morgen

Diese Geschichte wurde, mit tadelnswertem Mangel an weiblicher Solidarität, von Mrs. Mary Richardson erzählt, «einer federleichten Frau mit eingedrückter Nase». Sie war Anfang der fünfziger Jahre siebzig. In North Carolina geboren, zog sie nach Chicago und dann nach Calvin in Michigan, einer schwarzen Farmersiedlung, von befreiten Sklaven vor dem amerikanischen Bürgerkrieg gegründet. In der Wirtschaftsdepression siedelten sich auf der – erfolglosen – Flucht vor der Armut in den Südstaaten geborene Schwarze aus Chicago um Calvin an und brachten eine komplizierte Mischung aus Geschichten europäischer und afrikanischer Tradition mit. Ihr musikalisches Erbe floß später in den «Detroit Sound» ein.
Diese Geschichte findet sich auch in Rußland, Estland und Finnland. Andere Informantinnen erzählten andere Fassungen; Georgia Slim Germany erzählte, die alte Frau habe gesungen: «Heute nacht bebe ich vor Kälte, aber am Morgen heirate ich einen jungen Mann, und morgen abend spiel ich Ratten-

falle.» – *Negro Folktales in Michigan,* gesammelt und herausgegeben von Richard M. Dorson, Cambridge, Mass., 1956.

Jetzt würde ich lachen, wenn ich nicht tot wäre
Man beachte, daß zwar die Hochzeit das Ziel vieler Märchen darstellt, die Ehe und ihre Umstände aber überall auf der Welt als Witz geschildert werden.
Nach *Icelandic Legends,* gesammelt von Jon Arnason, übersetzt von George Powell und Eirikr Magnusson, London, 1866.

Die drei Narren
Joseph Jacobs, *English Fairy Tales.*

Der Junge, der nie Frauen gesehen hatte
Nach Dorson. Erzählt von Mrs. E. L. Smith.

Die alte Frau, die in der Essigflasche wohnte
1924 an einem Lagerfeuer gehört und veröffentlicht von Katharine M. Briggs in *A Sampler of British Folk Tales,* London, 1977.

Tom Tit Tot
Die Leute in Suffolk, woher diese Geschichte stammt, galten schon immer als dumm. Als mein Großvater mütterlicherseits aus Lavenham 1890 zur Armee ging, schloß er sich einem Regiment mit dem Spitznamen «Silly Suffolks» an.
Joseph Jacobs, *English Fairy Tales.*

Vom Mann, der sein Haus besorgte
Wieder nach Asjbornsen und Moe.

IV Brave Mädchen, und wohin es sie bringt

Östlich von der Sonne und westlich vom Mond

Eines der lyrischsten und geheimnisvollsten aller nordeuropäischen Märchen und eines, dem seit zweitausend Jahren «literarische» Autoren nicht widerstehen konnten; mit Bezügen zu der klassischen Cupido-und-Psyche-Geschichte, die in Apulejus' *Der goldene Esel* wiedererzählt wird, sowie zu dem reizenden Märchen *Die Schöne und das Tier,* verfaßt im 18. Jh. von Madame Leprince de Beaumont.

Doch Madame Leprince de Beaumonts Schönheit ist eine wohlerzogene Dame nach bürgerlichem Tugendstandard. Die Autorin arbeitete zwanzig Jahre lang als Gouvernante; sie schrieb ausführlich über gutes Benehmen. Die junge Frau hier aber zögert nicht, mit einem fremden Bären ins Bett zu gehen, und ihr Begehren verrät sie, als sie den jungen Mann unter der Bärenhaut entdeckt. Dann verschwindet er. Aber am Ende kriegt sie ihn.

Das brave Mädchen und das störrische Mädchen

Im September 1941 von Miss Callista O'Neill erzählt. (Vance Randolph, *The Devil's Pretty Daughter and Other Ozark Folk Tales,* New York, 1955.) Bei den Brüdern Grimm heißt das Märchen «Frau Holle».

Das Mädchen ohne Hände

Diese entsetzliche Geschichte schildert das Mißgeschick der Tugendhaften mit der Schadenfreude eines Marquis de Sade. – Nach Afanasjew; vergl. das gleichnamige Grimm-Märchen.

V Hexen

Die chinesische Prinzessin

Die mittelalterliche französische Fee Melusine verwandelte sich einmal wöchentlich von der Taille abwärts in eine Schlange. Der englische romantische Dichter John Keats schrieb mit «Lamia» ein Gedicht über eine Schlange, die sich in eine schöne Frau verwandelt. Freudianisch betrachtet, kehrt so das Verdrängte wieder und rächt sich.

Nach *Folk Tales of Pakistan,* hrsg. von Zainab Ghulam Abbas, Karatschi, 1957.

Die Katzenhexe

Dorson erzählt von Mrs. Mary Richardson.

Baba Jaga

Baba Jaga, die russische Hexe, wohnt im Wald in einer Hütte mit Hühnerbeinen darum herum, die umherlaufen, wenn sie es möchte. Manche sagen, sie sei des Teufels Großmutter. Sie ist böse, aber dumm und wurde während der stalinistischen Ära von der sowjetischen Volkskundlerin E. A. Tudorowskaja so charakterisiert: «Baba Jaga, die Herrin des Waldes und der Tiere, wird als wahre Ausbeuterin dargestellt, die ihre Diener, die Tiere, unterdrückt.» – Nach W. R. Ralston, *Russian Folk Tales,* London, 1873.

Frau Nummer drei

Aus G. Willoughby-Meade, *Chinese Ghouls and Goblins,* London, 1928. Namen und Orte werden hier ungewöhnlich präzise angegeben. Vergl. das Schicksal der Gäste von Frau Nummer drei mit dem des Helden von Apulejus' *Der goldene Esel* und sie selbst mit Kirke, der Zauberin in Homers Odyssee, die ihre Kunden in Schweine verwandelte.

VI Unglückliche Familien

Das Mädchen, das sieben Jungen vertrieb
Nach Bushnaq.

Der Markt der Toten
Nach Melville J. und Frances S. Herskovits, *Dahomean Narrative,* Evanston, 1958.

Die Frau, die ihres Sohns Frau heiratete
Nach Millman. Erzählt von Gustav Broberg, Kulusuk, Ost-Grönland.

Die böse Stiefmutter
Nach Cardinall.

Tuglik und ihre Enkelin
Nach Millman. Erzählt von Anarfik, Sermiligaq, Ost-Grönland.

Nourie Hadig
Dieses armenische «Schneewittchen» wurde Susie Hoogasian-Villa von Mrs. Akabi Mooradian im armenischen Viertel von Detroit erzählt, wo sie beide zu Hause waren. Mrs. Mooradian siedelte sich 1929 in Detroit an, nach langer, durch die turbulente Geschichte ihres Heimatlands bedingter Flucht. Sie ist 1904 geboren. – *100 Armenian Tales,* gesammelt und herausgegeben von Susie Hoogasian-Villa, Detroit, 1966.

Schönheit und Pockengesicht
Chinese Fairy Tales and Folk Tales, gesammelt und übersetzt von Wolfram Eberhard, London, 1937.

Alter
Nach Millman.

VII Die Moral von der Geschichte

Rotkäppchen
Aus Charles Perraults *Histoires ou Contes du Temps Passé,* Paris, 1697. Meine Großmutter mütterlicherseits sagte immer: «Heb den Riegel an und komm herein», wenn sie mir das Märchen erzählte, und am Schluß tat sie so, als wolle sie mich auffressen, was mich vor Aufregung zum Quietschen brachte. Eine ausführliche, soziologische, historische und psychologische Untersuchung des Märchens findet sich bei Jack Zipes, *The Trials and Tribulations of Little Red Riding Hood,* London, 1983. Das Buch enthält außerdem einunddreißig verschiedene Fassungen, einschließlich einer feministischen Neufassung, geschrieben vom Merseyside Fairy Story Collective. Jack Zipes glaubt, daß die in Nièvre, Frankreich, um 1885 aufgezeichnete «Geschichte von Großmutter» zu einem durch und durch emanzipierten Zweig der Rotkäppchen-Tradition gehört; das kleine Mädchen darin, von dem wir die Farbe seiner Kleidung nicht erfahren, ist weniger ein warnendes Beispiel als eines von vorbildlich raschem Denken:
Es gab einmal eine Frau, die viel Brot hatte. Sie sagte zu ihrer Tochter: «Nimm diesen heißen Laib Brot und eine Flasche Milch und bring beides deiner Oma.»
Also machte das kleine Mädchen sich auf den Weg. An der

Kreuzung begegnete es dem *bzou,* dem Werwolf, der zu ihm sagte: «Wo gehst du hin?»
«Ich bringe dieses heiße Brot und eine Flasche Milch meiner Oma.»
«Welchen Weg nimmst du», sagte der Werwolf, «den Weg der Nähnadeln oder den Weg der Stecknadeln?»
«Den Weg der Nähnadeln», sagte das kleine Mädchen.
«Gut, dann nehme ich den Weg der Stecknadeln.»
Das kleine Mädchen unterhielt sich damit, daß es Nähnadeln aufsammelte. Inzwischen kam der Werwolf beim Haus der Großmutter an, brachte sie um, stellte einen Teil ihres Fleischs in den Schrank und eine Flasche von ihrem Blut ins Regal. Das kleine Mädchen kam an und klopfte an die Tür.
«Drück die Tür auf», sagte der Werwolf, «es liegt nur innen feuchtes Stroh davor.»
«Guten Tag, Oma. Ich hab dir ein heißes Brot und eine Flasche Milch gebracht.»
«Stell's in den Schrank, Kind. Nimm etwas von dem Fleisch, das im Schrank steht, und die Flasche Wein aus dem Regal.»
Nachdem sie gegessen hatte, sagte eine kleine Katze: «Pfui! Was für eine Schlampe, die das Fleisch ihrer Großmutter ißt und ihr Blut trinkt.»
«Zieh dich aus, Kind», sagte der Werwolf, «und komm her und leg dich neben mich.»
«Wo soll ich meine Schürze hinlegen?»
«Wirf sie ins Feuer, mein Kind, die brauchst du nicht mehr.»
Und jedesmal, wenn sie fragte, wo sie ihre übrigen Kleidungsstücke hinlegen sollte, das Mieder, das Kleid, den Unterrock und die langen Strümpfe, antwortete der Werwolf:
«Wirf sie ins Feuer, mein Kind, die brauchst du nicht mehr.»
Als sie sich ins Bett legte, sagte das kleine Mädchen:
«Ach, Oma, wie bist du haarig!»
«Damit ich warm bleibe, mein Kind!»

«Ach, Oma, was für große Nägel du hast!»
«Damit ich dich besser kratzen kann, mein Kind!»
«Ach, Oma, was für breite Schultern du hast!»
«Damit ich besser Feuerholz tragen kann, mein Kind!»
«Ach, Oma, was für große Ohren du hast!»
«Damit ich dich besser hören kann, mein Kind!»
«Ach, Oma, was für große Nasenlöcher du hast!»
«Damit ich besser Tabak schnupfen kann, mein Kind!»
«Ach, Oma, was für einen großen Mund du hast!»
«Damit ich besser damit fressen kann, mein Kind!»
«Ach, Oma, ich muß mal ganz dringend. Laß mich austreten.»
«Mach ins Bett, Kind!»
«Ach nein, Oma, ich möchte rausgehen.»
«Na gut, aber mach schnell.»
Der Werwolf band ihr einen Wollfaden an den Fuß und ließ sie hinausgehen.
Als das kleine Mädchen draußen war, band sie das Ende des Fadens an einen Pflaumenbaum im Garten. Der Werwolf wurde ungeduldig und sagte: «Machst du groß da draußen? Machst du groß?»
Als er begriff, daß niemand ihm antwortete, sprang er aus dem Bett und sah, daß das kleine Mädchen entwischt war. Er folgte ihm, kam aber erst bei ihrem Haus an, als es gerade hineinschlüpfte.

Fußwasser
Nach Kevin Danaher, *Folktales of the Irish Countryside*, Cork, 1967.

Ehefrauen kurieren Prahlerei
Nach Melville J. und Frances S. Herskovits.

Zungenfleisch
Nach Knappert.

Des Holzhackers reiche Schwester
Nach Bushnaq.

Langsame Flucht
Afro-American Folktales, Stories from Black Traditions in the New World, hrsg. von Roger D. Abrahams, New York, 1985.

Die Wege der Natur
Nach Hoogasian-Villa.

Die zwei Frauen, die ihre Freiheit fanden
Millman erzählt von Akpaleeapik, Pond Inlet, Baffin Island.

Wie der Mann seiner Frau das Märchenhören verleidete
Nach Afanasjew.

Quellen der englischen Originalausgabe

Den Abdruck von Märchen gestatteten dankenswerterweise die folgenden Verlage und Autoren: Capra Press, Santa Barbara, USA, für «Sermerssuaq», «Kakuarshuk», «Der Speckjunge», «Die Frau, die ihres Sohns Frau heiratete», «Tuglik und ihre Enkelin», «Alter» und «Die zwei Frauen, die ihre Freiheit fanden» aus *A Kayak Full of Ghosts: Eskimo Tales ‹Gathered and Retold›* by Lawrence Millman, © 1987; Angela Carter, Übersetzung von *The Fairy Tales of Charles Perrault,* für «Rotkäppchen», © 1977, Victor Gollancz Ltd.; Columbia University Press für «Mr. Fox», «Tante Kates Goomer-Staub» und «Das brave Mädchen und das störrische Mädchen» aus *The Devil's Pretty Daughter and Other Ozark Folk Tales,* collected by Vance Randolph, © 1955; Constable Publishers für «Frau Nummer drei» aus *Chinese Ghouls and Goblins* von G. Willoughby-Meade, © 1924; Harvard University Press, Cambridge, Mass. für «Junger Mann am Morgen», «Der Junge, der nie Frauen gesehen hatte» und «Die Katzenhexe» aus *Negro Folktales in Michigan,* collected and edited by Richard M. Dorson, © 1956 by the President and Fellows of Harvard College, 1980 by Richard M. Dorson; Indiana University Press für «Der Fellburger» aus *Jokelore: Humorous Folktales from Indiana,* edited by Ronald L. Baker, © 1986; the International African Institute für «Wahre deine Geheimnisse» und «Die böse Stiefmutter» aus *Tales Told in Togoland,* edited by A. W. Cardinall, © 1931, published by Oxford University Press für International African Institute; Jan Knappert, Übersetzer und

Sammler von *Myths and Legends of the Swahili,* für «Der Hase», «Der Schüler» und «Zungenfleisch», © 1970, William Heinemann Ltd.; The Mercier Press für «Fußwasser» aus *Folktales from the Irish Countryside* von Kevin Danaber, © 1967; Oxford University Press für «Die Suche nach dem Glück» und «Die drei Maß Salz» aus *Modern Greek Folktales,* chosen and translated by R. M. Dawkins, © 1953; «Das Versprechen» aus *Burmese Law Tales* von Maung Htin Aung, © 1962, und «Das Fischermädchen und der Krebs» und «Die listige Ehefrau» aus *Folk-Tales of Mahakoshal* von Verrier Elwin, © 1944; Pantheon Books, a division of Random House, Inc. and Penguin Books Ltd. für «Des Holzhackers reiche Schwester» aus *Arab Folktales,* edited and translated by Inea Bushnaq, © 1986, und für «Langsame Flucht» aus *Afro-American Folktales, Stories from Black Traditions in the New World,* edited by Roger D. Abrahams, © 1985; Routledge Ltd. für «Schönheit und Pockengesicht» aus *Chinese Fairy Tales and Folk Tales,* collected and translated by Wolfram Eberhard, © 1937; A. P. Watt für «Die alte Frau, die in der Essigflasche wohnte» aus *A Sampler of British Folk Tales* by Katharine M. Briggs, © Katherina Law 1977; Wayne State University Press für «Die Wege der Natur» und «Nourie Hadig» aus *100 Armenian Tales,* collected and edited by Susie Hoogasian-Villa, © 1966; Jack Zipes für ein langes Zitat aus seiner französischen Fassung von «Rotkäppchen» (in den Anmerkungen) aus *The Trials and Tribulations of Little Red Riding Hood; Versions of the Tale in Socio-Cultural Context,* © 1983, published by Bergin and Garvey Publishers, Inc., USA, and William Heinemann Ltd., Great Britain. – Es wurde versucht, alle Copyright-Inhaber ausfindig zu machen. Die Herausgeberin bedauert mögliche Versehen und bittet in diesem Fall, mit Virago Press Kontakt aufzunehmen.

Deutsche Quellen

Der deutsche Text einiger Märchen ist den folgenden Quellen entnommen:

A. N. Afanasjew: *Russische Volksmärchen*. In neuer Übertragung von Swetlana Geier. Winkler Verlag, München 1985. (II, 8; V, 9; VII, 9)

Peter Christian Asbjornsen und Jorgen Moe: *Norwegische Märchen*. Aus dem Norwegischen von Friedrich Bresemann. Franz Greno Verlag, Nördlingen 1985. (IV, 1).

Erna Pomeranzewa (Hrsg.): *Russische Volksmärchen*. Aus dem Russischen von Günter Dalitz. Akademie-Verlag, Berlin 1964. (II, 2)

Katharine Briggs, Ruth Michaelis-Jena: *Englische Volksmärchen*. Aus dem Englischen von Uta Schier. Eugen Diederichs Verlag, Düsseldorf 1970 (I, 2; III, 1)

Lisa Tetzner, *Die schönsten Märchen der Welt für 365 und einen Tag*. Aus dem Englischen. Verlag Sauerländer, Aarau.

neue frau

Eine Auswahl

Shirley Abbott
Vom Winde nicht verweht
Frauen in den amerikanischen Südstaaten (5707)

Elisabeth Albertsen
Das Dritte
Geschichte einer Entscheidung (4134)

Toni Bentley
Tanzen ist beinahe alles
Selbstporträt einer Tänzerin des New York City Ballet (5177)

Marie Cardinal
Schattenmund (4333)
Der Schlüssel liegt unter der Matte (4557)
Die Irlandreise
Roman einer Ehe (4806)
Selbstgespräch mit Klytämnestra
Roman (5322)
Die Reise nach Algerien
Im Garten meiner Kindheit (5655)

Martine Carton
Eine Frau ist eine Frau ist eine. . . (4302)

Judy Chicago
Durch die Blume
Meine Kämpfe als Künstlerin. Mit einem Vorwort von Anaïs Nin (5310)

Laurie Colwin
Eine altmodische Liebesgeschichte und andere sentimentale Stories (5282)
Wie ein französischer Film
Roman (12127)

ro
ro
ro

C 912/10

neue frau

Eine Auswahl

Liza Dalby
Geisha
Eine Amerikanerin erlernt den ältesten japanischen Frauenberuf (5557)

Robyn Davidson
Spuren
Eine Reise durch Australien (5001)

Harriet Doerr
Erinnerung an Ibarra
Roman (5571)

Margaret Drabble
Die Elite nach dem Fest
Roman (12330)
Porträt einer Tüchtigen
Roman (4928)

Marguerite Duras
Agatha. Atlantik Mann
(5825)

Afsaneh Eghbal
Als der Mond sein Gesicht verbarg
Roman (5623)

Fumiko Enchi
Die Dichterin und die Masken
Roman (5415)
Wartejahre
Roman (5520)

Mary Flanagan
Bad Girls
Geschichten (5718)

rororo

C 912/11 a

neue frau

Eine Auswahl

Tove Jansson
Die ehrliche Betrügerin
Ein Märchen für Erwachsene (5694)
Die Tochter des Bildhauers
Roman (5903)

Anna Kavan
Wer bist du?
Roman (5792)

Susanna Kaysen
Der Mann ohne Seele
Roman (12365)

Margot Lang (Hg.)
Mein Vater
Frauen erzählen vom ersten Mann ihres Lebens (4357)

Doris Lessing
Der Sommer vor der Dunkelheit
(4170)

Sarah Lloyd
Eine indische Lieben
(5586)
China erfahren
Ein Reisebericht (12339)

Margaret Mead
Brombeerblüten im Winter
Ein befreites Leben (4226)

Daphne Merkin
Die Prinzessin von New York
Roman (12303)

rororo

C 912/10 b

neue frau

Eine Auswahl

Kate Millett
Im Iran (5062)
Fliegen (5156)

Toni Morrison
Sehr blaue Augen (4392)
Sula
Mit einer Auswahl von Essays zu diesem Roman (5470)
Solomons Lied/Teerbaby
Romane
Kassette mit 2 Bänden (5740)

Noras Töchter
Neun Autorinnen erzählen (5609)

Menán du Plessis
Von der Schwelle der Angst
Roman (12343)

Helma Sanders-Brahms
Deutschland, bleiche Mutter
Film-Erzählung (4453)

Marjorie Shostak
Nisa erzählt
Das Leben einer Nomadenfrau in Afrika (4978)

Gloria Steinem
Unerhört
Reportagen aus «Ms.» (5368)

Victoria Thérame
Bastienne Roman (5494)
Die Taxifahrerin (4235)
Die Pianistin Roman (4958)

neue frau

Eine Auswahl

Kerstin Thorvall
Die Verschwundene
Roman (12180)

Märta Tikkanen
Wie vergewaltige ich einen Mann?
(4581)
Die Liebesgeschichte des Jahrhunderts
Roman in Gedichten (4701)
Aifos heißt Sofia
Leben mit einem besonderen Kind (5166)
Der Schatten, unter dem du lebst
Eine Erzählung in Gedichten (5558)
Ein Traum von Männern, nein, von Wölfen
Roman (5946)

Esther Tusquets
Die Liebe ist ein einsames Spiel
Roman (4989)

Alice Walker
Die Farbe Lila
Roman (5427)

Fay Weldon
Briefe an Alice oder Wenn du erstmals Jane Austen liest (5896)

Maria Wimmer
Kindheit auf dem Lande (4291)

Andrea Wolfmayr
Spielräume
Roman (5335)

Sandra Young
Ein Rattenloch ist kein Vogelnest
Eine Jugend in den Slums von Baltimore
(5188)

rororo

C 912/10 e

Frauen schreiben für Frauen . . .

Eine Auswahl

Lynn Z. Bloom/Karen Coburn/
Joan Pealmann
Die selbstsichere Frau
Anleitung zur Selbstbehauptung (7281)

The Boston Women's Health
Book Collectiv
Unser Körper – unser Leben
Band 1 (8408)/Band 2 (8409)

Doritt Cadura-Sat
Das unsichtbare Geschlecht
Frauen, Wechseljahre und Älterwerden
(8085)

Phyllis Chesler
Frauen – das verrückte Geschlecht?
(7063)

FrauenBilderleseBuch (7663)

Marilyn French
Jenseits der Macht
Frauen, Männer und Moral (8488)

Anja Meulenbelt
Zwischen zwei Stühlen
Standortbestimmung einer
kritischen Feministin (8480)

Kate Millett
Das verkaufte Geschlecht
Die Frau zwischen Gesellschaft und
Prostitution (7800)

Kathy Nairne/Gerrilyn Smith
Leiden an der Wirklichkeit
Frauen und Depression (8358)

Scheidungsratgeber von
Frauen für Frauen (8404)

SACHBUCH rororo

C 2182/5

Noch einmal mit Gefühl . . .

M. Bolte/C. Corves/B. Maiwurm
Total verknallt
Ein Liebeslesebuch
rotfuchs 356

Jan Hans (Hg.)
Aber besoffen bin ich von dir
Liebesgedichte
rororo 4456
Seit du weg bist
Liebesgedichte danach
rororo 5002

Svende Merian/Norbert Ney (Hg.)
Nicht mit dir . . . und nicht ohne dich
rororo 5283

Svende Merian
Der Tod des Märchenprinzen
rororo 5149

Marilyn French
Das blutende Herz
rororo 5279

Gudula Lorez (Hg.)
Wo die Nacht den Tag umarmt
Erotische Phantasien und Gedichte von Frauen
rororo 5113

Das Rowohlt Lesebuch der Liebe
rororo 5203

Das Rowohlt Lesebuch der neuen frau
rororo 5205

ro ro ro

C 2141/3

Claire Bretécher

Die Frustrierten
Band 1 – 5
Deutsche Texte von
Rita Lutrand und Wolfgang Mönninghoff
Je 64 Seiten Comics. Kartoniert

Frühlingserwachen
Zwei Bildergeschichten für
frustrierte Eltern
Deutscher Text von Rita Lutrand
und Wolfgang Mönninghoff
118 Seiten Comics. Gebunden

Die eilige Heilige
Deutscher Text von Rita Lutrand
52 Seiten Comics. Kartoniert

Die Mütter
Deutscher Text von Rita Lutrand und
Wolfgang Mönninghoff
64 Seiten Comics. Kartoniert

Monika, das Wunschkind
Deutscher Text von Rita Luntrand und
Wolfgang Mönninghoff
72 Seiten Comics. Kartoniert

Dr. med. Bobo
Band 1 und 2
Deutsche Texte von Rita Lutrand und
Wolfgang Mönninghoff
Je 52 Seiten Comics. Kartoniert

Claire Bretécher/Isabelle Jue/
Nicole Zimmermann
Le français avec les frustrés
Ein Comic-Sprachhelfer
rororo sachbuch sprachen 8423

C 2361/1

Rita Mae Brown

Rubinroter Dschungel
Roman
rororo 12158

Wie du mir, so ich dir
Roman
Deutsch von Margarete Längsfeld
320 Seiten. Kartoniert

Die Tennisspielerin
Roman
rororo 12394

Herzgetümmel
Roman
Deutsch von Margarete Längsfeld
464 Seiten. Gebunden

Jacke wie Hose
Roman
rororo 12195

Bingo
Roman
Deutsch von Margarete Längsfeld
464 Seiten. Gebunden

ro
ro
ro

C 978/6